高等职业技术院校精品教材——交通运输类

铁路客运组织

（第 4 版）

主编　谢立宏　刘士局

西南交通大学出版社
·成　都·

图书在版编目（ＣＩＰ）数据

铁路客运组织 / 谢立宏，刘士局主编. —4 版. —
成都：西南交通大学出版社，2020.8（2021.8 重印）
ISBN 978-7-5643-7546-1

Ⅰ. ①铁… Ⅱ. ①谢… ②刘… Ⅲ. ①铁路运输－客
运组织－高等职业教育－教材 Ⅳ. ①U293.3

中国版本图书馆 CIP 数据核字（2020）第 156660 号

Tielu Keyun Zuzhi

铁路客运组织

（第 4 版）

主编　谢立宏　刘士局

责任编辑	王　旻
封面设计	何东琳设计工作室

出版发行	西南交通大学出版社
	（四川省成都市金牛区二环路北一段 111 号
	西南交通大学创新大厦 21 楼）
邮政编码	610031
发行部电话	028-87600564　028-87600533
网址	http://www.xnjdcbs.com
印刷	四川森林印务有限责任公司

成品尺寸	185 mm×260 mm
印张	18.25
字数	443 千
版次	2020 年 8 月第 4 版
印次	2021 年 8 月第 14 次
定价	49.80 元
书号	ISBN 978-7-5643-7546-1

课件咨询电话：028-81435775

第 4 版前言

　　"铁路客运组织"是铁路运输专业的一门主要专业课，在培养铁路运输高等职业技术人才方面起着重要作用。本教材是结合原铁道部颁布的《铁路旅客运输规程》《铁路客运运价规则》及《铁路旅客运输办理细则》《铁路旅客运输服务质量规范》等有关规章制度编写的。

　　由于铁路运输技术的发展和现行规章制度的变化，对该教材（2017 年版）进行了修订。在原版基础上，我们以站、车客运工作组织的基本原理、基本方法、基本技能为重点，以现行铁路客运规章、国家和铁路行业技能标准为依据，按照理论联系实际的原则，力求体现教材的科学性、系统性和先进性，新增了电子客票、复兴号等内容，确保教材内容与铁路客运发展相一致，使本教材更加符合铁路现代化、管理科学化和培养高等技能型人才的要求。亦对每章的重点内容进行了疏理，以二维码的形式加以体现，更有利于教师备课之用。

　　本教材由吉林铁道职业技术学院谢立宏、刘士局主编。编写分工如下：吉林铁道职业技术学院谢立宏编写第一章，第三章中的第二节，第四章，第五章中的第二、三、四节；吉林铁道职业技术学院刘士局编写第二章；西安铁路职业技术学院张珺编写第三章中第一、三、四、五节；沈阳铁路局集团有限公司吉林车务段王志刚编写第六章中第四、五节，第八章和第九章；西安铁路职业技术学院赵岚编写第八章；黑龙江铁道职业技术学院申韦编写第六章中的第一、二、三节；黑龙江铁道职业技术学院韩晶书编写第十章；成都工业职业技术学院陈茜编写第五章的第一、五、六节，吉林铁道职业技术学院魏鸿儒编写第十一章、第十二章及附录。

　　本教材的编写得到了中国国家铁路集团有限公司运输局等部门的大力支持，也得到运输专业的兄弟院校以及有关站段的帮助，特此表示衷心的感谢。

　　由于编者水平有限，书中难免出现错误和疏漏，恳请读者给予批评指正。

课件汇总

编　者

2020 年 5 月

第1版前言

本书是根据高等职业技术院校铁道交通运营管理专业"铁路客运组织"教学大纲要求编写的。

"铁路客运组织"是铁道交通运营管理专业的一门主干专业课,在培养铁路运输高等职业技术人才方面起着重要作用。我们结合现行的铁道部颁布的《铁路旅客运输规程》、《铁路客运运价规则》及《铁路旅客运输办理细则》等有关规章制度编写了本教材中的第三章、第四章等内容,如旅客票价取消保险费、违章乘车的处理等,在编写过程中注意吸收了近年来铁路旅客运输采用的新技术、新工艺、新设备、新材料等四新内容,如铁路的发展规划、动车组技术及作业标准等新内容。

根据铁路运输技术的发展和现行规章制度的变化,在编写教材时,我们以车站、列车客运工作组织的基本原理、基本方法、基本技能为重点,以现行铁路有关规章、标准为依据,按照理论联系实际的原则,力求体现教材的科学性、系统性和先进性,使本教材更加符合铁路现代化、管理科学化和培养高等技能型人才的要求。

本教材由吉林铁道职业技术学院谢立宏、王建军主编。编写分工如下:吉林铁道职业技术学院谢立宏编写第一章、第二章中的第三节、第三章中的第一节、第四章、第五章中的第四节、第十一章、第十三章;吉林铁道职业技术学院王建军编写第二章第一、二、四节;西安铁路职业技术学院张琚编写第三章中的第二至四节、第九章;西安铁路职业技术学院赵岚编写第七、第八章;黑龙江铁道职业技术学院申伟编写第六、第十二章;成都铁路运输学校陈茜编写第五章第一、二、三、五、六节,第十章;吉林铁道职业技术学院李红编写第十四章。

本教材在编写过程中得到了全国铁道行业职业教育教学指导委员会、中国铁路总公司运输局等部门的大力支持,也得到了兄弟院校以及有关站段的帮助,在此表示衷心感谢。由于编者水平有限,书中难免出现错误和疏漏,恳请读者批评指正。

编　者

2013 年 8 月

目　录

第一章　当代铁路旅客运输发展趋势

当代铁路
旅客运输
发展趋势 PPT

第一节　我国铁路旅客运输发展成就

中国人口众多、内陆深广，要想解决大规模人口流动问题，最安全、快捷、经济、环保、可靠的交通方式是高速铁路。2003 年 10 月，我国第一条高铁——秦沈客运专线通车，由此开启了中国高铁快速发展的序幕。截至 2011 年 6 月，八年时间共有 19 条高速铁路通车运营。2008 年 8 月 1 日，中国第一条具有完全自主知识产权、世界一流水平的高速铁路——京津城际高铁通车运营。2008 年 11 月，我国提出进一步扩大内需的十项措施，铁路基础设施建设成为重中之重，高速铁路亦迎来了大发展。2009 年，我国高铁发展速度全面加快。2009 年 12 月 26 日，武广高速铁路的开通运营，标志着我国正飞速进入高铁时代。2018 年 7 月 1 日，由中国铁路总公司牵头组织研制、具有完全自主知识产权的长编组动车组列车——复兴号动车组列车首次投入运营。

截至 2019 年，全国铁路全面贯彻党和国家的方针政策，主动适应经济发展新常态，深化铁路供给侧结构性改革，在铁路安全、建设发展、客货运输、科技创新等方面不断取得新成绩。

我国铁路的发展成就，体现了我们中国铁路人精益求精的大国工匠精神，是我们一代又一代的中国铁路人付出的结果。

一、运输生产

（1）旅客运输。2019 年全国铁路旅客发送量完成 36.6 亿人，比上年增加 2.9 亿人，增长 8.4%，其中，国家铁路 35.8 亿人，比上年增长 7.9%；全国铁路旅客周转量完成 14 706.6 亿人·公里，比上年增加 560 亿人·km，增长 4%，其中，国家铁路 14 529.6 亿人·km，比上年增长 3.3%。

（2）货物运输。2019 年全国铁路货运总发送量完成 43.2 亿 t，比上年增加 2.9 亿 t，增长 7.2%。其中，国家铁路 34.4 亿 t，比上年增长 7.8%。全国铁路货运总周转量完成 30 074.7 亿

t·km，比上年增加 1 267.5 亿 t·km，增长 4.4%。其中，国家铁路 27 009.6 亿 t·km，比上年增长 4.7%。集装箱、商品汽车比上年分别增长 30.4%、12.3%。

（3）运输安全。全年未发生特别重大、重大铁路交通事故，铁路交通事故死亡人数比上年下降 23.3%。

二、铁路建设

全国铁路固定资产投资完成 8 029 亿元，投产新线 8 489 km，其中高速铁路 5 474 km。

（1）路网规模。全国铁路营业里程达到 1.39×10^5 km，比上年增长 6.1%。全国铁路路网密度 145.5 km/10^4 km^2，比上年增加 8.6 km/10^4 km^2。其中，复线里程 8.3×10^4 km，比上年增长 9.2%，复线率 59%，比上年提高 1%；电气化里程 1×10^5 km，比上年增长 8.7%，电化率 71.9%，比上年提高 1.9%。西部地区铁路营业里程 5.6×10^4 km，比上年增加 0.3 km，增长 5.7%。

（2）移动装备。全国铁路机车拥有量为 2.2 万台，其中，内燃机车 0.80 万台，占 36.9%；电力机车 1.37 万台，占 63.0%。全国铁路客车拥有量为 7.6 万辆。其中，动车组 3665 标准组、29 319 辆。全国铁路货车拥有量为 87.8 万辆。

三、标准和科技创新

1．重要技术标准

《机车车辆动力学性能评定及试验鉴定规范》《机车车辆转向架 货车转向架》《铁道客车及动车组无障碍设施通用技术条件》《高速铁路预制后张法预应力混凝土简支梁》《有砟轨道轨枕混凝土枕》等 15 项铁道国家标准，《机车车辆强度设计及试验鉴定规范总则》《高速铁路牵引供电系统雷电防护技术导则》《铁路信号安全数据网》《铁路机车车辆驾驶人员健康检查规范》等 51 项铁道行业标准，目前已发布实施；中国国家铁路集团有限公司（简称国铁集团）组织制定并发布了《智能牵引变电所及智能供电调度系统总体技术要求》《无线闭塞中心设备技术规范》《铁路移动智能终端互联网安全接入平台技术条件》等 102 项国铁集团技术标准。

2．知识产权及获奖成果

国铁集团主持项目——《长大深埋挤压性围岩铁路隧道设计施工关键技术及应用》《高速铁路高性能混凝土成套技术与工程应用》获 2019 年度国家科学技术进步奖二等奖。

所属企业中国铁道科学研究院集团有限公司参研项目——《跨临界 CO_2 热泵的并行复合循环关键技术及其应用》获 2019 年度国家科学技术进步奖二等奖（第二完成单位）；主持项目——《基于大数据的高铁工务智能运维系统》获 2019 年度国际铁路联盟（UIC）数字化奖。

所属企业中国铁路设计集团有限公司参研项目——《强风作用下高速铁路桥上行车安全保障关键技术及应用》获 2019 年度国家科学技术进步奖二等奖（第三完成单位）。

铁路行业其他单位的参研项目——《高压大电流 IGBT 芯片关键技术及应用》《高速列车-轨道-桥梁系统随机动力模拟技术及应用》获 2019 年度国家技术发明奖二等奖；《重载列车与轨道相互作用安全保障关键技术及工程应用》获 2019 年度国家科学技术进步奖二等奖。

四、节能减排

（1）综合能耗。国家铁路能源消耗折算标准煤 1 634.77 万 t，比上年增加 10.57 万 t，增长 0.7%。单位运输工作量综合能耗 3.94 t 标准煤/百万换算 t·km，比上年减少 0.13 t 标准煤/百万换算 t·km，下降 3.2%。单位运输工作量主营综合能耗 3.84 t 标准煤/百万换算 t·km，比上年减少 0.03 t 标准煤/百万换算 t·km，下降 0.88%。

（2）主要污染物排放量。国家铁路化学需氧量排放量 1 764 t，比上年减排 114 t，降低 6.1%。二氧化硫排放量 5 438 t，比上年减排 4 398 t，降低 44.7%。

（3）沿线绿化。国家铁路绿化里程 5.196 万 km，比上年增加 0.28 万 km，增长 5.7%。

第二节　我国铁路旅客运输发展趋势

一、我国铁路旅客运输面临的形式

"十三五"时期，是我国全面建成小康社会的关键时期，是深化改革开放、加快转变经济发展方式的攻坚时期，我国仍处于大有作为的重要战略机遇期，也是铁路实现科学发展、全面提升现代化水平的关键时期。铁路发展既面临重要战略机遇，又面对新挑战和新要求，必须增强机遇意识，转变发展方式，提高发展质量，努力开创铁路科学发展新局面。

（一）贯彻主题主线、保持经济平稳较快发展，需要铁路提升服务能力
　　　　和水平

"十三五"时期，我国以贯彻科学发展为主题和加快转变经济发展方式为主线，实施扩大内需战略，深入推进工业化、城镇化，着力保障和改善民生，此期间经济将保持平稳较快增长，城乡居民收入较快增加，经济要素流动更为频繁，百姓出行需求更加旺盛，客货运输需求持续增长，同时消费结构和运输需求结构升级对交通运输安全性、便捷性、舒适性、时效性、均等性等提出新的更高要求。铁路作为国家重要基础设施，是符合我国国情、适合区域及城乡大规模人员和物资流动的运输方式。"十三五"期间，需要进一步完善铁路运输网络，重点建设快速铁路、区际干线、煤运通道等，不断提高服务能力和品质，充分发挥铁路骨干作用，为保持经济平稳较快发展提供可靠运输保障。据预计 2020 年铁路旅客发送量将达 40 亿人、旅客周转量将达 16 000 亿人·km，货物发送量将达 37 亿 t、货物周转量将达 25 780 亿 t·km 左右。

（二）实施主体功能区战略、促进区域协调发展，需要增强铁路基础保
　　　　障能力

我国幅员辽阔、内陆深广，各地区自然条件与人口聚集差异大，资源能源与产业布局不

均衡，决定了生产过程与市场消费需要长距离、大运量、低成本的运输方式来实现。"十三五"时期，应更加注重统筹区域协调发展，实施区域发展总体战略和主体功能区战略，推动区域良性互动发展，逐步缩小区域发展差距，需要加快西部连接东中部及出海、过境通道建设；加强中部地区贯通东西、沟通南北通道建设；完善东部地区路网结构、提高路网综合能力和服务水平。同时加大对革命老区、民族地区、边疆地区、贫困地区的扶持力度，需要进一步加强铁路基础设施建设，拓展路网覆盖面，惠及更多百姓。铁路基础设施是促进区域协调发展的重要保障，也是区域发展总体战略的重要组成部分，系统形成高效畅通的铁路运输网络，实现人便其行、货畅其流，对促进生产要素合理流动和产业梯度转移、推动区域协调发展、实现区域基本公共服务均等化具有重要作用。

（三）积极稳妥推进城镇化、促进城市群发展，需要铁路提供可靠的运力支撑

改革开放以来，我国城镇化快速发展，2010年城镇化率已达到47.5%，拥有城镇人口6.7亿人，到2020年我国城镇化率将达到60%左右。同时以大城市为依托、以中小城市为重点，逐步形成辐射作用大的城市群，促进大中城市和小城镇协调发展。随着城镇化水平提高以及城市群发展，人口和产业集聚的中心城市之间、城市群内部的客运需求强劲，对交通基础设施承载能力提出更高要求。适应我国城镇化发展需要，尽快形成高速铁路、区际干线、城际铁路和既有线提速线路有机结合的快速铁路网络，满足大流量、高密度、快速便捷的客运需求，为拓展区域发展空间、促进产业合理布局和城市群健康发展提供基础保障，同时也为广大城乡居民提供大众化、全天候、便捷舒适的基本公共服务。

（四）加快建设资源节约型、环境友好型社会，需要加快构建低碳绿色的综合运输体系

我国能源资源相对不足，生态环境承载能力弱。随着经济社会持续快速发展，资源环境约束日趋加剧，需要加快转变经济发展方式，加快构建"两型"社会，增强可持续发展能力。目前社会运输成本较高，能源消耗快速增加，节能减排压力大，交通拥堵严重，需要优化交通运输结构，促进我国交通运输又好又快发展。"十三五"是转变交通发展方式的重要时期，更加注重统筹各种运输方式协调发展，加强各种运输方式的有机衔接和综合枢纽建设。铁路在节能、节地、环保、经济等方面具有明显的优势，进一步发展铁路运输，形成分工合作、优势互补、协调发展的运输体系，是落实国家节约资源、保护环境基本国策的重要体现，也是以较低的社会成本和资源环境代价满足经济社会发展对运输需求的客观需要，对加快转变交通发展方式、促进经济社会可持续发展具有重要作用。

二、我国铁路的发展趋势

"十三五"时期我国铁路发展的总体目标是：到2020年，路网布局优化完善，装备水平

先进适用，运输安全持续稳定，运营管理现代科学，创新能力不断提高，运输能力和服务品质全面提升，市场竞争力和国际影响力明显增强，适应全面建成小康社会需要。预计到2020年底，全国铁路营业里程达15万km，其中高速铁路营业里程3万km，复线率和电化率分别达到60%和70%以上，初步形成便捷、安全、经济、高效、绿色的铁路运输网络，基本适应经济社会发展的需要。

基本形成高速铁路网络，基本覆盖城区常住人口20万以上城市，高速铁路网络覆盖80%以上大城市，动车组列车承担旅客运量比重达到65%，北京—各大省会2~8h通达，相邻大中城市1~4h快速联系，主要城市群0.5~2h便捷通勤。区域间时空距离大幅缩短，旅客出行更加便捷、高效和舒适。

重载、快捷及集装箱专业化运输水平显著提高；"门到门"、快速送达的全程物流服务体系初步形成；铁水、铁公、铁空等多式联运比重大幅提升。

（一）完善铁路设施网络

以推进"一带一路"建设、京津冀协同发展、长江经济带发展等重大国家战略为引领，按照分类建设要求，落实各类投资主体，以中西部干线铁路、高速铁路等建设为重点，推进重点地区和重点方向铁路建设，继续实施既有线及枢纽配套改造，发展城际和市域（郊）铁路，推动对外骨干通道建设，充分考虑国防需求，促进点线能力协调，提高综合效能，不断增强铁路对经济建设和国防安全的基础保障能力。

1. 构建高速铁路网络

在全面贯通"四纵四横"高速铁路主骨架的基础上，推进"八纵八横"主通道建设，实施一批客流支撑、发展需要、条件成熟的高速铁路项目，构建便捷、高效的高速铁路网络，拓展服务覆盖范围，缩短区域间的时空间隔。

高速铁路重点项目：建成北京—沈阳、北京—张家口—呼和浩特、大同—张家口、石家庄—济南、济南—青岛、郑州—徐州、宝鸡—兰州、西安—成都、商丘—合肥—杭州、武汉—十堰、南昌—赣州等高速铁路。

建设沈阳—敦化、包头—银川、银川—西安、北京—商丘、太原—焦作、郑州—济南、郑州—万州、黄冈—黄梅、十堰—西安、合肥—安庆—九江、徐州—连云港、重庆—黔江、重庆—昆明、贵阳—南宁、长沙—赣州、赣州—深圳、福州—厦门高速铁路。

2. 完善干线铁路布局

优化干线铁路网络布局，推进主要城市群之间区际干线铁路建设，以中西部地区为重点，拓展中西部路网覆盖面；完善东部路网；实施既有线改造，盘活路网资源，提升路网质量和效益；研究推进沿边铁路建设。

干线铁路重点项目：建成哈尔滨—佳木斯、青岛—连云港、九江—景德镇—衢州、黔江—张家界—常德、怀化—邵阳—衡阳、南宁—昆明、重庆—贵阳、衢州—宁德、丽江—香格里拉、敦煌—格尔木、库尔勒—格尔木、蒙西—华中铁路煤运通道等干线铁路。

建设西宁—成都、和田—若羌、拉萨—林芝、酒泉—额济纳、兴国—永安—泉州、金华

—宁波、攀枝花—大理等干线铁路。

实施成昆线、焦柳线、集通线、京通线、京原线等电化或扩能改造。

3. 加强国际通道建设，逐步实现与周边国家互联互通

建设东北、西北、西南等进出境铁路和国土开发性边境铁路，配套建设口岸基础设施，完善口岸集疏运系统，促进我国与周边区域的交流合作。

强化陆桥通道。实施哈尔滨—满洲里铁路电气化、哈尔滨—绥芬河铁路电气化改造，集宁—二连浩特铁路扩能，强化第一亚欧大陆桥中国境内段；研究建设中吉乌铁路（国内段），实施兰新线西段电气化、南疆铁路复线扩能改造，拓展第二亚欧大陆桥通道；建设大理—瑞丽铁路，逐步构筑第三大陆桥通道。

完善区域合作通道。在东北亚区域，新建同江铁路大桥、巴彦乌拉—珠恩嘎达布其、古莲—洛古河等铁路，实施阿尔山—乌兰浩特扩能等；在东南亚区域，建设玉溪—蒙自—河口，规划建设玉溪—磨憨铁路、南宁—凭祥铁路扩能等，逐步形成中国至东南亚区域交流多通道格局。

4. 强化枢纽及配套设施建设，提高运输效率

结合新线建设和既有线改造，强化枢纽、客货配套设施及集疏运系统建设，加强与其他运输方式的衔接，发挥综合运输体系组合效率和整体优势。

建设客货运枢纽及配套设施。优化完善铁路枢纽总图规划，加强与城市总体规划衔接。结合新线建设和既有线改造，新建和改造部分铁路客站，在省会城市及重要中心城市构建与其他交通方式以及周边土地开发利用紧密衔接的综合客运枢纽；强化编组站以及大型货场等综合货运设施建设，构建完善的客货运综合枢纽。建设具有增值服务功能的现代化货场和物流中心，新建或改建沿线货运站，提升货运仓储和装卸等服务能力，推进货运站向现代物流中心转型，促进现代物流业发展。对区域内货运站、技术站等进行优化分工、集约经营，满足新兴工业园区与产业结构升级的需要。研究探索利用中心城市既有铁路资源服务城市交通的模式。

建成集装箱运输网络。加快建设北京、沈阳、宁波、广州、深圳、兰州、乌鲁木齐等集装箱中心站以及集装箱办理站；结合新线建设、既有线改造和港口规划建设，加快推进集装箱运输通道建设，基本建成覆盖全国范围的铁路集装箱运输网络，大力发展集装箱运输。

强化港口后方通道。通过新通道建设、既有通道改造以及港前运输系统的完善，建立布局合理、衔接顺畅、集疏便捷的港口后方通道，实现铁路与港口的无缝衔接，积极发展水铁、公铁等多式联运，扩展服务功能。

建设综合配套设施。根据生产力布局调整和路网发展需要，建设跨区域服务的动车组维修基地、基础设施维修基地、大功率机车检修基地、调度所等运营配套设施。加强铁路沿线、生产站段及铁路地区职工公寓、单身宿舍等配套设施建设，改善职工生产生活条件。

（二）全面推进技术装备现代化

坚持自主创新，深化关键技术、关键领域再创新，健全铁路技术标准体系，扩大技术创

新成果运用，全面推进技术装备现代化。

1. 提升机车车辆装备现代化水平

结合快速铁路、区际干线、煤运通道建设，重点配备动车组、大功率机车、重载货车等先进装备，适应客货运输需要。继续提高空调客车和专用货车比例，优化机车车辆结构。配备大吨位救援列车。推进动车组谱系化，发展不同系列机车、客车及货车，进一步提高技术装备现代化水平。

2. 提高通信信号现代化水平

完善全路骨干、局内干线传输网，建设全路数据通信网；高速铁路、城际铁路和重要干线实现 GSM-R 无线网络覆盖。建立健全通信网安全监控、预测预警、应急处置机制，构建全路应急救援通信网络；推进综合视频监控系统建设，实现高速铁路、城际铁路、重要干线关键部位实时监控。装备适应不同等级线路运行的列车控制系统，推广计算机联锁系统，推进编组站综合自动化系统建设，全面提高信号技术装备现代化水平。

3. 强化基础设施设备现代化水平

加强对既有线桥隧等基础设施和设备的加固与改造，提高抵御灾害、保障运输安全能力。全面推广跨区间无缝线路。积极研制、应用轨道和接触网除冰雪减灾装备。建立完善高铁设备养护维修设施，实现大型养路机械作业和检测能力全覆盖。加快推广供电综合监控、数据采集及节能降耗技术，实现牵引供电系统监控自动化、远程化和运行管理智能化，提升供电装备现代化水平。

（三）大力推进铁路信息化建设

以运输组织、客货服务、经营管理三大领域为重点，推进信息基础设施建设，全面提升铁路信息化水平。

1. 推进信息基础设施建设

建设覆盖全路的宽带信息网络，构建新一代信息处理平台。整合信息资源，建成铁路信息共享平台、公用基础信息平台、网络与信息安全保障平台和铁路门户。建设铁路数据中心，构建技术先进、结构合理、安全可靠的铁路信息化技术体系。

2. 推进运输组织智能化建设

高速铁路、繁忙干线采用调度集中系统，不断优化完善列车调度指挥系统和运输调度管理系统。建成高铁调度指挥中心、调度所运营调度系统，基本建成覆盖全路移动和固定设备设施运行状态监控网络，基本实现运输生产组织全过程信息化，全面提升铁路运输组织智能化水平。

3. 推进客货服务社会化建设

大力发展铁路电子商务，建成铁路客货运输服务系统、铁路客户服务中心和电子支付平台，基本建成铁路现代物流信息系统，促进铁路客货服务方式转型，实现客货运服务电子化、网络化，全面提高铁路客货运服务和营销现代化水平。

4. 推进经营管理现代化建设

建设铁路车务、机务、工务、电务、车辆、安全监督等管理信息系统，加快动车组检修基地、大功率机车检修基地、基础设施维修基地等信息化建设，推广应用建设项目管理信息系统，优化完善电子政务、人力资源、财务会计和统计等信息系统，全面提升铁路经营管理水平。

（四）不断提升服务水平

创新运输组织，优化运输产品，提升服务水平，强化市场营销，拓展运输市场，实现客货运量持续增长。

1. 大力拓展客运市场

充分用好新线，特别是高速铁路投产的能力，实现新增与既有运力资源有效衔接，全面优化客运资源配置，提高客运能力和效率。强化客运组织工作，优化调整客车开行方案，加大客运产品开发，形成高速、快速、普速合理匹配、适应旅客不同层次需求的铁路客运产品。加大客运营销力度，千方百计采用便民利民服务措施，充分展示高铁品牌优势。科学制订节假日运输方案，最大限度满足客运市场需要。

2. 大力拓展货运市场

充分利用新线和既有线释放的货运能力，加大货运营销力度，努力开发货运新产品，吸引和挖掘新增货源，扩大铁路货运量。继续深入推进大客户战略，积极发展重载运输、直达运输，巩固扩大大宗货源，增强重点物资运输保障能力。优化运输组织，开发快捷运输、多式联运、集装箱运输等货运产品，加大对高附加值、高运价、远距离货物运输的占有份额，拓展铁路货运市场。依托铁路运输优势，深化铁路运输与物流服务融合，增强物流服务功能，推动铁路运输企业向现代物流企业转型，打造铁路物流骨干企业。探索货物列车客车化开行模式。

3. 不断提高服务质量

树立以人为本、客户至上的服务理念，创新服务方式，完善服务标准，提高服务水平。实施便民利民举措，加快客货营销由传统方式向电子商务转变，实现铁路与客户远程直接服务，积极推广电话订票、互联网售票、电子客票、银行卡购票、自动售检票等方式，最大限度方便旅客和货主。深化货运组织改革，创新货运业务流程，加快推进集中受理、优化装车等服务方式，提高运输效率和效益。加快建设铁路客户服务中心，实行"一站式"办理、"一条龙"服务，拓展服务功能，提升服务水平。加强公共信息服务工作。进一步改善站车服务设施，强化站车乘降、供水、供暖、卫生、餐饮、信息等基本服务，全面提高站车服务质量和水平。

（五）加强绿色铁路建设

贯彻落实国家关于加快建设"两型"社会的要求，进一步完善节能标准体系、技术支撑体系和政策引导体系，建立铁路节能减排管理新机制，加强节能减排管理。加快铁路电气化技术改造，优化路网技术结构，提高电气化铁路承担运输工作量比重，"以电代油"效应显著提高；广泛应用机车车辆等设备节能新技术、新装备、新工艺，促进牵引节能和用能结构调整，单位运输工作量牵引能耗大幅降低；扩大新能源、新产品和新材料利用，多层次和全方位降低非牵引能耗，使其占铁路总能耗比例有较大幅度下降；优化运输组织，提高运输效率，降低能源消耗。积极推广节地、节材等技术，节约、集约利用资源。促进绿色、低碳型交通消费模式和出行方式。预计到 2020 年铁路单位运输工作量综合能耗控制在 4.47 t 标准煤/百万换算 t·km 以内，较"十二五"末下降 5%。

加强铁路运输环境保护，采取综合措施，有效防治铁路沿线噪声、振动影响等，全面推行旅客列车垃圾集中处理，新型客车安装集便设施，加强货物列车粉尘防护，大力整治沿线白色污染，不断提高运输环境质量。加强铁路建设中的环境影响评价、生态保护、土地资源节约、水土保持、洪水影响评价等工作，依法认真落实各项要求。加强铁路绿色通道建设，积极推进绿色生态铁路建设，实现环境保护与铁路建设协调发展。

健全节能环保目标责任制，完善考核机制，严格考核指标。强化对铁路规划、建设和运营等过程节能环保监督检查。推进技术进步，完善节能环保管理和技术政策。

第三节　国产动车组简介

为了缓解铁路运输对国民经济的"瓶颈"制约，提升我国机车车辆装备制造业水平，以适应铁路客运发展和扩大运能的需要，于 2004 年国务院批准的《铁路中长期发展规划》，确定了我国铁路发展的蓝图，提出了"引进先进技术，联合设计生产，打造中国品牌"的总体要求。铁道部按照"先进、成熟、经济、适用、可靠"的方针，成功引进了速度 200 km/h 及以上川崎重工、庞巴迪、阿尔斯通的动车组先进技术，于 2006 年成功开展了第六次大提速。

动车组具有高速、高效、经济、灵活等技术特点，动车集中和动力分散动车组具有：牵引功率大、轴重小、启动加速性能好、可靠性高、列车利用率高、编组灵活优点。

一、高速列车对牵引功率的需求

高速列车的牵引动力可以采用传统的机车牵引形式，也可以采用动车组牵引形式。

所谓动车组就是由动力车和拖车或全部由若干动力车长期固定地连挂在一起组成的车组。

高速列车对牵引功率的需求是根据高速列车的总质量、最高运行速度和在该速度下的列车单位阻力来确定的。

高速列车需要的牵引功率 N 为：

$$N = \frac{Q \cdot \omega \cdot v_{\max} \cdot k}{3\ 600} \quad （\text{kW}） \tag{1.1}$$

式中　Q——列车总质量，t；

　　　ω——列车的单位阻力，N/t；

　　　$v_{\max}$——列车的最高运行速度，km/h；

　　　k——裕量系数。

列车运行时的阻力由列车运行基本阻力和各种附加阻力组成。列车基本阻力由列车的空气阻力和机械阻力所组成。

列车的基本阻力随运行速度的不同而异。低速运行时，以机械摩擦阻力为主；运行速度达到 100 km/h 左右时，空气阻力占运行基本阻力的 50%；如果运行速度进一步提高，空气阻力所占的比例还将增大。

空气阻力与列车运行速度的平方值成正比。列车之所以需要很大的牵引功率，就是因为列车运行速度越高，空气阻力越大。而这一随运行速度提高而迅速增大的空气阻力就成为高速列车运行时的主要阻力。

二、动车组的动力配置及组成

1. 动车组的动力配置

动车组的动力配置属于动力分散配置方式。这种牵引方式有两种模式：一种是完全分散模式，即高速列车编组中的车辆全部为动力车，如日本的 0 系高速列车，16 辆编组中全部是动力车；另一种是相对分散模式，即高速列车编组中大部分是动力车，小部分为无动力的拖车，如日本的 100 系、700 系高速列车，16 辆编组中有 12 辆动力车，4 辆是拖车，即 12 动 + 4 拖。

2. 动车组的组成

（1）车体。动车组车体分为带司机室车体和不带带司机室车体两种。它是容纳乘客和司机驾驶的地方，同时，又是安装、连接其他设备和部件的基础。为使车体轻量化，高速动车组车体通常采用铝合金和不锈钢材料制造，而铝合金将是今后动车组车体的主导材料。

（2）转向架。动车组转向架分动力转向架和非动力转向架。动力转向架的车轴可以是全动轴，也可以是部分动轴。转向架置于车体和轨道之间，用来牵引和引导车辆沿轨道行驶并承受与传递来自车体及线路的各种载荷，且缓和其动作用力。转向架是保证列车运行品质和安全的关键部件。

（3）连接、缓冲装置。车辆编组成列车运行必须借助于连接装置，即车钩。为了改善列车纵向平稳性，在车钩的后部设有缓冲装置，以缓和列车冲动。同时还应该连接车辆之间的电气和空气的管路。连接缓冲装置可以实现机械连接、高压电器连接、辅助系统和列车供电连接，以及控制系统连接。

（4）制动装置。制动装置是保证列车安全运行所必需的装置。动车组常采用电气制动与空气制动的复合制动。动车组制动系统包括动力制动系统(再生制动)、空气制动系统（包括风源）、电子防滑器及基础制动装置等。

（5）车辆内部设备。车辆内部设备是指服务于乘客的车内固定附属装置。如车内电气、供水、通风、取暖、空调、座席、车窗、车门、行李架、旅客信息服务系统等。

（6）牵引传动系统。牵引传动系统包括主电路、高压设备、受电弓、主断路器、其他高压设备、主变压器、牵引变流器、牵引电机及电传动系统的保护等。

（7）辅助供电系统。辅助供电系统所供电的设备包括空气压缩机、冷却通风机、油泵/水泵电机、空气调节系统、采暖设备、照明设备、旅客服务设备、应急通风装置及维修用电等。另外，辅助供电系统还具备应急供电功能。应急用电包括客室应急通风、应急照明、应急显示、维修用电及通信及其控制等。

三、动车组的主要技术特点

1. 头型流线化

随着列车运行速度的提高，周围空气的动力作用一方面对列车和列车运行性能产生影响；同时，列车高速运行引起的气动现象对周围环境也产生影响。对于高速动车组来说，列车头型设计非常重要，好的头型设计可以有效地减少运行空气阻力，列车交会压力波亦能解决好运行稳定性等问题。

2. 车体结构轻量化

为了节省牵引功率，降低高速所引起的动力作用对线路结构、机车车辆结构产生的损伤，以及提高旅客乘坐舒适度，需要最大限度地降低高速动车组的轴重。因此，国外各国高速列车车体的主要材料是铝合金和不锈钢，从发展趋势看，铝合金将成为动车组车体的主导材料。

3. 高性能转向架技术

提高列车运行速度首先遇到的问题是转向架运行平稳性和安全性问题，所以，提高列车运行速度应具有高性能的转向架。对于高速转向架要求具有高速运行的稳定性，良好的曲线通过性能，满足乘客乘坐舒适度的要求。

4. 复合制动技术

高速列车的制动能量与速度的平方成正比，传统的纯空气制动能力已不能满足需要。因此，高速列车必须采用能提供强大制动力并更好地利用黏着的复合制动系统。该复合制动系统通常由制动控制系统、动力制动、空气制动（包括盘形制动和踏面制动）系统、微机控制的防滑器和非黏着制动装置等组成。

5. 密接式车钩缓冲装置

目前世界各国高速列车（如日本、德国）普遍采用密接式车钩连接装置，该装置两车钩连接面的纵向间隙一般都小于 2 mm，上下、左右偏移也很小，对提高列车的运行平稳性和电气线路、风管的自动对接提供了保证。

6. 交流传动技术

早期的电力牵引传动系统均采用交-直传动，用直流电动机驱动。由于直流电动机的单位功率重量较大，使高速列车既要大功率驱动又要求减轻轴重，形成难以克服的矛盾。

在交流转动系统中，交流牵引电动机较传统的直流牵引电动机具有结构简单、运行可靠、体积小、重量轻及造价低等一系列优点。

交流牵引电动机没有整流子结构对电动机功率的限制，牵引功率可以得到进一步提高。

7. 列车自动控制及故障诊断技术

列车自动控制系统对高速列车安全运行的重要作用，世界各国在发展高速铁路时都十分重视列车自动控制系统的研究和开发，一些国家作为先进列车控制系统研究者研制了多种基础技术设备，例如列车超速防护系统、卫星定位系统、车载智能控制系统、车载微机自动监测和诊断系统等。

目前，世界高速铁路的自动控制方式主要分为两类，一类是以设备为主、人控为辅的控制方式，以日本新干线采用的 ATC（列车自动控制）方式为代表；另一类是人机共用、人控为主的方式，以法国 TGV 高速列车为代表，主要采用有 TVM300 型安全防护系统及改进的 TVM430 型安全防护系统，还有德国 ICE 高速列车采用的 FRS 速差式机车信号和 LZB 型双轨条交叉电缆传输式列车控制设备等。

8. 倾摆式车体技术

列车通过曲线时，未被平衡的离心加速度超过允许限度时会让乘客产生不舒适感。这种未被平衡的离心加速度与列车速度的平方成正比，由此限制了列车通过曲线时的速度。采用摆式列车可以在既有线路条件下使列车通过曲线时的速度提高约 30%。

四、国产动车组简介

我国动车组为 200 km/h 速度级的动力分散交流传动电动车组。该动车组能适应在我国铁路既有线上运营，也能在我国铁路既有线指定区段及新建的客运专线上以 200 km/h 速度级正常运行。

国产的动车组有 3 种类型：

Ⅰ型动车组-四方动车组。以川崎重工 E2-1000 （设计速度为 315 km/h，运营速度为 275 km/h，代表日本新干线最先进的动车组技术）型动车组为原型车，通过全面引进设计制造技术，由中国中车四方机车车辆股份有限公司（以下简称四方股份）在国内制造生产，可满足中国铁路高速客运需要，速度等级为速度为 200 km/h，主要配属在北京以南地区。

Ⅱ型动车组-BSP 动车组。以 Regina 庞巴迪型（最高运营速度为 200 km/h，在北欧地区使用广泛，运营数量大，技术成熟，理想的中短途客运和城际交通用车）动车组为原型车，通过公司内部技术转移，由 BSP 公司在国内制造生产，速度等级为速度为 200 km/h，主要用于城际间的中短途运输。

Ⅲ型动车组-长客动车组。以 SM3 阿尔斯通（设计速度为 220 km/h，技术成熟、是欧洲广泛使用的 Pendolino 系列列车之一）型动车组为原型车，通过全面引进设计制造技术，由中国中车长春轨道客车股份有限公司（以下简称长客股份）在国内制造生产，适合高寒地区使用，速度等级为速度 200 km/h，主要配属在北方地区。

1. 国产动车组的基本结构

（1）编组结构。

① 长客动车组编组：由 8 辆车组成，其中 5 辆动车 3 辆拖车；首尾车辆设有司机室，可双向驾驶，如图 1.1 所示。

图 1.1　长客动车组编组结构图

② 四方动车组：动车组由 8 辆车组成，其中 4 辆动车 4 辆拖车；首尾车辆设有司机室，可双向驾驶。

③ BSP 动车组：动车组由 8 辆车组成，其中 5 辆动车 3 辆拖车；首尾车辆设有司机室，可双向驾驶；如图 1.2 所示。

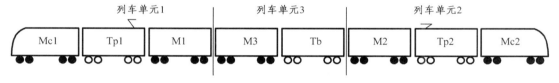

Mc—动力车；Tp，Tb—拖车。

图 1.2　BSP 动车组编组结构图

（2）车辆尺寸。各类型动车组尺寸如表 1.1 所示。

表 1.1　各类型动车组尺寸　　　　　　　　　　单位：m

主要参数	动车组		
	长客动车组	四方动车组	BSP 动车组
头车长度	27.6	25.7	26.95
中间车长度	25	25	26.6
总长	211.5	201.4	213.5
车体宽度	3.2	3.38	3.328
车体高	4.27	3.7	4.04

（3）车顶设备。

① 长客动车组：每车车顶均设有空调机组，在每个动车（1、2、4、7 和 8 号车）的车顶还设有制动变阻器，在 3、6 号车设受电弓及附属装置，受电弓工作高度为 5 300 ~ 6 500 mm。动车组正常运行时，采用单弓受流，另一台备用并处于折叠状态。

② 四方动车组：在 4、6 号车设受电弓及附属装置，安装高度为 4 m 时，受电弓工作高

度最低为 4 888 mm，最高为 6 800 mm，最大升弓高度为 7 000 mm。动车组正常运行时，采用单弓受流，另一台备用并处于折叠状态。

③ BSP 动车组：在 2、7 号车设受电弓及附属装置，受电弓工作高度最低为 5 300 mm，最高为 6 500 mm。动车组正常运行时，采用单弓受流，另一台备用并处于折叠状态。

（4）车端设备。设密接式车钩缓冲装置、折棚风挡及空气、电的连接设施等。包括：列车通信控制总线连接、制动控制线连接、AC 380 V 列车供电母线连接、DC 24 V 直流供电母线连接、列车制动管和总风管、主电路电气设备的电缆连接、车顶高压电缆连接。

（5）车下悬吊设备。长客动车组：每辆车车下有净水箱、污物箱、蓄电池、充电机、制动装置和空气弹簧辅助气室等，在 1、2、4、7 和 8 号车下有牵引和辅助变流器、牵引电机，在 3 号和 6 号车下有牵引变压器，在 6 号车下还有酒吧车冷藏柜压缩机。

四方动车组：每辆车下有空调机组、制动控制装置。在 2、3、6 和 7 号车下有牵引变流器，在 2 号和 6 号车下有牵引变压器。在单号车下有污物箱及水箱。

BSP 动车组：每辆车下有空调机组、制动控制装置。在动车下有牵引变流器，在拖车下有牵引变压器。

（6）车内布置。长客动车组：全列车有 1 辆一等车和 7 辆二等车。一等车内座椅 2 + 2 布置，二等车 2 + 3 布置。全列车定员 610 人，如表 1.2 所示。

表 1.2　定员表　　　　　　　　　　单位：人

车辆顺位	1	2	3	4	5	6	7	8
定员	60	90	90	90	90	45	71	74

四方动车组：全列车有 2 辆一等车和 6 辆二等车。一等车内座椅 2 + 2 布置，二等车 2 + 3 布置。全列车定员 670 人。

BSP 动车组：全列车有 2 辆一等车和 6 辆二等车。一等车内座椅 2 + 2 布置，二等车 2 + 3 布置。全列车定员 670 人。如表 1.3 所示。

表 1.3　定员表　　　　　　　　　　单位：人

车辆顺位	驾驶动车 1	带弓拖车 1	中间动车 1	中间动车 2	拖车	中间动车 3	带弓拖车 2	驾驶动车 2
定员	72	102	102	102	16	102	102	72

（7）车体结构。长客动车组：车体采用铝合金结构，车门处地板距轨面高度 1 270 mm，并设有翻板脚蹬装置，可以适应 300 ~ 1 200 mm 的站台高度。

四方动车组：车体采用铝合金结构，车门处地板距轨面高度 1 300 mm，适合 1 100 ~ 1 200 mm 站台。

BSP 动车组：车体为不锈钢焊接结构，车门处地板距轨面高度 1 270 mm，并设有翻板脚蹬装置，可以适应 300 ~ 1 200 mm 的站台高度。

2. 主要部件、系统的组成及工作原理

（1）转向架。长客动车组：动力转向架由构架、轮对轴箱、牵引装置、基础制动装置、二系空气弹簧悬挂装置、齿轮箱驱动装置组成，每台动力转向架有一根动力轴，电机采用体悬式，另外一根轴同拖车转向架相同。

拖车转向架与动力转向架的结构基本一致，只是没有齿轮箱驱动装置。

（2）牵引系统。长客动车组牵引系统：主要由受电弓、主断路器、牵引变压器、牵引变流器及牵引电机组成。动车组有两个相对独立的主牵引系统：三辆动车和一辆拖车组成一个动力单元；两辆动车和两辆拖车组成一个动力单元。

正常情况下，两个牵引系统均工作，当一个牵引系统发生故障时，可以自动切断故障源，继续运行。如图1.3所示为长客动车组牵引系统。

四方动车组牵引系统：动车组有两个相对独立的主牵引系统，两辆动车组成一个动力单元，正常情况下，两个牵引系统均工作，当一个牵引系统发生故障时，可以自动切断故障源，继续运行。如图1.4所示为四方动车组牵引系统。

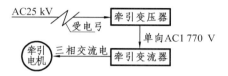

图1.3　长客动车组牵引系统

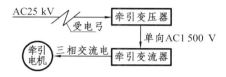

图1.4　四方动车组牵引系统

BSP动车组有三个相对独立的主牵引系统，其中两个单元由两辆动车和一辆拖车组成，另一个单元由一辆动车和一辆拖车组成，正常情况下，三个牵引系统均工作，当一个牵引系统发生故障时，可以自动切断故障源，继续运行。如图1.5所示为BSP动车组牵引系统。

（3）制动系统。长客动车组制动系统有两套：

一套是微机控制的直通式电空制动系统。可实现空电联合制动，当列车速度较高时，实施电制动，不足的部分由空气制动补充，在速度低于10 km/h时只实施空气制动。另一套制动系统为备用空气制动系统，为自动式空气制动系统，制动指令由列车管传递。

四方制动系统与长客制动系统类似；BSP制动系统与长客制动系统类似。

（4）辅助供电系统。长客动车组辅助供电系统由辅助变流器、蓄电池、充电机等组成。配备在每辆车上。AC 25 kV的高压电输入牵引变压器，经过降压输入辅助变流器，从辅助变流器输出AC 380 V电源，为列车的各设备供电。如图1.6所示为长客动车组辅助供电系统工作原理示意图。

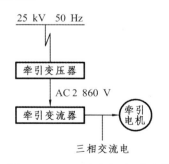

图1.5　BSP动车组牵引系统

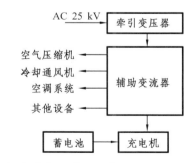

图1.6　长客动车组辅助供电系统工作原理示意图

四方动车组辅助供电系统：动车组在1号、8号车分别设置一套辅助电源装置；在2、4、6号车上分别设有一个蓄电池箱。

AC 25 kV 的高压电输入牵引变压器，经过降压变成 AC 400 V，再输入辅助电源装置，经过处理后，从辅助电源装置输出 5 路电源，为列车的各设备供电。如图 1.7 所示为四方动车组辅助供电系统工作原理示意图。

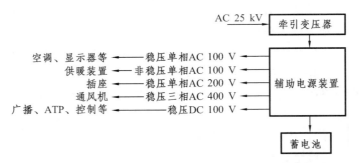

图 1.7　四方动车组辅助供电系统工作原理示意图

BSP 动车组辅助供电系统：在动车下分别设置一套辅助电源装置。AC 25 kV 的高压电输入牵引变压器，再经过辅助逆变器输出三相 AC 380 V 和 DC 110 V 两路电源，为列车的各设备供电。如图 1.8 所示为 BSP 动车组辅助供电系统工作原理示意图。

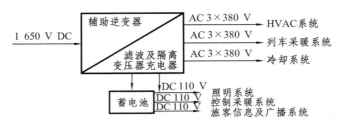

图 1.8　BSP 动车组辅助供电系统工作原理示意图

（5）车钩及缓冲装置。长客动车组两端设有全自动车钩，车辆间由半永久车钩连接。车钩均采用密接方式，全自动车钩内有机械、空气、电气连接机构和通路，半永久车钩只有机械连接。

缓冲器采用气液缓冲器和圆弹簧组合方式，位于车钩后端，可缓冲车辆间的压缩和拉伸的冲击。车钩及缓冲器可以在不架起车体的情况下拆装和检修。如图 1.9 所示为长客动车组车钩缓冲装置；图 1.10 所示为四方动车组车钩缓冲装置；图 1.11 所示为 BSP 动车组车钩缓冲装置。

图 1.9　长客动车组车钩缓冲装置

图 1.10　四方动车组车钩缓冲装置

图 1.11　BSP 动车组车钩缓冲装置

（6）列车网络控制系统。长客动车组：列车网络控制系统是一套分布式计算机系统，通过贯穿列车的总线来传送控制、监测及故障诊断等信息，可控制并监控所有列车和车辆的相关功能。控制系统重要部分采取冗余设计，使系统具有冗余性，排除了单一故障影响系统功能的可能性。

列车网络控制系统主要由主处理单元、列车信息显示装置、车内信息显示装置、网关、中继器、远程输入、输出模块等组成。

（7）司机室。动车组两头车各设一个司机室，两个司机室的设备布置相同，司机室为单司机操作模式，司机台为居中布置；在驾驶室后部设置了一组弹簧升降式座椅；在操作台上分别设有制动和牵引手柄，可以进行自动和手动驾驶，操作台正面分别有速度信息、运行信息和列车信息显示等。

（8）集便装置。集便装置由水箱、集便器及污物箱组成，每车的污物箱和水箱容积均为600 L，在车体下部两侧裙板设有上水口和排污口。

五、复兴号电力动车组

复兴号动车组列车，是中国标准动车组的中文命名英文代号为 CR，当时由中国铁路总公司牵头组织研制、具有完全自主知识产权、达到世界先进水平的动车组列车，其中，由 CR400 系列担当的部分车次是世界上运营时速最高的动车组列车。

2012 年，中国标准动车组"复兴号"正式启动研发；2017 年 6 月 25 日，中国标准动车组被正式命名为"复兴号"，于 26 日在京沪高铁正式双向首发；2018 年 7 月 1 日起，全国铁路将实行新的列车运行图，16 辆长编组"复兴号"动车组首次投入运营。

2019 年 9 月 20 日，中国铁路投资有限公司旗下招标采购交易平台发布 3 个速度为 350 km/h 复兴号动车组采购项目招标公告，包含 768 辆用于 16 辆编组，170 辆用于 17 辆编组，40 辆用于高寒 8 辆编组，总计 978 辆。

（一）发展历史

2004 年，我国引进德国、日本等国的高速动车组技术，在消化吸收再创新的基础上，生产出了"和谐号"系列高速动车组，在较短的时间里满足了百姓出行的需要。然而基于不同平台研发出的"和谐号"车型，由于标准不统一，不能互联互通，难以互为备用，提高了运营和维修成本。

2012年，由中国铁路总公司主导，中国铁道科学研究院技术牵头，中车所属企业设计制造，开展了中国标准动车组设计研制工作。

2016年7月15日，"复兴号"原型车CRH-0207和CRH-0503以超过420 km/h的速度在郑徐高铁上交会，创造了高铁列车交会速度的世界新纪录。

2017年6月25日，中国标准动车组被正式命名为"复兴号"CR400系列。

2017年6月26日，"复兴号"在京沪高铁两端的北京南站和上海虹桥站双向首发。

2017年9月21日，全国铁路实行新的列车运行图，CR400"复兴号"动车组在京沪高铁率先实现速度为350 km/h的运营，我国再次成为世界上高铁商业运营速度最高的国家。

2018年4月10日起，全国铁路实行新的列车运行图，CR400"复兴号"动车组开行数量增加。

2018年6月26日，CR400"复兴号"动车组上线运营满1周年，累计发送旅客4 130万人次。

2018年7月1日起，全国铁路实行新的列车运行图，16辆CR400长编组"复兴号"动车组投入运营。

2018年8月8日起，京津城际全部更换为"复兴号"CR400高铁列车，"复兴号"在京津城际铁路恢复速度为350 km/h运行。

2018年6月至9月，中国铁路总公司组织了京沈综合试验段CTCS3+ATO列控系统试验，CR400复兴号在世界上首次实现速度为350 km/h的自动驾驶功能。

2018年10月，17辆编组超长版CR400"复兴号"亮相，车身长439.8 m，可乘坐1 283人。

2018年12月24日，速度为350 km/h 17辆长编组、速度为250 km/h 8辆编组、速度为160 km/h动力集中等多款"复兴号"新型动车组首次公开亮相。

2019年1月5日零时起，全国铁路实行新的列车运行图，速度为160 km/h动力集中型电动车组——复兴号CR200J型电力动车组，也将开始逐步替代传统普速列车在京沪线上线运营。

2019年8月8日，由乌鲁木齐开往库尔勒的首趟C8802次CR200J"复兴号"列车由乌鲁木齐站开出，标志着新疆也进入了"复兴号"列车时代。

2019年8月16日，大理至丽江首次开行CR200J"复兴号"动车组，最短运行时间2 h 08 min。

2019年12月30日，350公里智能京张高铁正式开通运营，CR400BF-C型列车投入运营。

（二）编组形式

中国动车组将采用CR200/300/400命名，分别对应160 km/h、250 km/h和350 km/h 3种持续时速等级，数字代表最高时速，例如，400代表最高速度可达400 km/h及以上，持续运行速度为 350 km/h。3 种速度满足不同的市场需求，中国高速铁路主要是速度为 350 km/h、250 km/h 两种，中国快速铁路是速度 200 km/h 和 160 km/h 两种。3 种速度列车可以满足这 4 种速度需求，CR200 可以兼容快速铁路两种时速。

"复兴号"已有"CR400AF"和"CR400BF""CR300AF""CR300BF""CR200J"5 种型号。

CR400 系列长编组：16 辆长编组"复兴号"正式上线运营。全长 414.26 m，1 193 个座位，此次 16 辆长编组"复兴号"将车头部分换为正常车厢，进一步提升了列车的综合运力。长编组"复兴号"列车总定员达 1 193 人，是此前 8 辆编组列车的 2 倍多，其中商务座 22 个，一等座 148 个，二等座 1 023 个。

（三）CR400 系列装备特点

2017 年 1 月 3 日，中国铁路总公司正式向四方股份和长客股份颁发了中国标准动车组"型号合格证"和"制造许可证"。中国标准动车组也正式获得型号命名。其中四方生产的"红神龙"被命名为 CR400AF，长客生产的"金凤凰"被命名为 CR400BF，正式摒弃 CRH 的命名序列，原有的 CRH 序列名称将不再用于中国标准动车组。

复兴号早期的两个型号是红神龙 CR400AF 和金凤凰 CR400BF。CR 是 China Railway 的缩写，即中国铁路；"A"和"B"为企业标识代码，代表生产厂家，"A"代表红神龙配色、"B"代表金凤凰配色；"F"代表技术类型代码，表示动力分散式机车，区别于："J"代表动力集中电动车组，"N"代表动力集中内燃动车组。

2017 年 6 月 25 日，中国标准动车组有了一个响亮的名号——复兴号动车组。

（四）车辆特征

与"和谐号"CRH 系列相比，"复兴号"高速动车组具有以下 5 大升级点：

1. 寿命更长

中国标准动车组在降低全寿命周期成本、进一步提高安全冗余等方面加大了创新力度。为适应中国地域广阔、温度横跨正负 40 ℃、长距离、高强度等运行需求，"复兴号"进行了 60 万 km 运用考核，比欧洲标准还多了 20 万 km。最终，整车性能指标实现较大提升，"复兴号"的设计寿命达到了 30 年，而"和谐号"是 20 年。

2. 身材更好

"复兴号"采用全新低阻力流线型头型和车体平顺化设计，车型看起来线条更优雅，跑起来也更节能。坐过"和谐号"的朋友都会发现，动车组车顶有个"鼓包"，那其实是受电弓和空调系统。"复兴号"把这个"鼓包"下沉到了车顶下的风道系统中，使列车不仅看起来更美，列车阻力也比既有 CRH380 系列降低了 7.5% ~ 12.3%，列车在 350 km/h 下运行，人均百千米能耗下降 17% 左右。

3. 容量更大

从外面看"复兴号"身材更好了，登车后，旅客还会惊异于空间更大，因为列车高度从

3 700 mm 增高到了 4 050 mm。虽然断面增加、空间增大的情况下，按速度 350 km/h 试验运行，列车运行阻力、人均百千米能耗和车内噪声明显下降，而且有心的乘客还会发现，座位间距更宽敞。

4. 舒适度更高

"复兴号"空调系统充分考虑减小车外压力波的影响，通过隧道或交会时减小耳部不适感；列车设有多种照明控制模式，可根据旅客需求提供不同的光线环境。车厢内还实现了 WiFi 网络全覆盖。

5. 安全性更高

"复兴号"设置智能化感知系统，建立强大的安全监测系统，全车部署了 2 500 余项监测点，比以往监测点最多的车型还多出约 500 个，能够对走行部状态、轴承温度、冷却系统温度、制动系统状态、客室环境进行全方位实时监测。它可以采集各种车辆状态信息 1 500 余项，为全方位、多维度故障诊断、维修提供支持。此外，列车出现异常时，可自动报警或预警，并能根据安全策略自动采取限速或停车措施。在车头部和车厢连接处，还增设碰撞吸能装置，在低速运行中出现意外碰撞时，可通过装置变形吸收碰撞能量，以提高动车组被动防护能力。

第四节　国外高速铁路建设发展概况

从 20 世纪初至 50 年代，德、法、日本等国都开展了大量的有关高速列车的理论研究和试验工作。日本继东京—大阪东海道 515 km 新干线建成通车以后，其他主要运输方向也都修建了高速新干线，主要有东海道（东京—大阪）、山阳（大阪—博多）、东北（东京—盛冈）、北陆（高崎—长野）和九州（八代—鹿儿岛）等新干线组成，总长 2 175.2 km。

日本正在实施扩大全国高速铁路网建设规划，从八户—青森长 96.5 km 高速线（东北新干线延长线）；从青森—札幌长 300 km 的高速线（北海道新干线）；长野—富山—小松—大阪长 473 km 的高速线（北陆新干线延长线）；福冈—熊本—八代长 130.9 km 和福冈—长崎长 140 km 的九州新干线的 2 条支线。

法国 1981 年开通运营的巴黎—里昂 TGV 东南线，是欧洲第一条高速铁路客运专线，此后法国又陆续建成了其他一些运输方向的高速线（现在统称 LGV 高速线）。在这样的线路上运行的是 TGV 系列高速列车，列车最高运行速度从最初的 260 km/h 提高到 300 km/h。

法国国内已经形成运营线路总里程达到 4 500 km 的 4 条高速走廊：从巴黎到法国东南部地区的 LGV Sud-Est 走廊；从巴黎到大西洋沿岸方向的 LGV Atlantique 走廊；连接巴黎与法国北部地区、北欧国家和英国的 LGV Nord-Europe 走廊等。现在正在和计划修建的新高速铁路有：连接巴黎和斯特拉斯堡长 405 km 的 LGVEst 高速线（2007 年 6 月巴黎—波德列库尔长 300 km 区段已建成开通运营）；连接图尔和波尔多长 361 km 的 LGV Atlantique 走廊的南部方向支线等。此外，法国还准备修建两条国际联运高速线：长 250 km 的里昂—

都灵（意大利）高速线（2006 年 2 月部分建成开通）；长 340 km 蒙彼利埃—巴塞罗那（西班牙）高速线。

　　德国高速铁路主要采用的是客货混运的运输组织模式，已建成总长约 2 620 km 的高速运输走廊：汉堡—汉诺威—卡塞尔—法兰克福—美因—卡尔斯鲁厄；汉堡—汉诺威—富耳达—维尔茨堡—纽伦堡—慕尼黑；柏林—布劳恩斯魏克—卡塞尔—富耳达—法兰克福—曼海姆—斯图加特—乌耳姆—慕尼黑；科隆—法兰克福。其中包括新建列车允许最高运行时速为 280 km（科隆—法兰克福线为 300 km）的长 802 km 的客运专线，按最高运行速度 200 km/h 进行技术改造的长 1 200 km 的既有线和最高运行速度达到 160 km 的快速线。

　　目前，纽伦堡—慕尼黑新的高速线已建成开通运营，包括纽伦堡—因戈尔斯塔特（89 km）和因戈尔斯塔特—奥别尔曼曾格（82 km）两个区段。同时，德国准备改造其他一些既有线，实现列车高速运行。此外，都灵—里昂（法国）250 km 和维罗那—慕尼黑（德国）409 km 的高速新线正在修建中，这两条线路按照列车最高运行速度 300 km/h 双线、客货列车混运设计。

　　西班牙既有铁路网是宽轨线路，已建成总运营里程 1 026 km 的 3 条准轨高速铁路：马德里—塞维利亚 471 km 的高速线（包括改造科尔达瓦—塞维利亚和马德里—赫塔费既有线路区段）；马德里—托莱多 74 km 的高速线（包括改造马德里—塞维利亚高速线的 20.5 km 的线路）；马德里—莱里达 481 km 的高速线（马德里—巴塞罗那高速线的组成部分），装设 ETCS/ERTMS-1 级列车运行控制系统，最高运行速度 350 km/h。这些线路上开行 AVE 系列高速列车。

　　现在，西班牙正在实施扩大全国高速铁路网的规划，包括完成马德里—莱里达—巴塞罗那最后路段 160 km 高速新线，以及巴塞罗那—菲格拉斯和菲格拉斯—佩皮尼扬两条西班牙与法国边境方向高速线建设，实现与泛欧高速铁路网联网；改造巴伦西亚—巴塞罗那一些既有线路区段，使列车最高运行速度达到 200~220 km/h；改造巴伦西亚—马德里—瓦里阿多里德—莱昂、塞维利亚—韦尔发、塞维利亚—加的斯和塞维利亚—马拉加既有线，实现列车高速运行；新建萨拉戈萨—毕尔巴鄂—西班牙与法国边境高速线；新建连接西班牙与葡萄牙的休达德列耳—里斯本高速线。

　　意大利已建成总长 438 km 的两条高速线：罗马—佛罗伦萨 252 km 的高速客运专线，开行最高运行速度 259 km/h 的高速列车（包括机车牵引列车和 ETR 系列动车组列车）；罗马—那不勒斯 186 km 高速线，列车最高运行速度 300 km/h。

✎ 复习思考题

1. 我国铁路旅客运输的发展目标是什么？
2. 我国铁路旅客运输发展的重点任务是什么？

第二章

铁路旅客运输概论

第一节　铁路旅客运输的任务及特点

铁路旅客运输
概论 PPT

旅客运输是现代交通体系的一个重要组成部分。旅客运输的目的是为人们进行经济、文化等的社交活动和生活提供必要的出行条件。铁路是我国交通运输的骨干力量，是国民经济的大动脉。铁路旅客运输是整个铁路运输的重要组成部分。

一、铁路旅客运输的任务

（1）最大限度地满足广大旅客在旅行上的需要。
（2）安全、迅速、便利地运送旅客、行李、包裹和邮件。
（3）在旅途中为旅客创造舒适愉快的环境。
（4）提高服务质量，为旅客提供优质服务。

二、铁路旅客运输的特点

（1）铁路旅客运输的主要服务对象是旅客，其次是行李、包裹和邮件。
（2）铁路旅客运输生产向社会提供的是无形产品，其核心产品是旅客的空间位移。它被旅客本身所消耗，其使用价值具有不确定性，其创造的社会经济效益远大于自身的经济效益。
（3）铁路客运产品具有易逝性。旅客位移的生产和消费过程同时进行，产品不能储存、不能调拨。
（4）铁路旅客运输在时间上具有较大的波动性。
（5）铁路客运车辆实行配属制（固定配属于各局客运车辆段），便于运用管理和维修，以确保车辆质量。
（6）铁路客运站的位置宜设在客流易于集散处，使旅客便于换乘不同的交通方式，一般应靠近城镇，并与市内交通及其他各种交通工具有良好的配合。旅客列车到发线及站台一般应按方向和车次予以固定，不宜随意变更。

（7）旅客在旅行中有不同的物质文化生活需求，如饮食、盥洗、休息、通风、照明、温度等，旅客运输企业不仅应满足这些需求，而且还应积极创造、改善良好的旅行环境并提供优质的服务，使旅客心情愉悦。

（8）铁路旅客列车都是根据需要事先编组好并按固定时刻表运行的，旅客根据自己旅行的需要选择乘车日期、车次、到站、座别。

（9）铁路运输企业应向旅客提供不同服务等级、旅行速度的运输产品，供不同需要、不同消费水平的旅客选择消费。

（10）客运服务质量的控制主要在于过程控制。它不同于工业产品质量(最终产品或生产过程)，客运服务必须对售票、候车、乘降、列车服务等全过程进行控制。

三、铁路旅客运输工作的原则

（1）必须认真执行党和国家的各项方针政策，保证各种运输方式之间有良好的配合。

（2）确保安全。衡量客运生产的效用，不仅是改变旅客的空间位置，而且还必须保证旅客在旅行中的生命、财产安全。客运生产的安全性，是衡量客运质量的重要标志之一。

（3）节省旅行时间。随着市场经济的深入发展和人们生活水平的提高以及生活节奏的加快，人们的时间观念增强了，快速和舒适成了选择客运交通方式的主要原则。

（4）提高服务质量。应以方便旅客为中心，文明服务、礼貌待客，安全、快速、便捷、经济、舒适地运送旅客和行李、包裹到达目的地，树立客运企业的良好形象。

（5）加强营销管理。随着经济的发展、人们生活水平的提高，客运市场成为买方市场，为此，客运企业必须加强市场营销管理。

（6）加强系统管理。旅客运输系统的整体性强，要使有限的人力、物力、财力充分发挥作用并提高效益，必须加强系统管理，使系统内各部门特别是不同运输方式之间协调配合。

第二节　铁路旅客运输的生产管理系统

一、现代交通运输系统

社会系统可以看作劳动、文化和居住组织的实体，这些实体在地域上是分散的，它们之间的联系通过运输系统来实现。根据运输对象的不同，交通运输系统可以分为两个子系统：客运系统和货运系统。现代交通运输业由铁路、水运、公路、航空和管道 5 种基本运输方式构成。我国的客运交通系统主要由铁路、水路、公路和民航 4 种方式构成。客运交通系统分为轨道交通和非轨道交通，轨道交通又分为高速轨道交通（包括高速铁路、磁悬浮铁路等）和非高速轨道交通（包括铁路、地下铁路、高架铁路、轻轨等），非轨道交通也分为高速交通（包括高速公路、民航和海上快速航线）和非高速交通（包括道路交通和水上交通）。

（1）高速铁路：一般指列车速度在 200 km/h 以上的铁路运输线。

（2）磁悬浮铁路：是利用电磁原理使火车悬浮于地面钢轨之上，由车上和地面导线线圈的相互感应作用推动火车前进的线路。速度一般在 500 km/h 左右，是一个高速、安全、舒适、无公害、理想的地面交通方式。磁悬浮列车按悬浮方式又分为常导型及超导型两种。我国现已建成的上海磁悬浮列车运营线，西起地铁 2 号线龙阳路站，东至浦东国际机场，线路全长 33 km，最高速度为 430 km/h，单向运行时间仅 8 min。

（3）高速公路：指汽车速度在 120 km/h 以上的专用公路。

（4）轻轨铁路：是地面电车线路的改良和泛称，具有乘坐舒适、功率大、噪声小、能耗低等优点。

（5）高架铁路：与地面交通完全分离，其规模小于普通铁路，而且是轻型、高性能的，故也属于轻轨范畴。

二、铁路旅客运输生产管理系统

我国现行的铁路旅客运输管理系统如图 2.1 所示：

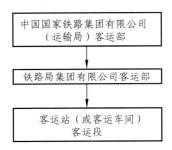

图 2.1　铁路旅客运输管理系统

（1）国铁集团客运部：负责全路的客运营销策划和宏观管理，重点抓跨局的客运产品设计。

（2）铁路局集团有限公司客运处（营销中心）：贯彻执行国铁集团的规章、命令、指示，负责全局客运营销工作的组织和管理工作，并进行局管内客运营销策划，设计、开发局管内的客运产品。

（3）客运站（段）：贯彻上级的规章、命令、指示，确保高效、优质地完成旅客和行李包裹的运输任务，管理客运销售，开拓销售渠道。

第三节　铁路旅客列车的车次及分类

一、铁路旅客列车的分类

针对客流的不同需求和铁路线路等技术设备条件，铁路开行了不同种类、不同等级的列车。

旅客列车分为以下几种：

（1）高速动车组旅客列车：新一代高速动车组是通过减小运行阻力、降低振动噪声、提高再生能量利用率来实现高速运行的。列车全部采用绿色能源电力牵引，并可以实现列车污物、污水、废弃物的全部零排放，开行的客运列车速度达 350 km/h。

（2）城际动车组旅客列车：是指相近的、相互间客流量很大的大城市之间输送短途旅客，运行在客运专线的动车组旅客列车。一般与高铁一样开行速度为 250～350 km/h。

（3）动车组旅客列车：所谓动车组列车就是指若干带动力的车辆以固定编组组成、两端设有司机室的一组列车。动车组编组中的全部或大部分为动力车，即牵引力分散配置。

（4）直达特快旅客列车：是指采用先进的庞巴迪和 25T 型客车，车内设备服务水准一流，最高运行速度达 160 km/h，途中一站不停，主要安排在客流较大的城市所在站始发、终到，实现大城市间的旅客快速运输。

（5）特快旅客列车：这是目前国内运行速度较高、车内设备完善、服务水平也较好的列车，运行速度达 140 km/h，在各大城市及国际之间开行。

（6）快速旅客列车：目前在京沪、京广、京哈、陇海等经过技术改造后具有提速条件的线路上开行。

（7）普通旅客列车：可分为普通旅客快车和普通旅客慢车，编组辆数较多，运行在各大中城市间。

（8）临时旅客列车：为适应客运市场需求而临时开行的旅客列车，分为临时特别旅客快车、临时快速旅客列车、临时普通旅客快车和临时普通旅客慢车。

（9）临时旅游列车：在名胜古迹、浏览胜地所在站和大、中城市之间开行，在速度、服务和设备上都优于其他旅客列车。

（10）回送客车底列车：为回送旅客列车的空车底开行的列车。这种列车是把客车配属站的空客车底事先调送至异地的列车始发站待用或把旅客运送至目的地后，把空客车送至原客车的配属站而运行的列车以及新出厂的车辆。

（11）因故折返旅客列车。

二、铁路旅客列车车次

列车运行原则上以开往北京方向为上行，车次编为偶数；相反方向为下行，车次编为奇数。在铁路支线上，一般由连接干线的车站开往支线的方向为下行，相反方向为上行。在个别区间使用直通车次时，可与上述规定方向不符。

为便于计划安排和具体掌握列车运行情况，各类列车均应有固定车次，这样就可以从不同的车次辨别该次列车的种类、等级和运行方向。我国铁路现行的列车车次编定如表 2.1 所示。

表 2.1　列车车次编定表

顺号	列车分类	车　次	顺号	列车分类	车　次
一	旅客列车				
1	高速动车组旅客列车	G1—G9998		管　内	4001—5998
2	城际动车组旅客列车	C1—C9998	（2）	普通旅客慢车	6001—7598
3	动车组旅客列车	D1—D9998		其中：直通	6001—6198
	其中：直通	D1—D4998		管　内	6201—7598
	管　内	D5001—D9998	8	通勤列车	7601—8998
4	直达特快旅客列车	Z1—Z9998	9	临时旅客列车	L1—L9998
5	特快旅客列车	T1—T9998		其中：直通	L1—L6998
	其中：直通	T1—T4998		管　内	L7001—L9998
	管　内	T5001—T9998	10	临时旅游列车	Y1—Y998
6	快速旅客列车	K1—K9998		其中：直通	Y1—Y498
	其中：直通	K1—K4998		管　内	Y501—Y998
	管　内	K5001—K9998	11	动车组检测车	DJ1—DJ8998
7	普通旅客列车	1001—7598	12	回送出入厂客车底列	001—00498
（1）	普通旅客快车	1001—5998	13	回送图定客车底	在车次前冠以 0
	其中：直通	1001—3998	14	因故折返旅客列车	原车次前冠以 F

注：G1—G9998 读"客车高 1～客车高 9998"，C1—C9998 读"客车城 1～客车城 9998"，D1—D9998 读"客车
动 1～客车动 9998"；Zl—Z9998 读"客车直 1～客车直 9998"，Tl—T9998 读"客车特 1～客车特 9998"，Kl～
K9998 读"客车快 1～客车快 9998"，L1—L9998 读"客车临 1～客车临 9998"，Yl～Y9998 读"客车游 1～
客车游 998"，DJ 读"动检"。

✎ 复习思考题

1. 铁路旅客运输的任务是什么？
2. 铁路旅客运输的特点是什么？
3. 铁路各级客运部门的主要任务是什么？
4. 我国的客运交通系统主要由哪几种方式构成？
5. 铁路旅客列车是如何分类的？
6. 何谓动车组列车？

第三章　铁路客运运价

铁路客运
运价 PPT

　　一方面，运输业作为一个独立的物质生产部门，其产品同其他企业一样具有商品属性，而运输业所生产出售的产品，其本质就是实现场所的变动，它产生的是地点效用，和运输生产过程不可分割地结合在一起。运价就是运输产品的销售价格，是运输产品价值的货币表现。基于运输产品具有以上的一般性和特殊性，其运价的制定必须遵循价值规律的客观要求，以运输价值为基础，并反映运输市场的供求关系。而另一方面运输业作为国民经济的基础，又要体现一定的公益性。

　　运输产品作为一般商品，其运价也具有一般商品价格的作用。如果运价过高，可能造成运输需求减少、设备闲置和运力浪费，与运输有关部门的发展受到影响和限制，收入较低的居民得不到必要的运输服务或不得不耗费其收入的较大份额来满足其运输需求，从而降低生活质量。如果运价过低，同样不利于资源的合理配置和有效利用，会导致过量的运输需求，造成种种不合理运输，运输业本身的发展也受到限制，运力紧张从而一定程度上制约了国民经济发展。因此在运输经营中，不同的运价结构、运价水平以及表现形式均能起到不同的调节、核算和分配的作用。

　　目前，铁路客运运价结构从不同角度可分为按距离别的差别运价和按客运类型别的差别运价两种形式。

第一节　运价结构

一、按距离别的差别运价结构

　　按距离别的差别运价是最基本的运价结构形式，由于运输成本是递远递减的，所以按距离别的差别运价也是递远递减的。

按距离别制定差别运价，衡量其单位运价水平的运价率与运输距离的关系主要有四种情况：一是运价率的递远递减变化与运输成本随距离的变化基本一致；二是运价率在一定距离范围内递远递减，当运输距离超出这个范围后，运价率不再递减，保持不变；三是运价率在一定距离范围内递远递减，当运输距离超出这个范围后，运价率不再递减，反而递增，这种结构主要是为了限制某种过远的运输；四是运价率始终保持一定的水平，不随运距的变化发生改变。

二、按客运类型别的差别运价结构

按客运类型别的差别运价结构是指不同的列车等级或席（铺）别适用高低不同的运价。这是由于在同一运输中不同的客运类型所需要的设备、设施，占用的运输能力及消耗的运输成本存在着差异。例如，硬座车厢与软座车厢、普通客车与新型空调客车就有很大差别，相应的，其所能提供的旅客舒适程度和旅行速度也大有不同。因此在制定运价时，要根据不同类别的列车和席（铺）别制定相应的运价。

在具体运价的表现上，根据以上运价结构划分的客观依据，同时又能适应不同层次需求和特殊情况，应制定相应的运价形式。目前，铁路客运的运价形式主要有以下 6 种：

1. 统一运价

适用于全国各个地区，实行按距离别、客运类型别的差别运价。

2. 特定运价

根据铁路客运运价政策，对按特定运输条件办理或在特殊运价区段的运输，制定特殊的客运运价。如包车、租车的运价，直通、过轨运输的运价等。

3. 浮动价格

对于不同季节、忙闲不均的线路或客运列车的类型，经国务院有关部门批准，铁路客运运价可根据不同的运输供求情况，以基本运价为基础，在一定范围内浮动。如新型空调客车。

4. 地方（合资）铁路运价

国家为鼓励地方（合资）修建铁路的积极性，允许地方（合资）铁路采用的单独的客运运价。如广深线、金温线开行的列车，运价由企业自主制定。

5. 新路新价

对于新建的国家铁路线路，进行双线或电气化改造的铁路线路，实行高于统一运价水平的新路新价。

6. 合同运价

合同运价也称协议运价，其运价水平由旅客与铁路双方根据运输市场供求关系及各自的利益协商制定。国外运输企业采用这种运价较为普遍。

第二节　旅　客　票　价

铁路旅客票价是铁路旅客运输产品的销售价格，是国民经济价格体系的重要组成部分。铁路旅客运输是直接为城乡广大居民提供运输服务的，其中个人出行占相当大的比重。旅客票价在一定程度上体现了国家与个人之间的交换与分配关系，价值规律对这一关系起一定的调节作用，旅客票价的高低，对旅客流量、乘车座别以及客运量在各种运输方式之间的分配，都有一定的影响。因此，在确定旅客票价时，必须考虑人民生活水平，妥善处理国家积累与照顾人民生活需要的关系，以及各种运输工具的充分合理利用。铁路旅客票价是由国家统一制定的一种计划价格，其基本票价率由国铁集团拟定，报国务院批准来确定的。

一、铁路旅客票价的分类与构成

目前，铁路旅客票价根据旅客选择乘坐的列车等级种类、车辆类型设备条件、客票使用期间以及减收票价的有关规定，分为客票票价和附加票票价两大类。客票票价包括普通旅客列车全价及半价硬座和软座票价；附加票票价实际上是在客票票价基础上的补加票价，包括快速以及特快列车的加快票价、普通硬卧上、中、下铺，以及软卧上、下铺票价和空调票价。

旅客客票票价由基本票价构成。基本票价是以普通硬座每人·km 的票价率为基础，按照旅客旅行距离和规定的旅客票价里程区段，采取递远递减的计算，再根据旅客乘坐的不同列车等级及设备条件来确定的。

二、铁路旅客票价的构成要素

1. 基本票价率及与其他票价的比价关系

基本票价率是各类旅客票价的定价基础，基本票价率的高低是决定旅客票价整体水平的最重要的因素。铁路以硬座客票票价率为基本票价率。因此，在制定硬座客票票价率时，应综合考虑国家有关方针、政策、铁路旅客运输成本、人民生活水平和出行需要等多方面因素，参照同期其他运输方式的旅客票价，在调查研究的基础上通过核算加以确定。当硬座客票票价率确定后，其他各种票价率就以它为基准，按相应的加成或减成比例计算确定。铁路现行硬座票价率及与各种票价的比价关系如表 3.1 所示。

表 3.1　铁路现行硬座票价率及与各种票价的比价关系

票　种		票价率 / [元 / (人·km)]	比例 /%
基本客票	硬　座	0.058 61	100
	软　座	0.117 22	200
加快票	普快	0.011 72	20
	快速	按普快票价 2 倍计算	
硬卧票	开放式　上铺	0.064 47	110
	开放式　中铺	0.070 33	120
	开放式　下铺	0.076 19	130
	包房式　上铺	按开放式中铺票价另加 30% 计	
	包房式　下铺	按开放式下铺票价另加 30% 计	
软卧票	普通　上铺	0.102 57	175
	普通　下铺	0.114 29	195
	高级　上铺	0.123 08	210
	高级　下铺	0.134 80	230
空调票		0.014 65	25

各种旅客票价的比价关系，基本上是以不同旅客列车和车辆的运输成本为依据，按质论价。在其他条件不变的情况下，每人·km 的运输成本与列车运行速度和设备、服务质量成正比。如普通快车、特别快车运行速度高于慢车，占用通过能力多，列车编成辆数少，还要加餐车、行李车、宿营车，对车辆等设备条件和质量要求较高，因而运输成本也较高。同时，在其他条件不变的情况下，每人·km 的运输成本与列车编成辆数、车辆载客人数成反比。在同等级旅客列车中，各种类型客车的设备条件和定员人数相差悬殊，因此每人·km 的运输成本差别也很大。目前，铁路主型客车中，硬座车定员 118 人，普通硬卧车定员 60 人，包房式软卧车定员 32 人，至于市郊车有的能达 240 人，因而运输成本显著降低。

为体现相应的运价政策，考虑有关的政治、经济、文化等因素，还制定了政策性优待票价。还针对特定运输对象、线路、季节和运送条件等制定有特定或浮动票价，按统一票价加成或减成计算。例如，广深线普通客运价格以统一运价为中价位，自 1996 年 4 月 1 日起在原来上下浮动 50% 的基础上再上下浮动 50%，在此浮动范围内，由企业自主定价，只需在调整价格前，报国务院物价部门备案。

随着国家物价体制和铁路体制的改革，铁路运价形成机制和管理体制不断完善，铁路旅客运价的形式，以及浮动幅度也将会越来越灵活，以适应社会主义市场经济的发展和中国旅客运输市场的要求。

2. 旅客票价里程区段

同一运输条件下，旅客旅行距离不同，票价肯定也不相同。但考虑使旅客较为合理的支付票价，铁路旅客票价并不完全按运输里程计算，而是将运输里程按一定的距离标准划分成若干区段，即旅客票价里程区段。旅客实际运输里程按票价里程区段的划分，以其所属区段的中间里程作为旅客票价的计价里程。铁路现行旅客票价里程区段划分如表 3.2 所示。

表 3.2　旅客票价里程区段

里程区段/km	划分标准 /（km/小区段）	小区段数/个
1～20	20	1
21～200	10	18
201～400	20	10
401～700	30	10
701～1 100	40	10
1 101～1 600	50	10
1 601～2 200	60	10
2 201～2 900	70	10
2 901～3 700	80	10
3 701～4 600	90	10
4 601 以上	100	—

为使旅客合理负担票价，里程区段划分标准较低，并且随里程的增长逐渐加大。例如，第 21 km 至第 200 km 的共 179 km 范围内，按每 10 km 划分，而在第 1 101 km 至第 1 600 km 的共 499 km 范围内，按每 50 km 划分。同时，考虑运输成本及分流的问题，对旅客票价的计算还规定了起码里程：客票 20 km，空调票 20 km，加快票 100 km，卧铺票 400 km（特殊区段另有规定者除外）。

3. 递远递减率

由于实际上单位运输成本是随着运距的增加而相应降低的，同时为减轻长途旅客的经济负担，并照顾边远地区，促进地区间往来，旅客票价是按运输里程递远递减计算的。在计算票价时，基本票价率随运输里程的增加而减少的幅度称递远递减率，以百分比表示。

现行铁路旅客票价，对市郊票价以外（市郊旅客的运距不超过 100 km，不实行递减）的各种票价，从 201 km 起在基本票价率的基础上实行递远递减，如表 3.3 所示（以硬座票价为例）。

表 3.3　普通硬座票价递远递减率和递远递减票价率

区段/km	递减率/%	票价率 /［元/（人·km）］	区段全程票价/元
1～200	0	0.058 61	11.722
201～500	10	0.052 749	15.825
501～1 000	20	0.046 888	23.444
1 001～1 500	30	0.041 027	20.514
1 501～2 500	40	0.035 166	35.166
2 501 以上	50	0.029 305	—

三、旅客票价的计算

旅客票价构成的三要素——票价率与比价关系、票价里程区段和递远递减率具备后，即可以计算旅客票价。

如前所述，旅客票价由基本票价单一构成。

现行旅客客票票价计算方法是在原客票票价的计算基础上减去保险费（被减的保险费以5角为单位，5角及以下为5角，5角以上进为元）。

原客票票价的计算方法：分别计算基本票价和保险费，然后两项加总，即为应收票价。以元为单位，元以下按四舍五入处理；但半价票价、市郊单程票价及折扣票价以角为单位，角的尾数按四舍五入处理。

基本票价的计算，除初始区段不足起码里程按起码里程以及最后一个区段按中间里程计算外，其余各区段均分别根据其递远递减票价率求出各区段的全程票价和最后一个区段按中间距离求出的票价加总，即为基本票价。各种附加票价的计算，以基本票价为基础，按与基本票价率的比例关系，进行加成或减成。

保险费的计算，不论软、硬座客票，均按硬座客票的基本票价的2%计算（各类附加票不计保险费），以角为单位，不足1角的尾数均进整。

（一）普通旅客列车车票票价

1. 硬、软座客票票价的计算

（1）计价中间里程。如前所述，旅客票价并不完全按运输里程计算，而是按运价里程在其所属旅客票价里程区段的中间里程来计算的，这一中间里程可通过以下两种方法确定。

① 按区段里程推算。例如，广州—长沙的运输里程为706 km，按旅客票价里程区段表，属于701~740 km区段（每一小区段按40 km划分），这个范围的中间距离720 km就是旅客票价的计价中间里程。

② 按公式计算。对于票价里程的确定，除按区段推算外，可按下式计算：

$$L_{中间} = L_{基} + (n \pm 0.5)L_{段} \tag{3.1}$$

式中　$L_{中间}$——旅客票价计价中间里程，km；

　　　$L_{基}$——实际运输里程所属里程区段的起算里程，km；

　　　n——小区段数；

$$n = \frac{L_{实} - L_{基}}{L_{段}} \text{（尾数四舍五入取整，舍去时前式取"＋"，}$$

$$\text{进入或整除时前式取"－"）}$$

　　　$L_{实}$——实际运输里程，km；

　　　$L_{段}$——实际运输里程所属里程区段划分小区段的里程，km。

（2）票价计算。

① 原票价 $F = F' +$ 软质费＋候车空调费。

$$F' = E + B$$
$$E = C_0 L_0 + C_1 L_1 + C_2 L_2 \cdots + C_n L_n \qquad\qquad (3.2)$$
$$B = 2\%E$$

② 现行票价:

$$F = 原票价 F - 保险费（被减的保险费以 5 角为单位，$$
$$5 角及以下为 5 角，5 角以上进为元）$$

式中　F——客票票价（电子计算机发售的软、硬座客票票价应加软纸费 1 元（票价不超过 5 元的软纸费 0.5 元；超过 200 km 的硬座客票票价，加 1 元的候车空调费。）

F'——理论值客票票价，元；

E——客票基本票价，元；

B——保险费，角；

C_0——基本票价率，元/(人·km)；

L_0——不递减区段的里程，km；

C_1、C_2、…、C_n——各区段的递减票价率，元/(人·km)；

L_1、L_2、…、L_n——各递减票价率对应区段的里程，km。

【例 3.1.1】　计算北京—包头硬座客票票价。

（1）确定中间里程。

北京—包头客运运价里程为 824 km，其区段中间里程：

$$n = \frac{824 - 700}{40} = 3.1 \approx 3$$

$$L_{中} = 700 + (3 + 0.5) \times 40 = 840 \quad (km)$$

（2）计算原硬座客票票价。

$$E = 0.05861 \times 200 + 0.052749 \times 300 + 0.046888 \times 340 = 43.488\,62 \ (元)$$

$$B = 43.48862 \times 2\% = 0.86977 \approx 0.9 \ (元)$$

$$F' = 43.48862 + 0.9 = 44.38862 \approx 44 \ (元)$$

$$F = 44 + 1.00 + 1.00 = 46.00 \ (元)$$

（3）现行票价：在原票价的基础上减去保险费（$B = 0.9 \approx 1.00$）

$$F = 46.00 - 1.00 = 45.00 \ (元)$$

【例 3.1.2】　计算广州—北京硬座客票票价。

（1）确定中间里程。

广州—北京客运运价里程为 2300 km，其区段中间里程：

$$n = \frac{2\,300 - 2\,200}{70} = 1.43 \approx 1$$

$$L_{中} = 2\,200 + (1 + 0.5) \times 70 = 2\,305 \quad (km)$$

（2）计算原硬座客票票价。

$$E = 0.058\ 61 \times 200 + 0.052\ 749 \times 300 + 0.046\ 888 \times 500 +$$
$$0.041\ 027 \times 500 + 0.035166 \times 805$$
$$= 99.812\ 83\ (\text{元})$$
$$B = 99.812\ 83 \times 2\% = 1.996\ 256\ 6 \approx 2.00\ (\text{元})$$
$$F' = 99.812\ 83 + 2.00 = 101.812\ 83 \approx 102\ (\text{元})$$
$$F = 102 + 1.00 + 1.00 = 104.00\ (\text{元})$$

（3）现行票价：在原票价的基础上减去保险费（$B = 2.00$）

$$F = 104.00 - 2.00 = 102.00\ (\text{元})$$

2. 附加票价的计算

计算加快票、卧铺票、空调票等票价时，根据硬座基本票价，参照表 3.1 的比价关系进行推算。当涉及卧铺票时，还应另加 10 元订票费。

$$F_{附加} = x\% \cdot E \tag{3.3}$$

式中　$F_{附加}$——附加票票价，元；

　　　$x\%$——相应票种所占硬座基本票价的百分率。

【例 3.1.3】 计算北京—上海硬座客票、快速加快票、硬卧中铺票及空调票的票价。

（1）确定中间里程。

北京—上海客运运价里程为 1 463 km，其区段中间里程：

$$n = \frac{1\ 463 - 1\ 100}{50} = 7.267 \approx 7$$
$$L_{中} = 1\ 100 + (7 + 0.5) \times 50 = 1\ 475\ (\text{km})$$

（2）计算硬座客票票价。

$$E = 0.058\ 61 \times 200 + 0.052\ 749 \times 300 + 0.046\ 888 \times 500 + 0.041\ 027 \times 475$$
$$= 70.478\ 525\ (\text{元})$$
$$B = 70.478\ 525 \times 2\% = 1.409\ 570\ 5 \approx 1.50\ (\text{元})$$
$$F' = 70.478\ 525 + 1.5 = 71.978\ 525 \approx 72.00\ (\text{元})$$
$$F_{原} = 72.00 + 1.00 + 1.00 = 74.00\ (\text{元})$$
$$F_{现} = 74.00 - 1.5 = 72.50\ (\text{元})$$

（3）计算快速加快票票价。

$$F_{普快} = 20\% \times 70.478\ 525 = 14.095\ 71 \approx 14\ (\text{元})$$
$$F_{快速} = 2 \times 14 = 28\ (\text{元})$$

（4）计算硬卧中铺票票价。

$$F_{硬卧}^{中} = 120\% \times 70.478\ 525 + 10 = 94.574\ 23 \approx 95\ (\text{元})$$

（5）计算空调票价。

$$F_{空调} = 25\% \times 70.478\,525 = 17.619\,631 \approx 18（元）$$

软座、软卧票票价的计算与上述方法相同。

根据上述计算方法，将各种旅客票价计算结果汇编成《旅客票价表》。

（二）动车组列车票价计算

1. 速度 200～250 km/h 动车组列车票价计算

（1）二等座车公布票价。

二等座车公布票价=0.280 5×（1+10%）×运价里程

（2）一等座车公布票价。

一等座车公布票价=0.336 6×（1+10%）×运价里程

（3）软卧公布票价。

软卧上铺公布票价 = 0.336 6×（1+10%）×1.6×运价里程

软卧下铺公布票价 = 0.336 6×（1+10%）×1.8×运价里程

（4）高级软卧公布票价。

上铺公布票价 = 0.336 6×（1+10%）×3.2×运价里程

下铺公布票价 = 0.336 6×（1+10%）×3.6×运价里程

（5）按《铁路旅客运输规程》（以下简称《客规》）等有关规定享受减价优待的儿童、学生、残疾军人乘坐动车组时，其票价均以公布票价为基础计算。

（6）动车组软卧儿童票价。

动车组软卧儿童票 = 动车组软卧公布票价 – 动车组一等座公布票价/2

（7）速度 200～250 km/h 动车组列车特等座、商务座、一等包座、观光座票价。

特等座公布票价 = 0.280 5×（1+10%）×1.8×运价里程

商务座公布票价 = 0.280 5×（1+10%）×3×运价里程

一等包座、观光座按商务座公布票价执行。

（8）因动车组列车降速等政策性因素引起公布票价变化时以变化后票价为公布票价计算。

2. 速度 300～350 km/h 动车组列车票价

速度 300～350 km/h 动车组列车按《中华人民共和国价格法》第十三条第（三）款的规定，实行试运行价。试行运价水平由各铁路客运公司根据市场供求状况，充分考虑社会承受能力，合理确定试行运价，并体现优质优价原则，报国家发改委和铁路主管部门备案。具体票价由铁路运输企业按规定向社会公布后执行。

3. 动车组列车票价折扣说明

动车组票价可按公布票价打折，但应符合下列条件：

（1）根据不同区域、不同季节、不同时段的市场需求，实行不同形式的打折票价。

（2）二等座车公布票价打折后不得低于相同运价里程的新空软座票价。在短途，公布票价低于新空软座票价时，按公布票价执行。70 km 及以下运价里程的动车组不进行任何形式打折优惠，一律按公布票价执行。

（3）经过相同途径，相同站间、相同时段，不同车次应执行同一票价。

（4）同一车次，各经停站在里程上不能倒挂。

（5）一等座车与二等座车的比价在 1∶1.2 ～ 1∶1.25 之间。

（6）动车组特等座、商务座、一等包座、观光座票价可按公布票价打折，但特等座折后票价不应低于一等座公布票价，商务座、一等包座、观光座折后票价不应低于特等座公布票价。

【例 3.1.4】 计算动车组二等座票（速度 200 km/h）。

201×年 10 月 11 日，1 名旅客在吉林站要求购买 21 日 D×次列车（吉林—长春）吉林—长春二等座车票 1 张，有票额，计算票价？

D×次：吉林—长春 111 km

二等座车公布票价：

$$二等座车公布票价 = 0.280\ 5 \times (1+10\%) \times 运价里程$$
$$= 0.280\ 5 \times (1+10\%) \times 111$$
$$= 34.249\ 05$$
$$\approx 34.50（元）$$

实收票价：即日票价浮动时按浮动后票价执行。

【例 3.1.5】 计算动车组一等座票（速度 200 km/h）。

201×年 10 月 1 日，1 名旅客在成都站要求购买 11 日 D×次列车（成都—重庆北）成都—重庆北一等座车票 1 张，有票额，计算票价？

D×次：成都—重庆北 315 km

一等座车公布票价

D×次：成都—重庆北 315 km

$$一等座车公布票价 = 0.336\ 6 \times (1+10\%) \times 运价里程$$
$$= 0.336\ 6 \times (1+10\%) \times 315$$
$$= 116.631\ 9$$
$$\approx 116.50（元）$$

实收票价：即日票价浮动时按浮动后票价执行。

（三）浮动票价的计算

（1）票价浮动时动车组列车以公布票价、其他列车以联合票价表为基础进行计算，当浮动幅度为 α（$\alpha > -1$）时，票价浮动计算公式为：

$$浮动票价 = 票价 + 票价 \times \alpha$$

对式中"票价 $\times \alpha$"部分，元以下四舍五入。半价票浮动也同样计算。

如联合票价为 50 元，现上浮 15%（ $\alpha = 0.15$ ），则有：

$$50 + 50 \times 0.15 = 50 + 7.5 \approx 50 + 8 = 58（元）$$

上浮后票价即为 58 元。

如果下浮，学生票价为 57.5 元，现下浮 10%（ $\alpha = -0.1$ ），则有：

$$57.5 + 57.5 \times (-0.1) = 57.5 - 5.75 = 57.5 - 6 = 51.5（元）$$

下浮后票价即为 51.5 元。此例中学生票价未发生变化，故尾数不作处理，仅对浮动部分的尾数进行四舍五入。

（2）实行票价浮动的列车，均按上述第一项计算确定的浮动票价为该列车应收票价。对无票人员补收票款、按规定加收票款以及退票核收退票费等情况下，应按上述应收票价计算有关票款。

（3）按规定旅客变更席别、车次、径路等产生票价差额需退还时，票价差额按联合票价"应收—已收"原则计算。"应收"是指旅客变更前已乘及变更后将乘列车区间及席位按联合票价计算确定的票价；"已收"是指变更前原票面载明的列车区间及席位的票价。

四、《旅客票价表》的应用

车站在发售车票时，实际不可能也不必要按前述的方法进行计算，而是根据计算机打印的软票票面的票价或常备票票面印有的票价（事先已计算好的）核收。遇特殊情况，则根据发、到站间客运运价里程（不足起码里程按起码里程计算）依据《旅客票价表》进行计算。

1. 确定运价里程

计算运价所应用的里程，称为运价里程，运价里程分为客运运价里程和货运运价里程。全路的客运运价里程列在"铁路客运运价里程表"内，它是计算客运运价的依据。

具体在确定客运运价里程时，首先从汉语拼音或笔画站名首字索引表中，查出站名索引表的页数，再按此页数从站名索引表中查出发、到站的站名里程表页数，并从站名里程表中确认到站有无营业办理限制。然后根据规定的或旅客指定的乘车径路和乘坐列车车次，从铁路客运运价里程表中查出乘车里程，或分段计算出全部乘车里程。当发、到站在同一线路上时，以两站到本线路起点或终点的里程相减，即可求出两站间的里程；当发、到站跨及两条及其以上线路时，应按规定的接算站接算。所谓规定的接算站，就是为了将发、到站间跨及两条以上不同的线路衔接起来，进行里程加总计算票价和运价所规定的接算衔接点。接算站主要有下列形式：

（1）两条及以上线路相互衔接的接轨站。大多数接算站都是这种形式，如哈尔滨站、株洲站。此类接算站，查找、计算里程都比较方便，如图 3.1 所示。

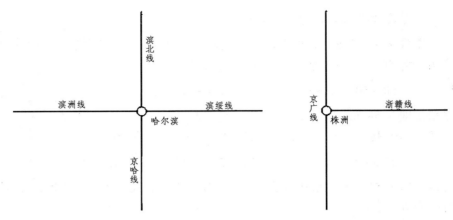

图 3.1　接算站示意图例之一

（2）部分接算站是接轨站附近的城市所在站。由于接轨站线路设备、车站设备、列车开行等，都受到一定的限制，同时，多数旅客从附近大站乘车，因此，为了铁路工作及旅客乘车的方便，指定城市站为接算站。凡是这样的接算站，接轨站和城市站相互间要往返乘车，这部分往返里程已列入里程表中，确定运价里程时，不再另计。如京哈线与魏塔线的接轨点为塔山站，但接算站规定为锦州站；再如京哈线与京广线的接轨点为丰台站，但接算站规定为北京站，如图 3.2 所示。

（3）同一城市无线路衔接的车站。个别在同一城市的两个车站，由于城市建设的关系，相互间未能铺轨连接，为了便于计算特定该两站为同一的接算站。如昆明站与昆明北站相隔 5 km，即视为两站相互衔接，并为同一的接算站，如图 3.3 所示。

确定运价里程时，还应考虑相关特殊规定，例如，国际旅客联运经由国境线时，应另加国境站至国境线的里程；如通过轮渡时，应将规定的轮渡里程加入运价里程。如经芜湖北—芜湖间渡轮，应另加 20 km 轮渡里程。

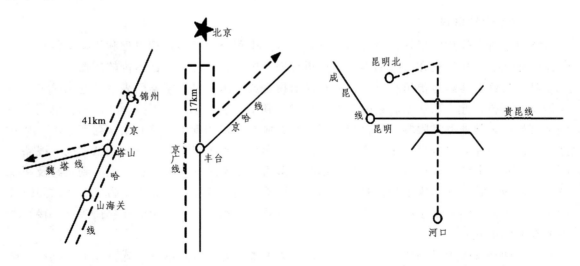

图 3.2　接算站示意图例之二　　　　　图 3.3　接算站示意图例之三

2. 查找旅客票价

旅客票价根据发、到站间的运价里程和不同的车辆设备，以及旅客所购票种，从《旅客票价表》相应栏内直接查得该票种应收的票价。

第三节　行李、包裹运价

行李是旅客凭有效客票或有关证明托运的物品。行李运输随同旅客运输而产生，是旅客运输的组成部分。通过铁路客车运输的行李仅指为方便旅客的旅行生活所限定的少量物品（如旅客自用的被褥、衣服、个人阅读的书籍等旅行必需品）和残疾旅客代步所用的残疾人车，超过规定范围的行李应按包裹运输。

一、行李、包裹运价体系

行李、包裹使用行李车随旅客列车运送，送达速度快，并由行李员全程负责运送，运输质量高。但另一方面，由于行李、包裹自身的特点，以及装载方法等因素，行李车的载重利用率低、容量低。因此，根据行李、包裹的运输条件和与其他运输工具合理分工的原则，参照铁路零担货物和民航等其他运输部门的行李、包裹运价，铁路行李、包裹运价高于铁路零担货物但低于民航行李、包裹的运价。

1. 基本运价率

行李运价率根据惯例和各交通部门通用的办法计价：每 100 kg·km 行李运价等于每人·km 的硬座基本票价，即行李的基本运价率是基本票价率的 1%，为 0.000 586 1 元/（kg·km）。

包裹运价率以三类包裹运价率为基本价率，其他各类包裹的运价率按其加成或减成比例计算。铁路现行四类包裹运价率及其比价关系如表 3.4 所示。

表 3.4　铁路现行四类包裹运价率及其比价关系

包裹类别	运价率/［元/（kg·km）］	运价比例/%
三类	0.001 518（基价率）	100
一类	0.000 303 6	20
二类	0.001 062 6	70
四类	0.001 973 4	130

2. 行李、包裹运价里程区段

行李、包裹运价与旅客票价的制定原理相同。行李运输属于旅客运输的组成部分，所以其运价里程同样也参照旅客票价里程区段的划分（见表 3.2），取其所属区段的中间里程为计价里程。行李运价里程区段划分及中间里程的推算与旅客票价完全相同。同时，考虑运输成本及分流的问题，行李运价的计算也规定起码里程为 20 km。包裹属物资运输，所以运价里程区段单独规定。包裹计费的起码里程为 100 km。铁路现行包裹运价里程区段划分如表 3.5 所示。

表 3.5　包裹运价里程区段划分

里程区段/km	区段里程 /（km/小区段）	小区段数/个
1～100	100	1
101～300	20	10
301～600	30	10
601～1 000	40	10
1 001～1 500	50	10
1 501 以上	100	—

3. 递远递减率

同样，由于实际上单位运输成本是随着运距的增加而相应降低的，同时为减轻长途旅客和托运人的经济负担，行李、包裹的运价也是以各自的基本运价率为基数，按里程递远递减计算的。

行李运价的递远递减率和旅客票价的递远递减率规定相同，其递减运价率如表 3.6 所示。

表 3.6　行李运价递远递减率和递远递减票价率

区段/km	递减率/%	运价率 /［元/（kg·km）］	区段全程运价/元
1～200	0	0.000 586 1	0.117 22
201～500	10	0.000 527 49	0.158 25
501～1 000	20	0.000 468 88	0.234 44
1 001～1 500	30	0.000 410 27	0.205 14
1 501～2 500	40	0.000 351 66	0.351 66
2 501 以上	50	0.000 293 05	—

包裹运价的递远递减率单独规定，如表 3.7 所示（以三类包裹为例）。

表 3.7　三类包裹递远递减率和递减运价率

区段/km	递减率/%	运价率 /［元/（kg·km）］	区段全程运价/元
1～200	0	0.001 518	0.303 6
201～500	10	0.001 366 2	0.409 86
501～1 000	20	0.001 214 4	0.607 2
1 001～1 500	30	0.001 062 6	0.531 3
1 501～2 000	40	0.000 910 8	0.455 4
2001 以上	30	0.001 062 6	

二、行李、包裹运价计算

行李、包裹运价的构成，是以基本运价率乘以不递减区段的里程（初始区段不足起码里程，按起码里程计算），加上各递减运价率乘以其相应的递减区段的里程（最后一个区段取中间里程），即得到每千克行李、包裹的运价基数，在运算过程中，保留三位小数，第四位四舍五入；其他重量的运价，以 1 kg 的运价基数进行推算，尾数保留到角，角以下四舍五入。最后汇总编制 1 kg 的行李、包裹运价表，由国铁集团公布实行。

1. 计算中间里程

行李、包裹运价计算时，其中间里程与旅客票价中间里程的推算方法相同（见公式 3.1）。可以按行李、包裹运价里程区段推算，也可以按公式求算。行李运价里程区段与旅客票价里程区段相同，包裹运价里程区段见表 3.5。

2. 计费重量

一般情况下，行李、包裹均按实际重量计算运价，但有规定计价重量的物品，应按规定重量计算运价，见表 3.8。同时，为了简化计算，规定行李、包裹的起码计费重量均为 5 kg，不足 5 kg 的按 5 kg 计算，超过 5 kg 时，不足 1 kg 的尾数进为 1 kg。

表 3.8　行李、包裹规定计价重量

品名/辆	规定计价重量/kg	备　　注
残疾人用车	25	以包裹托运时，按实际重量计
自行车	25	
助力自行车	40	含机动自行车
两轮轻便摩托车	50	①含轻骑②气缸容量 50 cm^3 以下时
两轮重型摩托车	按气缸容量 1 cm^3 折合 1 kg 计	气缸容量超过 50 cm^3 时
警犬、猎犬	20	超过 20 kg 时，按实际重量计

在运能不能满足运量要求的情况下，为了保证旅客必需的行李运输，对按行李运输、包裹托运的物品，除在品名上做了规定外，在重量上也做了一定限制。旅客托运的行李重量在 50 kg 以内，按行李运价计算，超过 50 kg 时（行李中有残疾人用车时为 75 kg），对超过部分按行李运价加倍计算。

3. 行李、包裹的运价

$$F = GE = G(C_0 L_0 + C_1 L_1 + C_2 L_2 + \cdots + C_n L_n) \tag{3.4}$$

式中　E ——每千克每公里的行李、包裹的基本运价，元；

　　　C_0 ——行李、包裹的基本运价率，元 /（kg·km）；

　　　L_0 ——行李、包裹不递减区段的里程，km；

　　　C_1、C_2、$\cdots$、C_n ——各递减区段的递减运价率，元 /（kg·km）；

　　　L_1、L_2、$\cdots$、L_n ——各递减运价率对应区段的里程，km；

　　　F ——行李、包裹运价，元；

G——行李、包裹的计费重量，kg。

【例 3.2.1】 计算信阳—北京 997 km 的 21 kg 行李以及 25 kg 三类包裹的运价。

（1）确定区段中间里程。

行李：

$$n = \frac{997 - 700}{40} = 7.425 \approx 7$$

$$L_{中间} = 700 + (7 + 0.5) \times 40 = 1000 \ （km）$$

包裹：

$$n = \frac{997 - 600}{40} = 9.925 \approx 10$$

$$L_{中间} = 600 + (10 - 0.5) \times 40 = 980 \ （km）$$

（2）计算运价。

1 kg 行李运价：

$$E = 0.000\ 586\ 1 \times 200 + 0.000\ 527\ 49 \times 300 + 0.000\ 468\ 88 \times 500$$
$$= 0.509\ 907 \approx 0.510 \ （元）$$

21 kg 行李运价：

$$F = 21 \times 0.510 = 10.71 \approx 10.70 \ （元）$$

1 kg 三类包裹运价：

$$E = 0.001\ 518 \times 200 + 0.001\ 366\ 2 \times 300 + 0.001\ 214\ 4 \times 480$$
$$= 1.296\ 372 \approx 1.296 \ （元）$$

25 kg 三类包裹

$$F = 25 \times 1.296 = 32.40 \ （元）$$

三、行李、包裹运费核收的有关规定

1. 运价里程

行李、包裹的运价里程，按《铁路客运运价里程表》为计算依据。行李运价里程，按实际运送径路计算，即按旅客旅行的客票指定的径路运输。但旅客持远径路的客票，要求行李由近径路运送时，如近径路有直达列车，也可以按近径路计算。

包裹运价里程，按最短径路计算，有指定径路时，按指定径路计算。押运包裹按实际径路计算，其中：有直达列车的（指挂有行李车，下同）按直达列车径路计算，有多条直达径路的，按中转最短径路计算。没有直达列车的，按中转次数最少的列车径路计算，中转次数相同，按最短列车径路计算。

2. 运费计算

行李、包裹的运费按《行李、包裹运价表》计算。如旅客凭一张客票第二次托运行李时，不论第一次托运重量多少，都按包裹运价计算。但因残疾人用车系残疾人以车代步的工具，是残疾人行动中必不可少的，为照顾残疾人的旅行，不限托运次数，也不受第二次托运按包裹运价计算的限制，都按行李运价计费。

旅客托运行李至客票到站以远的车站时，应分别按行李和包裹运价计算，加总核收。不足起码里程时，分别按起码里程计算，不足起码运费时，还应核收起码运费。

类别不同的包裹混装为一件时，按其中运价高的计算。

行李、包裹运费按每张票据计算，起码运费为 1 元，运费除另有规定外，都按现付办理。

个人托运的行李、包裹可自愿按保价运输或非保价运输办理。按保价运输办理的行李、包裹，除核收运费外，还应按发货人的声明价格核收保价费。按保价运输的行李、包裹核收保价费时，行李保价费按声明价格的 0.5%，包裹保价费按声明价格的 1% 计算，不足 1 角的尾数，按四舍五入处理。

第四节　特定运价

特定运价是对一些特殊运输方式和特殊运价区段而制定的客运运价，包括以下两个方面：

（1）包车、租车、挂运、行驶等运价的计价规定。

（2）国家铁路、合资铁路、地方铁路及特殊运价区段间办理直通、过轨运输的计价规定。

一、包　车

凡旅客要求单独使用加挂车辆（含普通客车、公务车）或加开专用列车（含豪华列车）时，均按包车办理。包车人应与承运人签订包车合同。包车合同应载明：包车人、承运人的名称、地址、联系人姓名、电话；包用车辆的种类、数量、时间；发站和到站站名；包车运输费用；违约责任；双方商定的其他内容。包用客车、公务车、专用列车、豪华列车时，包车人应预先缴付相当于运输费用 20% 的定金。

1. 包车运输费用

包车或加开专用列车，应按以下标准，根据运行里程（娱乐车、餐车根据使用日数）核收票价、运费、使用费、包车停留费、空驶费及其他费用等。并且包车或加开专用列车的运输费用，在全部运行途中，里程采取通算。

（1）票价：

① 座车和合造车的座车部分，按座车种别、定员核收全价客票票价；

② 卧车和合造车的卧车部分，按卧车种别、定员核收客票及卧铺票的全价票价；

③ 公务车按 40 个定员核收软座客票及高级软卧票（上、下铺各 1/2）的全价票价；

④ 豪华列车每辆按 32 个定员核收软座客票及高级软卧票（上、下铺各 1/2）的全价票价；

⑤ 棚车代用客车，按车辆标记载重计算定员（每吨按 1.5 人折算）核收棚车客票票价。

乘坐包车或专用列车的旅客，票价高的与票价低的（如成人与儿童，享受减价优待的学生、伤残军人等）混乘一辆包车时，如果实际乘车人数不足定员，按定员和票价高的核收；但如果实际乘车人数超过定员，对超过的人数则按实际分别核收全价或半价客票票价。

包用的客车、公务车加挂在普通快车、快速列车、特别快车上或加开的专用列车、豪华列车按上述等级速度运行时，都应根据核收客票票价的人数核收相应的加快票价；途中发生中转换挂（或开行）不同列车等级时，按首次挂运（或开行）的列车等级核收加快票价。

包用车辆使用空调设备时，还应按核收客票票价的人数核收空调费。娱乐车、餐车的空调费按使用费的 25% 计算。

（2）运价。行李车和合造车的行李车部分，按车辆标记载重核收行李或包裹运费。用棚车代用行李车时，按行李或包裹的实际重量核收行李或包裹运费。起码计费重量按标记载重的 1/3 计算（不足 1 t 的尾数进整为 1 t）。行李、包裹混装时，按其中运价高的核收。

加开专用列车、豪华列车时，隔离车或宿营车不另计费。但如用隔离车装运行李、包裹，应核收包车费用。

（3）使用费。娱乐车、餐车按每日每辆核收使用费，不足 1 d，按 1 d 计算。但餐车合造车按每日每辆减半核收使用费。

（4）包车停留费。包车停留费是指包车或加开的专用列车，根据包车人提出的要求，在发站、中途站、折返站停留时（因换挂接续列车除外），所应付的费用。

包车停留费按每日每辆核收，并根据产生停留的自然日计算，即 0 点起至 24 点止为 1 d，停留当日不足 12 h 减半核收。

根据运输成本并考虑减少计费标准、简化手续等要求，将各种不同车辆予以归类，每一个类别规定同意的收费标准。铁路现行的车辆归类如下：

① 娱乐车、餐车（餐车合造车按 2 500 元减半核收）每日每辆 5 000 元；

② 公务车、高级软卧车每日每辆 3 300 元；

③ 软座车、软卧车、软硬卧车、硬卧车、软座硬卧合造车每日每辆 1 800 元；

④ 硬座车、行李车、软硬座合造车、行李邮政车、软座行李合造车、硬座行李合造车每日每辆 1 400 元；

⑤ 棚车每日每辆 139 元。

包用娱乐车、餐车，1 d 内同时发生停留费和使用费两项费用时，只收一项整日费用。

（5）空驶费。空驶费是指包车人指定要在某日包用某种车辆，而乘车（装运）站没有所需车辆，需从外站（车辆所在站）向乘车（装运）站空送时，以及用完后送至车辆原所在站，所产生空驶应付的费用。

对车辆空驶区段（里程按最短径路并采取通算），不分车种，按每车·km 核收空驶费，但棚车不核收空驶费。

（6）其他费用：

① 包用公务车、豪华列车的服务费，按车票票价 15% 核收；

② 包用专用列车、豪华列车，如列车编成辆数不足 12 辆时，根据实际运行日数，按每日每辆核收欠编费。当日不足 12 h 的减半核收。

【例 3.3.1】 某单位包用硬卧车一辆，定员 60 人。指定 4 月 1 日枣庄西站使用，挂 K1132

次新型空调快速，4 月 2 日 13：06 至烟台，4 月 4 日烟台站挂 K286 次新型空调快速 22：25 开往北京，枣庄西站没有所需车辆，需自徐州空送枣庄西，车辆使用至北京后回送徐州。

（1）票价：

枣庄西—烟台—北京　1 729 km

新型空调快速定价：$201 \times 60 = 12\ 060$（元）

硬卧票价：

　　上铺：$142 \times 20 = 2\ 840$（元）

　　中铺：$154 \times 20 = 3\ 080$（元）

　　下铺：$166 \times 20 = 3\ 320$（元）

小计：9 240（元）

合计：$12\ 060 + 9\ 240 = 21\ 300$（元）

（2）停留费：

天数：2 日（K1132 次）13：11 到　　　0.5 d

　　　3 日　　　　　　　　　　　1 d

　　　4 日（K286 次）22：25 开　　　1 d

合计：$0.5 + 1 + 1 = 2.5$（d）

停留费：$1\ 800 \times 2.5 = 4\ 500$（元）

（3）空驶费：

空驶区段：徐州—枣庄西　　68 km

　　　　　北京—徐州　　　814 km

　　　　　合计：$68 + 814 = 882$ km

空驶费：$3.458 \times 882 = 3\ 050$（元）

（4）总计：$21\ 300 + 4\ 500 + 3\ 050 = 28\ 850$（元）

2. 包车变更费用

包车人包用的车辆由于某种原因需要变更时，可以办理包车变更。但包车人在未交付运输费用前取消用车计划时，定金不退。如已交付运输费用时，按以下规定办理：

（1）包车人在始发站停止使用时，除退还已收空驶费与已产生的空驶区段往返空驶费差额外，其他费用按以下方式计算核收：

① 开车前 48 h 前，退还全部费用，核收票价、使用费、运费 10% 的停止使用费；

② 开车前不足 48 h 至开车前 6 h，退还全部费用，核收票价、使用费、运费 20% 的停止使用费；

③ 开车前不足 6 h 退还全部费用，核收票价、使用费、运费 50% 的停止使用费；

④ 开车后要求停止使用时，只退还尚未产生的包车停留费。

（2）包车人在始发站延期使用，在开车前 6 h 以前提出时，按规定核收包车停留费；在开车前不足 6 h 提出时，核收票价、使用费、运费 50% 的延期使用费，并重新办理包车手续。

（3）包车人在中途站延长使用区段或延长停留时间时，需经中途变更站报请铁路局集团有限公司同意后，核收票价、使用费、运费或包车停留费。如包车人当时付款有困难时，应根据其书面要求，由变更站电告发站或到站补收应收费用。

中途缩短停留时间或缩短使用区段时，所收费用不退。

（4）包车人在中途站要求变更径路时，应补收新旧径路里程的票价、运费差额。要求变更到站时，应补收自变更站至新到站与自变更站至原到站的票价、运费差额。

变更径路、到站均不退还票价、运费差额。

如包车中承运人违约，应双倍返还订金。

【例 3.3.2】　前述例 3.3.1 中用车单位在列车开车前 5 h 提出停止使用。

（1）核收空驶费：

徐州—枣庄西—徐州　　$68 \times 2 = 136$ km

$$3.458 \times 136 = 470.30（元）$$

（2）核收停止使用费：$21\,300 \times 50\% = 10\,650.00（元）$

（3）总计：$470.30 + 10\,650 = 11\,120.30（元）$

二、租车及租用、自备车辆的挂运和行驶

1. 租　车

租用人向承运人租用客运车辆时，租用人应与承运人签订租车合同。租车合同主要载明：租用人和承运人名称、地址、联系人姓名、电话，租用车辆种类、数量；租用时间和区段；租车费用；违约责任；双方商定的其他事项等，并按包车停留费标准，按日核收租车费。单独租用发电车时，租车费每日每辆 2 100 元。

2. 挂运和行驶

企业自备机车车辆或租用车，利用承运人动力挂运或线路运行时，应向承运人提出书面要求，经协商同意并对机车车辆的技术状态检查合格后方能办理，核收挂运费或行驶费。长期挂运或行驶时，承运人应与企业或租用人签订合同。

（1）挂运。企业自备客车或租用客车在国家铁路的旅客列车或货物列车挂运时，按下列标准核收挂运费。

① 空车。不分车种，按 0.534 元 /（轴·km）核收。随客运列车挂运的空客车，如有随车押运人员时，应购买所挂运列车等级的硬座车票，随货物列车挂运的空客车的随车押运人员，按货运押运人收费标准核收押运费。

② 重车：

a. 客车按标记定员票价的 80% 核收；

b. 行李车按标记载重及所装行李或包裹品类运费的 80% 核收；

c. 餐车、娱乐车、发电车按租车费的 80% 核收。

企业自备动力牵引租用客车或企业自备客车，利用国家铁路线路运行时，不论空车或重车，均按 0.468 元 /（轴·km）（含机车轴数）核收行驶费。

（2）行驶。铁路机车车辆工厂（包括车辆研究所）新造车或检修厂在正式营业线上进行

试验时，同样收取挂运费或行驶费。

军运、邮政部门租车和自备车辆挂运及行驶的收费标准，按军运和邮政有关规定办理。

挂运费和行驶费不足 1 元的尾数，按四舍五入处理。

三、过轨运输

国家铁路、合资铁路、地方铁路及特殊运行区段间办理直通旅客运输业务为过轨运输。在办理时应分别按各段里程计算客运运价，加总核收。国家铁路涉及几个地段时，里程采取通算。上述各段由于分段计算，有不足起码里程区段时，按起码里程计算，但卧铺票价按表 3.9 所列比例计算。

表 3.9　卧铺票价比例计算表

里程/km	占 400 km 卧铺票价的比例/%
1 ~ 100	25
101 ~ 200	50
201 ~ 300	75
301 ~ 400	100

第五节　客运杂费

客运杂费是指在铁路运输过程中，除去旅客车票票价、行李、包裹运价以外，铁路运输企业向旅客、托运人、收货人提供的辅助作业、劳务及物资等所收的费用。

铁路在旅客及行包运输全过程中，向旅客及行李、包裹托运人和收货人提供辅助作业付出的劳务费，以及运输契约占用铁路设备等所发生的费用或旅客、托运人、收货人违章所加收的款额，均属客运杂费。客运杂费是铁路旅客运输收入的组成部分。

一、客运杂费的种类

铁路现行客运杂费收费项目主要有以下几类：

1. 付出劳务所核收的费用

该费用包括搬运费、送票费、接取送达费、手续费、行李包裹变更手续费、查询费、装卸费等。

核收这类费用，是因为旅客或托运人、收货人提出要求，为其特殊服务时而收取，要贯彻既为旅客或托运人、收货人服务，又要收费合理的原则。

2. 违反运输规定所核收的费用

该费用包括各种无票乘车加收的票款及违章运输加倍补收的运费等。

为了维护站、车秩序，对无票乘车或持失效车票乘车的人员，应根据铁路法及客运规章有关规定加收票款。

为了贯彻国家运输政策，确保旅客运输安全，对违章携带、违章运输应采用经济制裁的办法，施行加倍补收运费。

3. 使用有关单据及其他用品所核收的费用

该费用包括货签费、安全标志费、其他用品等。对这类费用应本着为人民服务的精神，核收适当的费用。

4. 为加强资金与物资管理所核收的费用

该费用包括迟交金、保价费、保管费等。这类费用是按照有关款额的百分比或保管的日数进行计算收取。

核收客运杂费，应按规定收费项目实际发生的内容收费，未发生的项目或未付出相应的劳务不准收费，更不准随意扩大、曲解收费范围。发生多收、少收、漏收杂费时，根据实际情况按照铁路有关规定办理退补，无法退补的应上缴。

二、客运杂费的核收标准和相关收费规定

1. 收费项目及收费标准

客运杂费的收费项目和收费标准，根据《中华人民共和国铁路法》规定，由国务院铁路主管部门规定。统一规定的部分杂费收费项目和收费标准见表3.10。

表 3.10　客运杂费收费项目及收费标准

	收费项目	计 费 条 件	收费标准	备　　注
1	站台票		1 元/张	
2	手续费	列车上补卧铺	5 元/人次	同时发生时按最高标准核收一次手续费
		其他	2 元/人次	
3	退票费	开车前 15 天（不含）以上退票，不收退票费；票面乘车站开车前 48 h 以上的，按票价的 5% 核收；开车前 24 h 以上、不足 48 h 的，按票价的 10% 核收；开车前不足 24 h 的，按票价的 20% 核收。（退票费以 5 角为单位，2.5 角以下舍，2.5 角及以上且小于 7.5 角的进为 5 角，7.5 角以上的进为 1 元）。		代用票按每张核收；最低退票费 2.00 元
4	送票费	送到集中取票点	3 元/人次	
		送到旅客所在地	5 元/人次	
5	标签费	货签费	0.25 元/个	
		安全标志费	0.20 元/个	

续表

	收费项目	计费条件	收费标准	备注
6	行李、包裹变更手续费	装运前	5 元/票次	
		装运后	10 元/票次	
7	行李、包裹查询费	行李、包裹交付后，旅客或收货人还要求查询时	5 元/票次	
8	行李、包裹装卸费	从行李车收货地点至装上行李车，或从行李车卸下至交付地点，各为一次装卸作业	2 元/件次	超过每件规定质量的，按其超重倍数增收
9	行李、包裹保管费	超过免费保管期限，每日核收	3 元/件次	超过每件规定质量的，按其超重倍数增收
10	行李、包裹搬运费	从车站广场停车地点搬运至行李、包裹房办理处或从行李、包裹交付处搬运至广场停车地点各为一次搬运作业；由汽车搬上搬下时，每搬一次，另计一次搬运作业	2 元/件次	超过每件规定质量的，按其超重倍数增收
11	行李、包裹接取送达费	接取、送达各为一次作业每 5 km（不足 5 km 按 5 km 计算）核收	5 元/件次	超过每件规定质量的，按其超重倍数增收
12	携带品暂存费		3 元/件次	每件质量以 20 kg 为限，超重时按其倍数增收
13	携带品搬运费	从广场停车点搬运至站台或从站台搬运至广场停车点各为一次搬运作业，由火车汽车搬上、搬下，每搬一次，另计一次搬运作业	2 元/件次	每件质量以 20 kg 为限，超重时按其倍数增收

2. 相关收费规定

（1）迟交票款、运费、杂费时，从应收该项费用之次日起至付款日止，每迟交 1 d，按迟交总额的 1% 核收运输费用迟交金。

（2）包裹到达通知费，以市内电话以外方式通知时，产生的信函、电话、电报等费用，由到站以实际产生的款额向收货人收取。

（3）行李、包裹实际运到日数超过规定的运到期限时，铁路运输企业应按所收运费的百分比，向收货人支付运到逾期的违约金（比例见表 3.11），但最多不超过运费的 30%。一批行李、包裹部分逾期时，按逾期部分的运费比例支付运到逾期的违约金。

表 3.11 运到逾期违约金计算表

运到期限/d	逾期日数/d									
	1	2	3	4	5	6	7	8	9	10 以上
	违约金比率/%									
3	10	20	30							
4	5	15	20	30						
5	5	10	20	25	30					
6	5	10	15	20	25	30				
7	5	10	10	15	20	25	30			
8	5	5	10	15	20	20	25	30		
9	5	5	10	15	15	20	20	25	30	
10 以上	5	5	10	10	15	20	20	25	25	30

✏️ 复习思考题

1. 旅客票价构成要素有哪些?
2. 铁路旅客票价体系由哪些票价组成? 旅客票价是怎样制定的? 举例说明。
3. 如何运用客运里程表、旅客票价表来确定旅客票价?
4. 行李、包裹运价的比例关系如何?
5. 行李、包裹运价是如何制定的? 结合实例说明。
6. 行李、包裹运费的核收有哪些规定?
7. 何谓特定运价?
8. 包车及包车变更有关费用如何计算?
9. 租车及租用、自备车辆的挂运和行驶有关费用如何计算?
10. 什么是过轨运输? 其费用如何计算?
11. 何谓客运杂费? 其分类及收费标准是怎样规定的?

第四章　铁路旅客运送条件

第一节　铁路旅客运输合同

铁路旅客
运送条件 PPT

一、铁路旅客运输合同的含义及凭证

1. 含　义

铁路旅客运输合同是明确承运人与旅客之间权利、义务关系的协议。起运地承运人与旅客订立的旅客运输合同，对所涉及的承运人都有连带关系，具有同等约束力。

铁路旅客运输合同从售出车票时起成立，自旅客进站检验车票起，至按票面规定运输结束旅客出站时止，为旅客运送期间。

2. 凭　证

铁路旅客运输合同的基本凭证是车票。

除车票外，还有铁路乘车证和特种乘车证。特种乘车证包括：

（1）全国铁路通用乘车证。

（2）中央和各省（市）、自治区机要部门使用的软席乘车证（限乘指定的乘车位置）。

（3）邮政部门使用的机要通信人员免费乘车证，包括押运员、检察员（只限乘坐邮车及铁路指定的位置）。

（4）邮局押运人员免费乘车证（只限乘坐邮车及铁路指定的位置）。

（5）邮局视导员免费乘车证（只限乘坐邮车及铁路指定的位置）。

（6）口岸站的海关、边防军、银行使用的往返免费乘车书面证明。

（7）我国铁路邀请的外国铁路代表团使用的中华人民共和国铁路免费乘车证。

（8）用于到外站装卸作业及抢险的调度命令。

另外，为了加强对铁路运输企业执行国家政策法令的监督，使用国务院铁路主管部门邀请的其他政府部门和新闻单位检查铁路工作乘车时所使用的"全国铁路免费乘车证"可

乘坐除国际列车以外各种等级、席别的列车。"全国铁路免费乘车证"由国务院铁路主管部门制发和管理。

二、旅客的基本权利和义务

旅客指持有铁路有效乘车证的人和同行的免费乘车儿童。根据铁路货物运输合同，押运货物的人视为旅客。

1. 权　利

（1）依据车票票面记载的内容乘车。

（2）要求承运人提供与车票等级相适应的服务并保障其旅行安全。

（3）对运送期间发生的身体损害有权要求承运人赔偿。

（4）对运送期间因承运人过错造成的随身携带物品损失有权要求承运人赔偿。

2. 义　务

（1）支付运输费用，当场核对票价，妥善保管车票，保持票面信息完整可识别。

（2）遵守国家法令和铁路运输规章制度，听从铁路车站、列车工作人员的引导，按照车站的引导标志进、出站。

（3）爱护铁路设备、设施，维护公共秩序和运输安全。

（4）对造成铁路或其旅客的损失予以赔偿。

三、承运人的基本权利和义务

承运人指与旅客或托运人签有运输合同的铁路运输企业。铁路车站、列车及与运营有关人员在执行职责中的行为代表承运人。

1. 权　利

（1）依照规定收取运输费用。

（2）要求旅客遵守国家法令和铁路规章制度，保证安全。

（3）对损害他人利益和铁路设备、设施的行为有权制止、消除危险和要求赔偿。

2. 义　务

（1）确保旅客运输安全正点。

（2）为旅客提供良好的旅行环境和服务设施，不断提高服务质量，文明礼貌的为旅客服务。

（3）对运送期间发生的旅客人身损害予以赔偿。

（4）对运送期间因承运人过错造成的旅客随身携带品损失予以赔偿。

第二节 车票及其发售规定

一、车票的作用和分类

1. 作 用

（1）车票是旅客乘车的凭证，是旅客和铁路缔结运输合同发生运输关系的依据，也是旅客支付票价的根据。

（2）车票是铁路旅客运输合同的基本凭证。铁路旅客运输合同是明确承运人与旅客之间权利、义务关系的协议，起运地承运人依据《铁路旅客运输规程》订立的旅客运输合同，对所涉及的承运人具有同等约束力。

2. 分 类

车票是乘车票据的总称，车票票面（特殊票种除外）主要应当载明发站、到站、径路、座别、卧别、票价、车次、乘车日期、有效期等内容。其分类情况如下：

（1）按形式分：

① 纸质车票。包括计算机票（如粉红色车票见图 4.1）、列车移动补票机补票、磁介质车票（浅蓝色车票见图 4.2）和代用票（见图 4.3）。

② 铁路电子客票。铁路电子客票是以电子数据形式体现的铁路旅客运输合同，也称"无纸化"车票。实行电子客票，就是将纸质车票承载的旅客运输合同凭证、乘车凭证、报销凭证功能相分离，依据有关法律条文规定，以电子数据作为铁路旅客承运合同凭证，推进乘车凭证无纸化和多样化，报销凭证逐步电子化。（购票信息单见图 4.4，报销凭证见图 4.5）

乘客若选择使用电子客票，在通过 12306 网站或手机 APP 购票后，不再需要换取纸质车票，可直接通过"刷手机"或"刷身份证"进站乘车。

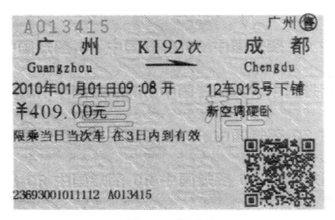

图 4.1　软纸票

图 4.2 磁介质车票

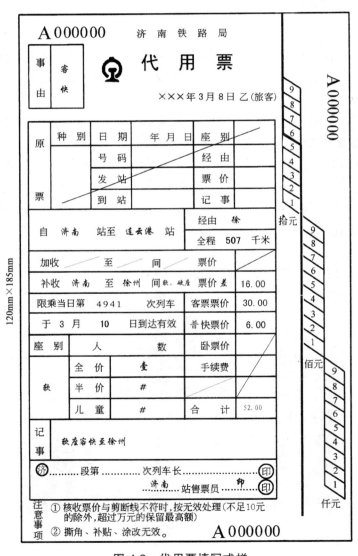

图 4.3 代用票填写式样

图 4.4 铁路电子客票购票信息单

图 4.5 报销凭证

如需改签、退票，使用电子支付方式购票的乘客，可通过 12306 网站或车站指定窗口办理改签、退票手续；使用现金方式支付或已打印报销凭证的乘客，需到车站指定窗口办理。

购买电子客票的旅客如需报销凭证，可于开车前或乘车日期之日起 30 日内，凭购票时所使用的有效身份证件原件，到实施电子客票的车站售票窗口或自动售、取票机换取报销凭证。超过 30 日时通过铁路 12306 客服办理。报销凭证不能作为乘车凭证使用。

③ 铁路乘车卡。铁路乘车卡是指承运人接受并在指定范围内使用，在旅客进出站时由自动检票机自动识读并记录乘车日期、乘车站、到站、车次、席别和票价等信息，到站后扣除票价的电子卡片式凭证。如中国工商银行股份有限公司发行的广深牡丹卡和中铁银通支付有限公司发行的中铁银通卡。

（2）按性质分类：

① 客票，包括软座、硬座客票。

② 附加票，包括加快票、卧铺票、空调票。附加票是客票的补充部分，除免费儿童外，不能单独使用。

此外，还有为便利旅客乘坐快车、卧铺车、空调车和简化售票手续，提高发售速度而使用的各种联合票，以及为某些旅客发售的专用半价票、国际联运票等。

（3）按中转换乘方式分：

① 直达票：指从票面发站至到站不需中转换车的车票。

② 通票：指从票面发站至到站需中转换车的车票。

二、车票的发售规定

车票应在承运人或销售代理人的售票处购买。在有运输能力的情况下，承运人或销售代理人应按购票人的要求发售车票。承运人还可以开办往返票、联程票（指在购票地能够买到换乘地或往返地带有席位、铺位的车票）、定期、不定期、储值、定额等多种售票业务，以便于购票人购票和使用。有计算机售票设备的车站，除系统设备故障等特殊情况下，不得发售手工车票。

1. 客　票

（1）承运人在发售客票时，应根据购票人指定的到站、座别、径路发售，不得为图方便，使用到站不同而票价相同的客票来互相代替。

（2）发售软座客票时，最远至本次列车终点站。为了方便旅客和充分利用运输能力，白天乘车的旅客，在软卧车有空余包房的条件下，车站可根据列车长的预报发售软座客票。始发站给中途站预留的包房，可利用其发售最远至预留站的软座客票，但涉及夜间（20:00 至次日 7:00）乘车时不得超过 2 h，过时不得发售软座客票。

（3）旅客在乘车过程中，要求一段乘坐硬座车，一段乘坐软座车时，全程发售硬座客票。乘坐软座时，另收软座区间的软硬座票价差额。

（4）发售去边境地区的客票时，应要求旅客出示国务院铁路主管部门、公安部规定的边境居民证、身份证或边境通行证。

（5）动车组列车车票，最远只能发售至本次列车终点站。

2. 加快票

（1）旅客凭软座或硬座客票购买加快票。

（2）发售加快票的到站，必须是所乘快车或特别快车的停车站。

（3）发售需要中转换车的加快票的中转站，必须是有同等级快车始发的车站，还应具备发、到站之间全程都应有快车运行，如中间有无快车运行的区段时，则不能发售全程加快票。

例如，在济南站购连云港的客快票，需徐州中转，徐州有普快车始发，故可以发售。又如，在日照站购至徐州的客快票，需兖州中转，兖州站无快车始发，不符合发售规定，故不能发售，加快票只发售至兖州。

3. 卧铺票

（1）旅客凭软座或硬座客票（乘快车时还应有加快票）购买卧铺票。免费乘车身高不够 1.2 m 的儿童单独使用卧铺时，只购买全价卧铺票，如有空调时还应购买半价空调票，但不必购买儿童票。

（2）卧铺票必须和客票的座别到站相同，但对持通票的旅客其卧铺票只发售至中转站。

4. 空调票

（1）旅客乘坐提供空调的列车（或车厢）时，应购买相应等级的车票或空调票。由于旅客乘坐空调的列车（或车厢）不同，票价也不相同。如乘坐新型空调列车或新型空调成组车列时，按《铁路客运运价规则》规定，该列车（或车列）的票价可上浮 50% 计算，如乘坐不成组的普通空调车厢，该票价是不上浮的，为此，根据旅客所乘坐的空调列车（或车厢），支付相应等级的票价。

（2）旅客在全部旅途中分别乘坐空调车和普通车时，可发售全程普通车的车票，对乘坐空调车区段另行核收空调车与普通车的票价差额。

5. 减价票

减价票包括儿童减价票、学生减价票和伤残军人半价票。减价票应按下列规定发售：

（1）儿童减价票（简称儿童票）。身高 1.2 ~ 1.5 m 的儿童乘车时，可购买半价客票、加快票和空调票。超过 1.5 m 的儿童和不足 1.5 m 的成人，均应购买全价票。每一成人旅客可免费携带身高不足 1.2 m 的儿童 1 名，超过 1 名时，超过的人数应购买儿童票。

为了确保儿童旅行的安全，承运人一般不接受儿童单独旅行（乘火车通学的学生和承运人同意在旅途中监护的除外）。因此，儿童应随同成人乘车，购买与成人座别相同的儿童票。儿童票的到站，原则上应与成人的客票到站相同。在成人能保证儿童安全的条件下，儿童票的到站，可近于成人的到站，但不能超过成人的到站，以免无人照顾发生意外。

（2）学生减价票。在普通大专院校（含国家教育主管部门批准有学历教育资格的民办大学），军事院校、中、小学和中等专业学校，技工学校就读，没有工资收入的学生、研究生，家庭居住地和学校所在地不在同一城市时，凭附有加盖院校公章的减价优待证的学生证（小学生凭书面证明），每年可享受家庭至院校之间4次单程半价硬座客票、加快票、空调票。动车组列车只发售二等座车学生票，学生票为全价票的75%。当年未使用的次数，不能留作次年使用。

学生票限定在寒假（12月1日至3月31日）、暑假（6月1日至9月30日）期间发售。

学生从实习地点回家或从家去实习地点，凭附有"减价优待证"的学生证和院校的书面证明，可购买学生票。

学生父、母都不在学校所在地，并分居两处居住时，由学生选择其中一处，并登记在学生减价优待证上。如学生父母迁居时，根据学生申请，经学校确认，可将学生减价优待证上的乘车区段更改并加盖公章或更换新证。

学生回家后，院校迁移或调整，也可凭院校证明和学生减价优待证，发售从家庭所在地到院校所在地的学生票。

应届毕业生从学校回家，凭院校书面证明，可购买一次学生票。新生入学凭院校的录取通知书，也可购买一次从接到录取通知书地点至院校的学生票。

在乘降所上车的学生（其减价优待证上注明上车地点为乘降所），可以在列车上售给全程学生票，并在减价优待证相应栏内，由列车长注明"×年×月×日乘××次列车"，加盖名章，作为登记一次乘车次数。

华侨学生和我国香港、澳门、台湾等地区的学生回家时，车票发售至边境车站。

学生票应按近径路发售，但有直达列车或换车次数少的远径路也可发售。

学生购买联程票或乘车区间涉及动车组列车的，可分段购票。

学生票分段发售时，由发售第一区段车站在学生优惠卡上划销次数，中转站凭上一段车票发售，不再划销乘车次数。

减价优待证记载的车站是没有快车或直通车停靠的车站时，离该站最近的大站（可以超过减价优待证规定的区间）可以发售学生票。

超过学生减价优待证上记载的区段乘车时，对超过区段按一般旅客办理，核收全价。

符合减价优待条件的学生无票乘车时，除补收票款（含应补的半价票及加收应补票价50%的票款）外，同时应在减价优待证上登记盖章，作为登记一次乘车次数。

但下列情况不能发售学生票：

① 学校所在地有学生父或母其中一方时；

② 学生因休学、转学、复学、退学时；

③ 学生往返于学校与实习地点时；

④ 学生证未按时办理学校注册的；

⑤ 学生证优惠区间更改但未加盖学校公章的；

⑥ 没有"学生火车优惠卡"、"学生火车优惠卡"不识别或者与学生证记载不一致的。

学生电子票的进站：符合购买学生票条件的旅客，乘车前应到车站指定售票窗口或自动售/取票机，办理一次本人居民身份证件与学生优惠卡的核验手续（学生票需每学年乘车前办理 1 次，每年 10 月 1 日至次年的 9 月 30 日为一学年）。

（3）伤残军人减价票。中国人民解放军和中国人民武装警察部队因伤致残的军人凭"中华人民共和国伤残军人证"及因公致残的人民警察凭"中华人民共和国伤残人民警察证"享受半价的软、硬座客票和附加票。

"中华人民共和国伤残军人证"和"中华人民共和国伤残人民警察证"由国家有关部门颁发，铁路运输企业有权进行校对。

残疾军人电子票的进站：符合购买残疾军人票条件的旅客，乘车前应到车站指定售票窗口或自动售/取票机办理一次本人居民身份证件与残疾军人优惠证件的核验手续，通过核验手续的旅客购票后可凭居民身份证件自助办理实名制验证和进出站检。

6. 团体旅客票

凡 20 人以上乘车日期、车次、到站、座别、经由相同的旅客集体乘车时为团体旅客，即可发售团体旅客票。承运人对团体旅客乘车应优先安排并在计价上给予一定的优惠。其具体规定如下：

（1）满 20 人时，给予免收 1 个人票价的优惠，20 人以上每增加 10 人，再免收 1 个人的票价，但每年春运期间（起止日期以春运文件为准）不予优惠。

（2）团体旅客中有分别乘坐座、卧车或成人、儿童同一团体时，按其中票价高的免收。

（3）用计算机售票的车站，办理团体旅客票并实行一定优惠时，优惠票面打"团优"字样，其余票的票面上打印"团"字样。用计算机售票的车站，免收的人数填写代用票时，事由栏填"优惠团体"，发到站按实际填写，票价栏全部划消，人数栏中"全价"改为"免收"，人数按免收实际数填写，记事栏记载免收人所乘坐的座（铺）位号，同时还记载电子计算机票的起止票号。非计算机售票的车站发售优惠团体旅客票时，一律填发代用票，人数栏的其中一栏可以改为免收栏，记事栏记录团体旅客证起止号码。

7. 代用票

代用票是根据需要临时填发的票据。它是车站在未备有卡片式常备票的情况下代用车票和办理团体旅客乘车、包车、旅行变更、旅客丢失车票补票以及在列车内补收票价、杂费时使用的一种票据。

发售代用票应按下列规定填写：

（1）办理代用客票、加快票、卧铺票、空调票、包车票、团体票时：

① 事由栏，为了填记简便，可按规定的略语填写（同时办理两种以上内容时，应分别填写事由）：

代用客票——"客"；

代用普通加快票——"普快"；

代用特别加快票——"特快"；

代用客快联合票——"客快"；

代用客特快联合票——"客特快"；

代用卧铺票——"卧"；

代用客快卧联合票——"客快卧";

代用客特快联合票——"客特快卧";

代用空调票——"空调";

办理包车票——"包车";

办理团体票——"团体"。

② 原票栏，不用填写。

③ 人数栏，应按实际收费人数，分开价别用大写数字填写，不用栏用"#"符号抹消。办理包车代用票时，如实际乘车人数不足车辆定员数时，填记定员人数（即收费人数）。

④ 票价栏，按收费种别，分别在适当栏内填写。其他费用应在空白栏内注明收费种别和款额，卧铺栏前加"上、中、下"字样，加快栏前加"普、特"等字样。

⑤ 记事栏，办理包车时，应注明包车的车种、车号和定员数。办理团体旅客票时，应注明团体旅客证的起止号码。代用学生、伤残军人减价票时，应注明 ㊫、㊍ 字样。

（2）办理变更径路、变更座席、变更卧铺、越站乘车、旅客分乘、误售误购、误撕车票、退加快票、退卧铺票、改乘高等级列车等情况时：

① 事由栏，按规定略语填写：

变更座别——"变座";

变更铺别（包括软座变硬卧）——"变铺";

变更径路——"变径";

越站乘车——"越站";

旅客分乘——"分乘";

误售、误购——"误售""误购";

误撕车票——"误撕";

退加快票——"退快";

退卧铺票——"退卧";

改乘高等级列车补收票价差额——"补价"。

② 原票栏，根据原票转记。

③ 乘车区间栏，填记变更的发到站名、经由等有关事项。

④ 票价栏，对变径、变座、变铺及改乘高等级列车发生补费时，应填写在补收区间票价栏内，其他则填记在相应的票价栏，不用的票价栏划斜线。软座变更卧铺发生补费时，应在空白栏列出应退软硬座差价，以"－"号注明，卧铺票价栏列明硬卧上、中、下铺票价，核收手续费，票价合计栏填写冲抵后补收款额。发生退款时，在空白栏注明应退款种别和款额，合计栏用"－"号注明退款款额。

⑤ 记事栏，在列车上发生退款时，应注明"到站净退款×元"。软座变硬卧时，应注明"软座变硬卧×铺"。原票在原票栏转记并收回时，应注明"原票收回"字样。

（3）办理无客票、无加快票、乘车日期和车次不符、越席乘车、客票中途过期、不符合减价规定、儿童超高、丢失车票、持站台票送人来不及下车等情况时：

① 事由栏，按规定略语填写：

无客票——"无票";

无普通加快票——"无快";

无特别加快票——"无特快";

乘车日期、车次、径路不符——"不符";

越席乘车——"越席";

不符合减价规定——"减价不符";

有效期终了——"过期";

丢失车票——"丢失";

儿童超高——"超高";

持站台票送人来不及下车——"送人"。

② 原票栏,除无票乘车、丢失车票、无加快票以及儿童超过 1.2 m 时,不填记原票栏外,其他情况都应将原票有关事项,记入原票栏内。

③ 乘车区间栏,填记补票区间的发、到站名。

④ 票价栏,对无票等情况加收的票款,应填写在加收区间票价栏内,其他核收的费用,按收费种别,填记在适当的票价栏内。

⑤ 记事栏,原票收回时,应注明"原票收回"字样,以及其他需记载的事项。

发售代用票时,乙页应按票价合计栏的款额,在"款额剪断线"的相当款额右侧剪断,将实收款额留在本页交给旅客,剩余部分附在丙页上报(如发生退款时,"款额剪断线"全部剪下,随丙页上报)。收回原票换发代用票时,应将原票随丙页上报。

总之,站、车发售代用票时,字体要清楚、不潦草、不写自造简化字、不涂改、项目填写齐全,不用栏划斜线。发、到站间有两条及其以上径路和发、到站间涉及两条线路时,应填写经由;发、到站均在一条线路上,一般情况下不必填写经由。

第三节　旅客乘车条件

一、旅客乘车基本条件和车票签证

旅客乘什么车买什么票,并须按票面载明的乘车日期、车次、径路、席别乘车,在票面规定的有效期内抵达到站。动车组列车旅客如中途下车,未乘区间车票失效。

持通票的旅客中转换车时,应当办理中转签证手续。

乘坐卧铺旅客的车票由列车员保管。为此,卧车列车员应及时收票换发卧铺证,列车开车后还应通过广播提示持卧铺票的旅客到卧铺车换票。

为了维护卧铺车的正常秩序,卧铺只能由持票本人使用,成人带儿童或儿童与儿童可共用一个卧铺。

除特殊情况并经列车长同意的除外，持低票价席别车票的旅客不能在高票价席别车厢停留。

为了确保广大旅客的人身健康和安全，对烈性传染病患者、精神病患者或健康状况危及他人安全的旅客，站、车可以不予运送。车站发现时应告之铁路规定并对已购的车票按旅客退票的有关规定处理；列车上发现时，列车长编制客运记录交车站处理，必要时应通知铁路防疫部门处理污染现场。车站应退还已收车票票价与已乘区间车票票价的差额，已乘区间不足起码里程时，按起码里程计算，并核收退票费。

车站发现无人护送的精神病旅客，应严禁乘车，对有人护送的，应通知列车长，协助护送人员防止发生意外。

列车内发现无人护送的精神病旅客，列车长应指派专人看护，公安人员应予以协助，移交到站或换乘站，不得移交中途站。对有人护送的精神病旅客，乘务员应向护送人员介绍安全注意事项，并予以协助。

对违反国家法律、法规，在站内、列车内寻衅滋事、扰乱公共秩序的旅客，站、车均可拒绝其上车或责令其下车，列车长应编制客运记录交车站，车站工作人员应将站内发现的和列车移交的上述旅客带出站外，情节严重的送交公安部门处理；对未使用至到站的票价不予退还，并在车票背面做相应的记载，运输合同即行终止。

二、车票的有效期间

车票是运输合同，任何一种合同都有一定的时效，作为运输合同的车票也不例外，其时效即为有效期间。

1. 车票有效期间的计算

车票有效期间的计算，是根据列车衔接和旅行速度等因素，按照实际需要并考虑有一定富余系数，既保证旅客能在车票有效期间到达到站，又避免因有效期间太长而产生弊端的情况而制定的。

① 直达票；当日当次有效，但下列情形除外：

a. 全程在铁路运输企业管内运行的，动车组列车车票，有效期由企业自定；

b. 有效期有不同规定的其他票种。

② 通票的有效期间按乘车里程计算。1 000 km 以内为 2 d；超过 1 000 km 时，每增加 1 000 km 增加 1 d，不足 1 000 km 的尾数也按 1 d 计算。

各种车票的有效期间从指定乘车日起至有效期间最后一日的 24：00 止计算。

其他票种按票面规定的时间或要求使用有效。

2. 车票有效期间的延长

遇下列情况，可适当延长通票的有效期间：

因列车满员、晚点、停运等原因，使旅客在规定的有效期间内不能抵达到站时，车站可视实际情况需要延长通票的有效期间。延长日从通票有效期终了的次日起计算。

旅客因病中途下车恢复旅行时，在通票的有效期间内，提出医疗单位证明或经车站证实时，可按实际医疗日数延长，但最多不得超过 10 d。卧铺票不能延长，可办理退票。同行人同样办理。

由于误售、误购、误乘，原通票有效期间不能到达正当到站时，应根据折返站至正当到站间的里程，重新计算通票有效日期。动车组列车车票只办理改签，不办理有效期延长。

车站在办理延长有效期手续时，应在通票背面注明"因××延长有效期×日"并加盖站名戳。如旅客托运行李时还应在行李票上签注"因××原因改乘×月×日××次列车"，加盖站名戳，作为到站提取行李时，计算免费保管日数的凭证。

3. 车票有效期间失效的处理

旅客在乘车途中通票有效期间终了，要求继续乘车时，应自有效期间终了站（如列车正在运行中，则从最近前方停车站）起另行补票，核收手续费。

旅客持用的定期客票的有效期间，在乘车途中终了时，可按有效使用至到站。

三、旅客乘车中发生特殊情况的处理

（一）误售、误购车票的处理

由于站名相似、口音不同等原因，发生误售、误购车票时，车站和列车必须正确处理，使旅客能安全迅速到达旅行目的地。

对误售、误购车票，应按下列规定补收或退还已收票价与正当票价的差额，不收手续费或退票费。

（1）在发站，收回原票，换发新票。

（2）在中途站，原票到站或列车内，应补收票价时，收回原票，换发代用票，补收票价差额；应退还票价时，站、车应编制客运记录，连同原票交给旅客，作为乘车至正当到站退还票价差额的凭证，并应以最方便的列车将旅客运送至正当到站。

【例 4.3.1】 误售、误购的处理。

1462 次（上海—北京新型空调）到达德州前发现一名旅客持该次济南—沧州硬座客快票乘车（票号 A000012），实际去常州，车票误售误购，列车应如何处理？

应补收已收票价与正当票价的差额。

正当票价：济南—常州 803 km，客快票价：93.00 元

已收票价：济南—沧州 231 km，客快票价：32.50 元

应补收差额：93.00 – 32.50 = 60.50（元）

代用票填如下：

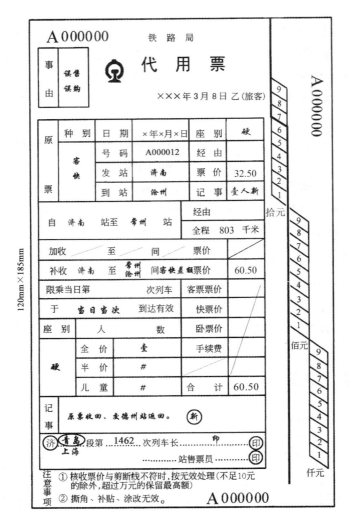

（二）误乘的处理

由于旅客没有确认车次或上、下行方向坐错了车，或乘车中坐过了站，统称为误乘。旅客发生误乘时，列车和车站应认真妥善处理。列车长应编制客运记录交前方停车站，车站应在车票背面注明"误乘"并加盖站名戳，指定最近列车（不办理一般旅客运输的国际列车除外）免费送回误乘站或正当到站。

误售、误购、误乘或坐过了站的旅客，在免费送回的区段不得中途下车。如中途下车时，对往返乘车的免费区段，按返程所乘列车等级分别核收往返区段的票价，核收一次手续费。误乘，免费送回，中途下车。

【例 4.3.2】 误乘的处理。

一名旅客持 5 月 10 日 4341 次吉林—舒兰客票（票号 A000032），误乘 4343 次（吉林—图们）列车，列车发现后交蛟河站，蛟河站指定乘 4344 次（图们—吉林）免费送回吉林站，但该旅客在中途站老爷岭站下车。

老爷岭站收回原票，补收有关票价，核收手续费，票价计算如下：

往程：吉林—蛟河 97 km

硬座客快票价：7.50 元

返程：蛟河—老爷岭　32 km

硬座客快票价：3.00 元

手续费：2.00 元

合计：7.50 + 3.00 + 2.00 = 12.50（元）

客运运价杂费收据填写如下：

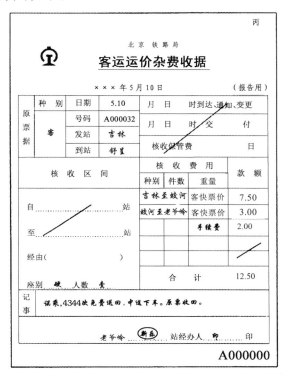

如该旅客在新乐恢复旅行，则应另行购票。

（三）丢失车票的处理

车票是有价证券，是不记名的乘车凭证，旅客丢失车票应另行购票。重新购票时，如旅客已说明丢失车票，则填发代用票，事由栏写"丢失"，以便找到原票时可凭此退票。

1．非实名制车票丢失处理

其具体处理办法如下：

（1）旅客在乘车前丢失车票时，应另行购票。

（2）在乘车中丢失车票时，应自丢失站起（不能判明时从列车始发站起）补收票价，核收手续费。

（3）学生丢失车票，可凭学生优待证或学校证明，在发站重新购买学生减价票；在列车上或中途站丢失，经确认无误后，填发代用票，补收自丢失站起至到站的学生减价票，核收手续费。不再在优待证上加盖有关印章（即不占用使用次数）。

（4）旅客丢失车票另行补票后又找到原票时，在发站按退票处理；在列车上经列车长确认后，编制客运记录，连同原票和代用票一并交给旅客，作为旅客在到站出站前要求退还代用票记载票价的依据。处理站在办理时，填写退票报告，并核收退票费，代用票及客运记录随退票报告一并上报。

（5）由于站、车工作人员失误，造成旅客车票丢失时，站、车均应填写代用票，在记事栏内注明"因××原因丢失"，将款额剪断线全部剪下随丙联上报。

（6）如遇旅客丢失车票，确实无钱买票乘车时，必须经过详细认真地调查了解后，可按国务院有关规定办理，但不得以客运记录代替车票乘车。

【例 4.3.3】 丢失车票的处理。

201×年 3 月 18 日，在哈尔滨—北京的新型空调特快 T158 次列车正运行在长春—沈阳北间时，一名旅客到列车长办公席声明哈尔滨—北京的车票丢失，经列车查证属实，T158 次列车办理如下：

补购：长春—北京 1 003 km

硬座票价：78.50 元　　　特快票价：30.00 元

空调票价：20.00 元　　　手续费：2.00 元

合　计：130.50 元

代用票填写式样如下：

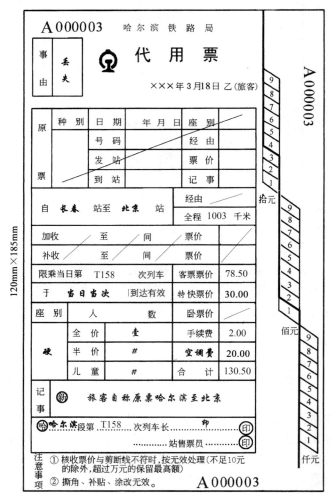

2. 实名制车票丢失的处理

（1）旅客在检票进站前丢失实名制车票的补办流程。

① 丢失车票的旅客，须在车票票面发站停止售票前，到车站售票厅办理挂失补办服务。办理时，须提供购票时使用的有效身份证件原件，同时提供购票地（取票地）车站名称、乘车日期、车次、发到站信息。车站售票厅指定窗口办理挂失补办服务。

② 车站售票厅指定窗口确认旅客身份、车票等信息无误后，旅客须按原车票车次、席位、票价重新购买一张新车票。新票票面信息与原车票一致，并加注"挂失补"字样。

③ "挂失补车票"仅限于乘坐原乘车日期、车次和席位的列车，只能办理一次，且不能改签、变更到站。原车票已经退票的不能挂失；原车票已经改签的，只能对改签后的车票办理挂失；出具"挂失补车票"后，原车票失效，不能作为实名制验证、改签、变更到站、退票及乘车的凭证。"挂失补车票"的退票手续应在票面列车的发站、到站或经停站办理。

④ 持"挂失补车票"的旅客上车后，须主动向列车工作人员声明，乘坐动车组时主动向列车长声明，乘坐普速客车时主动向本车厢列车员声明。列车应核验"挂失补车票"、购票时所使用的有效身份证件原件与旅客一致性。到站前，列车经查验未发现原车票被他人使用的，列车长开具客运记录交旅客，与"挂失补车票"一并作为退票的凭证。

⑤ 持"挂失补车票"的旅客到站后，须主动向出站口车站工作人员声明，并配合车站工作人员进行查验。

⑥ 旅客须在到站后 24 h 内办理退票手续。车站售票厅办理时，凭客运记录、"挂失补车票"和购票时所使用的有效身份证件原件退回"挂失补车票"票款，不收退票费，核收 2 元手续费，并收回"挂失补车票"和客运记录。

（2）旅客在列车上丢失实名制车票的补办流程。

① 旅客乘坐动车组列车在车上丢失实名制车票时，须主动向列车长声明；乘坐普速客车在车上丢失实名制车票时，须主动向本车厢列车员声明。

② 列车经查验旅客本人、购票时所使用的有效身份证件原件、购票信息一致，由列车长办理挂失补办服务，仅核收 2 元手续费，票面标注"车票丢失"字样；列车未查询到购票信息的，按规定先办理补票。到站前，列车核验席位使用正常的，开具客运记录交旅客。

③ 旅客到站后，须主动向出站口车站工作人员声明，并配合车站工作人员进行查验。列车查询到已购车票的旅客，凭票面标注"车票丢失"字样车票、客运记录和购票时所使用的有效身份证件原件办理出站检票手续，车站收回客运记录，列车核收的 2 元手续费不予退还。

客运记录模板

客运记录

第×号

记录事由：车票丢失

××站：

×年×月×日，××次列车乘坐在×车×号座（铺）位旅客（姓名：×××性别：×，年龄：××，身份证号：××××××××××××××，）持××站至××站车票在列车上不慎丢失，经列车查验其本人购票时所使用的有效身份证原件、购票信息一致，核收贰元手续费，"挂失补"车票票号：××××××，现交贵站，请按章办理。

××段编制人　××列车长

×年×月×日编制

列车未查询到购票信息而补票的旅客，应在到站后 24 h 内，凭客运记录、后补车票和购票时所使用的有效身份证件原件，至退票窗口，车站核实旅客身份信息及乘车日期、车次等原票、后补购票信息，以及有购票记录，已购车票有效后，退还后补车票与原票乘车区间一致部分的票价和列车补票手续费，并核收 2 元手续费，收回客运记录。

客运记录模板

客运记录

第 × 号

记录事由：车票丢失

××站：

×年×月×日，××次列车乘坐在×车×号座（铺）位旅客（姓名：×××，性别：×，年龄：××，身份证号：××××××××××××××××××××××，）持××站至××站车票在列车上不慎丢失，列车未查询到购票信息，按规定正常补票，车补票号：×××××××，旅客到站前，经列车核实该席（铺）位未重复使用，现交贵站，请按章办理。

××段编制人　　××列车长

×年×月×日编制

（3）旅客在出站检票前丢失实名制车票的补办流程。

① 旅客在出站检票前丢失车票的，须主动向车站声明，并配合车站工作人员进行查验。出站口具备车票信息查询条件的，当场核查购票记录；出站口不具备车票信息查询条件的，由车站协助核查购票记录。

② 经核查，有购票记录，已购车票有效，乘车日期、车次相符，票证人一致，实际乘车区间未超过已购车票乘车区间，并且没有出站检票记录的，办理挂失补办服务，核收 2 元手续费，票面标注"车票丢失"字样。旅客凭该车票和购票时所使用的有效身份证件原件出站。不符合前述条件的，须按规定补票后出站。

（4）不办理"挂失补"的情况。

铁路部门建立丢失车票旅客信息库，对声称丢失车票的旅客，具有以下情形之一的，发站不予办理挂失补办手续，列车和到站按无票处理，并登记其身份信息。

① 不能提供购票时所使用的有效身份证件原件的。

② 没有购票记录的。

③ 所购原票已经失效、退票或有出站检票记录的。

④ 证、人、购票记录不一致的。

⑤ 乘车日期、车次不符的。

⑥ 实际乘车区间超过所购车票乘车区间的。

旅客应当妥善保管车票，丢失车票应当依法承担相应的责任。为了避免旅客和铁路经济损失，旅客丢失实名制车票时应当及时主动向铁路部门声明。

由于旅客保管车票不当被他人使用，造成铁路经济损失，铁路部门有权追偿。

3. 丢失购票时使用的有效身份证件如何处理？

旅客或购票人应当妥善保管铁路电子客票信息及购票时所使用的有效身份证件。

（1）旅客在乘车前丢失证件的，应到该有效身份证件的发证机构办理身份证明，凭身份证明进出站乘车。

（2）旅客在列车上、出站前丢失证件的，须先办理补票手续并按规定支付手续费，经站车核验席位使用正常的，开具客运记录交予旅客。旅客应在乘车日期之日起 30 日内，凭客运记录、该有效身份证件发证机构办理的身份证明以及后补车票，到列车的经停站退票窗口办理后补车票与原票乘车区间一致部分的退票手续。办理退票手续时，如核查丢失证件有出站记录的，后补车票不予退票；无出站记录的，办理退票时，不收退票费，已核收的手续费不予退还。

四、车票的查验和违章乘车的处理

1. 车票的查验

（1）车站的检票。

① 为了维护车站秩序，保证旅客安全，避免旅客上错车、下错站，旅客购票后上车时，必须经检票口进站。车站对进站旅客持用的车票经确认后加剪或打印检票标志表示旅客旅行的开始，也是铁路旅客运输合同履行的开始。自此时起，铁路应负旅客的旅行和安全的责任。

② 车站对出站旅客进行检票，主要是防止旅客无票或违章乘车，旅客需报销时，车站对旅客所持用的计算机机票、代用票等应撕角后交给旅客；出站人员的站台票应将其副券撕下。误撕车票时，应换发代用票。

（2）列车上的验票。

① 列车的验票工作应由列车长负责组织实施，由乘警、列车值班员等有关人员配合。验票原则上每 400 km 一次，运行不足 400 km 的列车应查验一次，特殊区段由列车长决定查验次数的增减。必要时列车员也可在车内和车门口验票。乘坐卧车旅客的车票，由列车员代为保管，下车前交还。对于持用减价票和铁路签发的各种乘车证的旅客，验票时应检查对照减价凭证和规定的相应证件。

② 铁路稽查人员凭稽查证件、佩带稽查臂章可以在列车内验票。铁路稽查人员执行任务时，应事先与列车长取得联系，特殊情况可先执行任务。列车长、乘警及其他列车工作人员对稽查的工作应予以配合。

（3）实名制车票的验证。

实名制验票方式分人工查验和系统验证两种方式。

人工查验主要是对重点时段、热门方向列车的旅客进行实名制抽验。

系统验证是对指定范围的车站和车次，通过实名制检票系统对指定车次旅客逐一进行实名制验证。

进站时，旅客需持车票和与票面所载身份信息相符的本人有效身份证原件，经车站工作人员或闸机进行查验，并打印查验标记后方可进站乘车。票、证、人不一致或无法出示有效身份证原件的旅客，不与放行。

成人持儿童票的，视为票、证、人不一致。

列车验票时，同时核对旅客、其所使用的的车票及票面所载的有效身份证原件。票、证、人不一致的，按无票处理。

2. 对违章乘车的处理

违章乘车包括不符合乘车条件的乘车和车票未按规定办理签证、剪口的乘车，现将对其处理规定分述如下：

（1）对不符合乘车条件的处理。不符合乘车条件的情况是多方面的，由于具体情况不同，处理方法也不同，但归纳起来，可分为两种类型。对不符合乘车条件的旅客、人员，站车均应了解原因，区别不同情况予以处理。

① 属于客观原因，不符合乘车条件的，只补收车票票价或票价差额，核收手续费。

a. 主动补票或者经站、车同意上车补票的，只补收车票票价（持旅客乘降所发给的补票证不收手续费）。

b. 应买票而未买票的儿童只补收儿童票价；身高超过 1.5 m 持用儿童票时，应补收全价票价与儿童票价的差额。

c. 持站台票送客的人员，已经上车来不及下车并及时声明时，按所乘列车的等级，补收至前方下车站的车票票价。

② 属于有意取巧、不履行义务的，除按规定补收票价、核收手续费外，铁路运输企业有权对其身份进行登记还必须加收已乘区间应补票价 50% 的票款。

a. 无票乘车时，补收自乘车站（不能判明时自列车始发站）起至到站止的车票票价。持失效车票乘车按无票处理。

b. 持用伪造或涂改的车票乘车时，除按无票处理并送交公安部门处理。

c. 持站台票上车并在开车 20 min 后仍不声明时，按无票处理。

d. 持用低等级的车票乘坐高等级列车、铺位、座席时，补收所乘区段的票价差额。

e. 旅客持儿童票、学生票、残疾军人票没有规定的减价凭证或不符合减价条件时，按照全价票价补收票价差额。

对持定期客票违章使用，需按往返及天数加收票价时，按下列公式进行计算核收：

$$加收票价 = 单程应收票价 \times 2 \times 天数$$

对无票乘车而又拒绝补票的人员，列车长可责令其下车，并编制客运记录交县、市所在地车站或三等以上车站处理（其到站近于上述到站时应交到站处理）。车站对列车移交或本站发现的上述人员应追补应收和加收的票款，核收手续费。

（2）车票未签证、未打检验标记的处理：

① 旅客在票面指定的日期、车次开车前乘车的，应补签；

② 旅客所持车票日期、车次相符，但未经车站打检验标记（剪口）的应补检（剪）。

③ 持通票的旅客中转换乘应签证而未签证的应补签。补剪、补签应核收手续费，但已使用至到站的车票不再补剪、补签。

【例 4.3.4】 Z1××次（北京—吉林新型空调）列车到达沈阳北站前验票时，在硬卧车厢发现一人无票乘车，到沈阳北站，列车应如何处理？

    北京—沈阳北　703 km

    应收票价：空调硬座客特快票价：98.00 元

               硬卧下铺票价：84.00 元

    加收票款：（98.00 + 84.00）×50% = 91.00 （元）

    合计：98.00 + 84.00 + 91.00 = 273.00（元）

    手续费：5.00 元

    总计：278.00 元

    代用票填写如下：

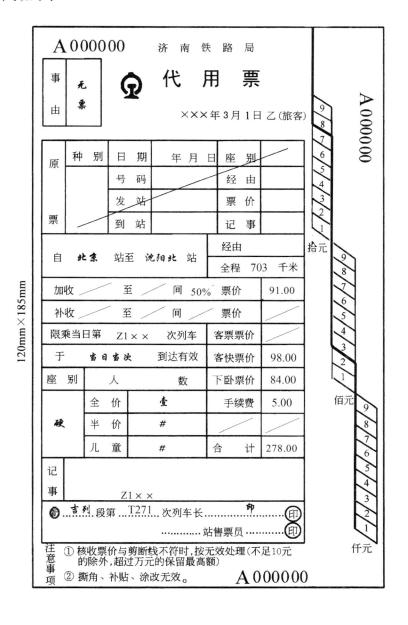

第四节　旅行变更

旅客在乘车途中，要求办理旅行变更的情况是经常发生的，由于变更类别很多，办理的时间又比较紧迫，站、车客运工作人员务必从方便旅客出发，积极主动的按规定予以办理。

一、改　签

改签是指旅客变更乘车日期、车次、席（铺）位时，需班里的签证手续。

改签以铁路有运输能力（即可售车票）为前提，只变更乘车日期、车次、席（铺）位，不变更发站和到站（同城车站除外）。

（一）旅客责任

1．办理时间

（1）旅客购票后不能按票面指定的日期车次乘车时，在不延长票面有效期和列车有能力的前提下，可以办理一次提前或推迟乘车签证手续。特殊情况经购票地车站或票面乘车站站长同意的可在开车后 2 h 内办理，团体旅客不应晚于开车前 48 h。

（2）持动车组列车车票旅客改乘当日其他动车组列车时不受开车后 2 h 内办理的限制。

（3）开车前 48 h（不含）以上，可改签预售期内的其他列车；开车前 48 h 以内，可改签开车前的其他列车，也可改签开车后至票面日期当日 24：00 之间的其他列车，不办理票面日期次日及以后的改签；

开车之后，旅客可改签当日其他列车，但只能在票面发站办理改签。

2．始发改签

（1）在车站售票预售期内且有运输能力的前提下，车站应予办理，收回原车票，换发新车票，并在新车票票面注明"始发改签"字样，（特殊情况在开车后改签的注明"开车后改签不予退票"字样）；原车票已托运行李的，在新车票背面注明"原票已托运行李"字样并加盖站名戳，必要时，铁路运输企业可以临时调整改签办法。

（2）旅客在发站办理改签时，应收回原票换发新票，并在新车票票面注明"始发改签"字样。计算票价时，在联合票价的基础上计算。新车票票价高于原车票的，补收票价差额；新车票票价低于原车票的，退还票价差额，对差额部分核收退票费并执行现行退票费标准。

3．中转签证

旅客在中途站办理中转签证不需补差价时，只打印签证号，需补差价时，发售有价签证票。

旅客办理中转签证或在列车上办理补签、变更席（铺）位时，签证或变更后的车次、席（铺）位票价高于原票价时，核收票价差额；签证或变更后车次、席（铺）位票价低于原票价时，票价差额不予退还。

旅客在列车上要求变更座位、铺位时，在列车有能力的情况下应予办理，需补收票价差价时，发售一张补价票，随同原票使用有效。

除售票系统设备故障等特殊情况外，不得手工改签车票。

持电子客票的旅客如需改签，使用电子支付方式购票的乘客，可通过12306网站或车站指定窗口办理改签手续；使用现金方式支付或已打印报销凭证的乘客，须到车站指定窗口办理。

（二）承运人责任

因铁路责任，使旅客不能按票面记载的日期、车次、座别、铺别乘车时，站、车应妥善安排。重新安排的列车、座席、铺位高于原票价等级时，超出部分不予补收；低于原票等级时，应退还票价差额，不收退票费。

二、变更到站

旅客购票后，由于行程变化。可重新选择新的目的地，在车票预售期内变更到站及乘车日期、车次、席别。

办理办法：

（1）在原车票开车前48 h以上，旅客可任意选择有余票的列车。已取得纸质车票的，可在车站指定售票窗口办理；未换取纸质票的，也可在12306网站办理。

（2）办理"变更到站不收手续费"。

（3）"变更到站"只办理一次。已经办理"变更到站"的车票，不再办理改签。对已改签车票、团体票及通票暂不提供此项服务。

（4）办理"变更到站"时，新车票票价高于原车票的，补收票价差额；新车票票价低于原车票的，退还票价差额，对差额部分核收退票费并执行现行退票费标准。

三、退　票

铁路发售车票是按照旅客运输日计划办理的，旅客购票后应按票面记载的日期、车次、座别、铺别乘车，不应随意退票而打乱铁路旅客运输计划。但为了照顾有特殊情况的旅客，并在经济上不受损失，铁路在一定的条件下仍允许办理退票。

1. 旅客责任退票

由于旅客本身的原因，要求退票时，按下列规定办理外：

（1）旅客要求退票时，应当在票面指定的开车时间前到车站办理，对开车前15天（不含）以上退票的，不收取退票费；对开车前48 h至15天期间的退票，按票价的5%核收退票费，24 h以上不足48 h的按票价的10%核收退票费，不足24 h的按票价的20%核收退票费。

（2）特殊情况，经购票地车站或票面乘车站站长同意的，也可在开车后 2 h 以内办理。团体旅客不应晚于开车前 48 h。

（3）旅客开始旅行后不能退票。但如因伤、病不能继续旅行时，经站、车证实，可退还已收票价与已乘区段票价差额。已乘区段不足起码里程时，按起码里程计算；同行人同样办理。

中途站办理动车组列车退票的公式：

$$应退票款 = 原票价 - (原票价 \div 原票里程 \times 已乘区间里程)$$

（4）改签后的车票乘车日期在春运期间的，退票时一律按开车时间前不足 24 h 标准核收退票费。

（5）对开车前 48 h 至 15 d 期间内，改签或变更到站至距开车前 15 d 以上的其他列车，又在距开车前 15 d 前退票时，仍核收 5% 的退票费。

（6）因特殊情况经站长同意在开车后 2 h 内改签的车票不退。

（7）改签或变更到站后的车票乘车日期在春运期间的，退票时一律按开车时间前不足 24 h 标准核收退票费。

（8）站台票售出后，不办理退票。

（9）退带有"行"字戳记的车票时，应先办理行李变更手续。

市郊票、定期票、定额票的退票办法由铁路运输企业自定。必要时，铁路运输企业可以临时调整退票办法。

退票时，开车前全国通退，开车后旅客退票必须在购票地车站或票面发站办理。

持电子客票的旅客如需退票，使用电子支付方式购票的乘客，可通过 12306 网站或车站指定窗口办理退票手续；使用现金方式支付或已打印报销凭证的乘客，须到车站指定窗口办理。

【例 4.4.1】 ××次直快列车上，一名旅客持徐州—北京新型空调硬座客快卧（下）联合票乘车，因病需住院手术，列车编制记录交济南站，办理退票手续并要求开具报销凭证。

已收票价：徐州—北京　814 km，新硬座客快卧（下）184.00 元

已乘区间票价：徐州—济南　319 km，94.50 元

应退票价：184.00 - 94.50 = 89.50（元）

退票费：4.50 元

净退：89.50 - 4.50 = 85.00（元）

退票报销凭证填写如下：

××铁路局

退票报销凭证

济南站　　　　　　　　　　　　　　××年12月1日

原　票	徐州站至北京站
已乘区间	徐州站至济南站
已乘区间票　　价	玖拾肆 元伍角
退票费	肆 元 伍角
共　计	玖拾玖 元零角

2. 铁路责任退票

由于铁路责任，如列车超员、列车晚点、卧铺发售重号、车辆故障途中甩车、行车事故等原因，致使旅客退票时，按下列规定办理，不收退票费。

（1）在发站，退还全部票价（或某种车票的全部票价）。

（2）在中途站，如在列车上，应由列车长编制客运记录或换发代用票至到站退款，如在中途站，应退还已收票价与已乘区段票价差额，已乘区段不足起码里程时，退还全部票价。

（3）在到站，凭原票和客运记录或列车长换发的代用票退还已收票价与已使用部分票价差额。未使用部分不足起码里程时，按起码里程计价退还。

（4）空调列车因空调设备故障在运行过程中不能修复时，应退还未使用区段的空调票价。未使用区段不足起码里程时，按起码里程计算。

总而言之，因铁路责任退还车票票价时，不收退票费。已乘区段不足起码里程时，退还全部票价。

【例 4.4.2】 同例 4.4.1 条件，在济南站因铁路责任退票。

徐州—北京　814 km

已收票价：新客快空票价：93.00 元

　　　　　硬卧票价：91.00 元

徐州—济南　319 km

已乘区间票价：新客快票价：40.50 元

应退票价：客快票价差：93.00 – 40.50 = 52.50（元）

　　　　　全程卧铺票价（已乘区间不足起码里程）：91.00 元

　　　　　净退：52.50 + 91.00 = 143.50（元）

【例 4.4.3】 北京西—郑州 T201 次（北京西—郑州新型空调）列车石家庄开车后，一名旅客持石家庄至郑州本次列车的软座客特快票，票号 A000022，票价 96.50 元，要求改乘硬卧下铺，6 车厢 1 号下铺有空铺，列车同意办理。

变座区间：石家庄—郑州　412 km

　　　硬座票价：37.50 元

　　　软座票价：71.50 元

　　　应退软、硬座票价差：71.50 – 37.50 = 34.00（元）

补收硬卧（下）票价：55.00 元

应补收票价差额：21.00 元

手续费：5.00 元

合计：55.00 – 34.00 + 5.00 = 26.00（元）

代用票填写如下：

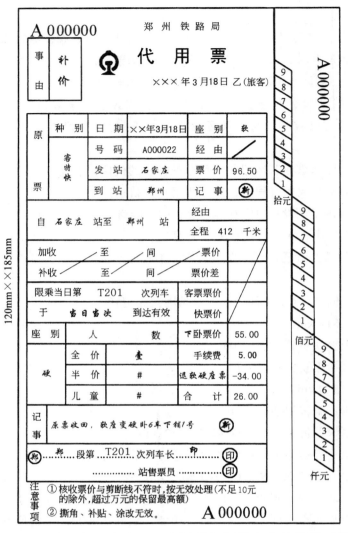

【例 4.4.4】 一旅客持上海—济南××次新型空调软座客特快卧（下）联合票，票价 351.00 元，因软卧故障在中途甩下，使旅客变更硬卧（下）铺，列车长编制客运记录，旅客至到站退款。假若分别在南京、蚌埠、徐州甩下，则到站分别处理如下：

（1）南京甩车：

上海—南京 301 km，已乘区间不足卧铺起码里程，退还全程软、硬卧票价差额。

上海—济南 968 km

软、硬卧票价差额：154.00 – 106.00 = 48.00（元）

退还变更区间的软、硬座票价差额。

南京—济南 667 km

软、硬座票价差额：105.00 – 55.00 = 50.00（元）

应退合计：48.00 + 50.00 = 98.00（元）

济南站收回原票及客运记录，若旅客需报销，还应填写"退票报销凭证"。

*济南*站 　　　　　　　　　　　　　　　　　　　××年3月1日

原　票	*上海* 站至*济南*站
已乘区间	站至　　　站
已乘区间票　价	*贰佰伍拾叁* 元*零角*
退票费	元
共　计	*贰佰伍拾叁* 元*零角*

（2）蚌埠甩车：

上海—蚌埠　485 km（已乘区间已足起码里程）。

蚌埠—济南　483 km，应退还变更区间的软、硬座及软、硬卧票价差。

软、硬座票价差：80.00 – 42.00 = 38.00（元）

软、硬卧票价差：87.00 – 61.00 = 26.00（元）

应退合计：38.00 + 26.00 = 64.00（元）

济南站收回原票及客运记录，若旅客需报销，还应填写"退票报销凭证"。

（3）徐州甩车：

上海—徐州　649 km（已乘区间已足起码里程）。

徐州—济南　319 km，未乘区间不足卧铺起码里程，应按 400 km 退还软、硬卧票价差额及 319 km 软、硬座票价差额。

400 km 软、硬卧票价差额：75.00 – 54.00 = 21.00（元）

319 km 软、硬座票价差额：53.50 – 28.50 = 25.00（元）

应退合计：21.00 + 25.00 = 46.00（元）

济南站收回原票及客运记录，若旅客需报销，还应填写"退票报销凭证"。

四、变更径路

变更径路是指发站、到站不变，只是改变经过的线路。

持通票的旅客在中转站或列车上，要求变更径路时，但必须在通票有效期间内能够到达原到站方可办理。办理时，原票价低于变更后的票价时，应补收新旧径路里程的票价差额，核收手续费。原票价高于或相等于变更径路后的票价时，持原票乘车有效，差额部分（包括列车等级不符的差额）不予退还。动车组列车车票不办理变径。但应在原票背面注明"变更经由××站"，并加盖站名戳记或列车长名章。

变径后的通票有效期，从办理站起按新径路重新计算。

变径同时变座时，先变径后变座。

【例 4.4.5】　济南经兖州、新乡—郑州的 11××次新型空调列车（济南—西安）上，一旅客持该次列车济南—郑州新空调硬座客快通票，提出兖州站下车，改经徐州去郑州，问列车如何处理？

旧径路：兖州—新乡—郑州　394 km

新空硬座客快票价：48.00 元

新径路：兖州—徐州—郑州　512 km

新空硬座客快票价：63.00 元

补收客快票价差额：63.00 – 48.00 = 15.00（元）

手续费：2.00 元

合计：15.00 + 2.00 = 17.00（元）

代用票填写如下：

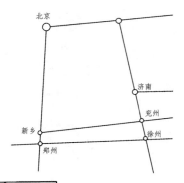

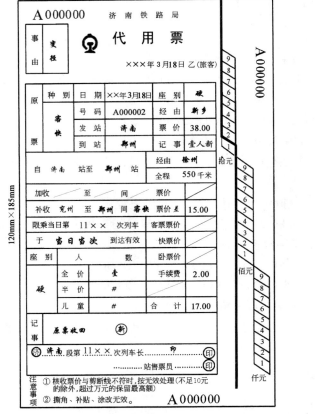

五、越站乘车

越站乘车是指旅客原票到站即将到达，由于旅行计划的变更，要求超越原票到站至新到站的乘车。

旅客要求越站乘车，必须在原票到站前提出，在本列车有能力的条件下，方可办理。

遇下列情况不能办理越站乘车：

（1）在列车严重超员的情况下，团体旅客越站乘车，车内会更加拥挤时。

（2）乘坐卧铺的旅客买的是给中途站预留的卧铺时。

（3）乘坐的是回转车，途中需要甩车时。

越站乘车意味着另一旅行计划的开始，办理手续时，应换发代用票，补收越乘区段的票价（不足起码里程按起码里程计算），并核收手续费。但最远不能超过本次列车的终点站。

在同一城市内有两个以上的车站，旅客由于不明情况，发生越站乘车时，如票价相同，原票按有效办理；票价不同，按客票越站乘车办理，只补收客票票价及手续费，不补加快票价、卧铺票价和空调票价。

越站同时变座（或变铺）时，先越站后变座；越站同时变径时，先变径后越站；越站同时补卧时，先越站后补卧。

【例 4.4.6】 K515 次列车（长春—上海新型空调），一旅客持该车次济南—南京硬座新型空调车客快速票，济南上车后，要求越站至上海，并要求使用硬卧（中），列车同意办理。

越站区间：南京—上海　301 km

客票票价：28.50 元　　　快速票价：12.00 元　　　空调票价：6.00 元

补卧区间：济南—上海　968 km

硬卧（中）票价：99.00 元

手续费：5.00 元

合计：28.50 + 12.00 + 6.00 + 99.00 + 5.00 = 150.50（元）

代用票填写如下：

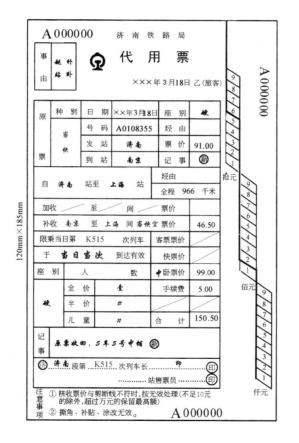

六、旅客分乘

凡两名以上的旅客使用一张代用票，要求分票乘车时，称为旅客分乘。站、车应从方便旅客出发予以办理。

　　无论在发站、中途站或列车上，旅客提出要求办理分乘时，都应按照旅客提出分票乘车的张数，换发代用票，收回原票，并按分乘的张数核收手续费。分乘与其他旅行变更同时发生时，则按变更人数核收一次手续费。

　　分乘同时变座时，先分乘后变座；分乘同时变径时，先分乘后变径；分乘同时越站时，先分乘后越站。

　　若分乘同时退票时，先分乘后退票，并核收退票费。

　　【例 4.4.7】　2013 年 3 月 18 日，T109 次列车（北京—上海新型空调），旅客 10 人，持当日该次列车北京—上海硬座客特快代用票一张，北京开车后提出分乘，其中 5 人变更为软卧（上 3、下 2），列车有空铺同意，办理如下：

第一张代用票：

北京—上海　1 463 km

补收软、硬座票价差：（212.50 – 108.50）× 5 = 520.00（元）

补收软卧票价：216.00 × 2 + 195.00 × 3 = 1 017.00（元）

手续费：5.00 × 5 = 25.00（元）

合计：520.00 + 1 017.00 + 25.00 = 1 562.00（元）

第二张代用票：

分乘手续费：2.00 元

两张代用票分别填写如下：

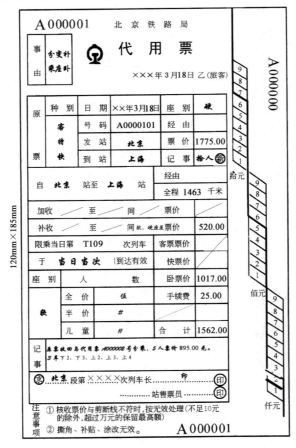

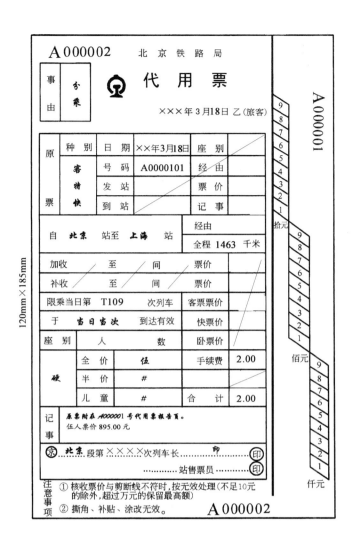

第五节　旅客携带品

　　为了照顾旅客旅行生活的便利，旅客可以将旅行中所需要的物品如提包、背包、行李袋等带入乘坐的客车内，这些随身带入客车的零星物品，由旅客自行负责看管。但为了确保运输安全，维护站车的良好秩序，方便旅客进出站、上下车，必须对旅客携带品的范围有所限制。

一、旅客携带品范围

1. 在重量方面

　　旅客携带品免费重量成人为 20 kg，儿童（包括免费儿童）为 10 kg，外交人员（持有外交护照者）为 35 kg。

有关免费重量的规定，是经过广泛的调查，了解到我国一般旅客正常旅行时，随身携带的生活用品往往不超过 20 kg，此限量是充分满足了广大旅客需要的；其次，考虑客车车厢的正常负载和旅客乘降的方便，保证旅客列车的安全正点运行；同时，还参照了国际上的有关规定等因素而制定的。

2. 在体积方面

旅客携带品的外部尺寸，每件的长、宽、高相加之和不得超过 160 cm，乘坐动车组列车旅客的携带品的长、宽、高相加之和不得超过 130 cm，对杆状物品（如扁担、标杆、塔尺等）不得超过 200 cm。

外部尺寸所规定的数值，是根据客车摆放携带品的行李架和座位下所有空间的总容积，按照客车定员，求算出每一旅客平均占有的容积，然后分解为长、宽、高的尺寸加总而得出的。

3. 在品类方面

为了贯彻国家法令，保证旅客生命财产安全和车内的公共卫生，维护铁路公共安全，确保广大旅客安全旅行，下列物品不准带进车站和列车内：

（1）国家禁止或限制运输的物品。

（2）法律、法规、规章中规定的危险品、弹药和承运人不能判明性质的化工产品。

（3）动物（导盲犬除外）及妨碍公共卫生（包括有恶臭等异味）的物品。

（4）能够损坏或污染车辆的物品。

（5）超重、超大物品。

具体的规定范围主要有如下几方面：

（1）请勿携带以下枪支、子弹类（含主要零部件）：

手枪、步枪、冲锋枪、机枪、防暴枪等军用枪以及各类配用子弹（含空包弹、战斗弹、检验弹、教练弹）；气枪、猎枪、运动枪、麻醉注射枪等民用枪以及各类配用子弹；道具枪、仿真枪、发令枪、钢珠枪、消防灭火枪等其他枪支；上述物品的样品、仿制品。

（2）请勿携带以下爆炸物品类：

炸弹、照明弹、燃烧弹、烟幕弹、信号弹、催泪弹、毒气弹、手雷、手榴弹等弹药；炸药、雷管、导火索、导爆索、爆破剂、发爆器等爆破器材；礼花弹、烟花、鞭炮、摔炮、拉炮、砸炮、发令纸等各类烟花爆竹以及黑火药、烟火药、引火线等烟火制品；上述物品的仿制品。

（3）请勿携带以下器具：

匕首、三棱刀（包括机械加工用的三棱刮刀）、带有自锁装置的弹簧刀以及其他类似的单刃、双刃刀等管制刀具；管制刀具以外的，可能危及旅客人身安全的菜刀、餐刀、屠宰刀、斧子等利器、钝器；警棍、催泪器、催泪枪、电击器、电击枪、射钉枪、防卫器、弓、弩等其他器具。

（4）请勿携带以下易燃易爆物品：

氢气、甲烷、乙烷、丁烷、天然气、乙烯、丙烯、乙炔（溶于介质的）、一氧化碳、液化石油气、氟利昂、氧气（供病人吸氧的袋装医用氧气除外）、水煤气等压缩气体和液化气体；汽油、煤油、柴油、苯、乙醇（酒精）、丙酮、乙醚、油漆、稀料、松香油及含易燃溶剂的制品等易燃液体；红磷、闪光粉、固体酒精、赛璐珞、发泡剂 H 等易燃固体；黄磷、白磷、硝化纤维（含胶片）、油纸及其制品等自燃物品；金属钾、钠、锂、碳化钙（电石）、镁铝粉等遇湿易燃物品；高锰酸钾、氯酸钾、过氧化钠、过氧化钾、过氧化铅、过醋酸、双氧水等氧化剂和有机过氧化物。

（5）请勿携带以下剧毒性、腐蚀性、放射性、传染性、危险性物品：

氰化物、砒霜、硒粉、苯酚等剧毒化学品以及毒鼠强等剧毒农药（含灭鼠药、杀虫药）；硫酸、盐酸、硝酸、氢氧化钠、氢氧化钾、蓄电池（含氢氧化钾固体、注有酸液或碱液的）、汞（水银）等腐蚀性物品；放射性同位素等放射性物品；乙肝病毒、炭疽杆菌、结核杆菌、艾滋病病毒等传染病病原体；《铁路危险货物品名表》所列除上述物品以外的其他危险物品以及不能判明性质可能具有危险性的物品。

（6）请勿携带以下危害列车运行安全或公共卫生的物品：

可能干扰列车信号的强磁化物，有强烈刺激性气味的物品，有恶臭等异味的物品，活动物（导盲犬除外），可能妨碍公共卫生的物品，能够损坏或者污染车站、列车服务设施、设备、备品的物品。

（7）限量携带以下物品。

为了方便旅客旅行，在保证安全和卫生的前提下，下列物品可限量携带：

① 安全火柴 2 小盒；普通打火机 2 个。

② 不超过 20 mL 的指甲油、去光剂、染发剂；不超过 120 mL 的冷烫精、摩丝、发胶、杀虫剂、空气清新剂等自喷压力容器。

③ 军人、武警、公安人员、民兵、射击运动员等人员携带枪支子弹的，按照国家法律法规有关规定办理，并严格执行枪弹分离等有关枪支管理规定。

④ 初生雏 20 只。

二、旅客违章携带物品的处理

旅客携带品超过免费重量或超过规定的外部尺寸时，在发站应按规定办理托运手续，不准带上车。如在列车内或下车站发现时，对超过免费重量的违章物品，按超重部分补收四类包裹运费。

【例 4.5.1】　石家庄开往哈尔滨 1524 次列车，衡水站开车后发现一旅客持石家庄—长春车票，携带提包一个（内装杂物）重 15 kg，纸箱一件（书籍）重 10 kg，处理如下：

石家庄—长春　1 380 km

旅客携带品重 25 kg，扣除免费携带重量 20 kg，超重 5 kg，补收 5 kg 四类包裹运费 11.50元。客运运价杂费收据填写如下：

北京铁路局

客运运价杂费收据

×××年3月10日（报告用）

原票据	种别	日期		月　日　时到达、变更		
	号码			月　日　时　交　付		
	发站			核收保管费　　　日		
	到站					
核　收　区　间				核收费用		额　款
				种别	件数	重量
自　　__石家庄__　　站				携带品	2	5	11.20
自　　__长　春__　　站						
经由（　__衡、津__　）						
座别　____　人数壹 人				合　计		11.20
记事	__提包一件15kg 纸箱一件10kg 共25kg__					
	__1524 次列车长__ 站经办人 印 印					

A000000

旅客携带不可分拆的整件超重、超大的物品以及动物（含猫、狗、猴等宠物）都应按该件全部重量补收四类包裹运费。

【例4.5.2】 郑州开往北京西 K180 次列车，新乡开车后发现一旅客持该次郑州—北京西车票，携带手提包 2 件 27 kg，纸箱一件（仪器）8 kg（长 62 cm、宽 53 cm、高 49 cm），处理如下：

郑州—北京西　　689 km

手提包重 27 kg，超 7 kg，纸箱长、宽、高相加为 164 cm，为超大，按该件重量 8 kg 补收运费。则共超 15 kg，补收四类包裹运费 18.6 元，填写"客杂"。

对于旅客带入车内的宠物，除按上述规定补收运费外，并应放置在列车通过台处，由携带者自己照看并做好保洁工作，宠物发生意外或伤害其他旅客时，由携带者负责。

旅客携带危险品和国家禁止或限制运输的物品以及妨碍公共卫生、污染车辆的物品，均按该件全部重量加倍补收四类包裹运费，危险品交最近的前方停车站处理，必要时移交公安部门处理，对有必要就地销毁的危险品应就地销毁，使之不能危害旅客，同时，承运人不承担任何赔偿责任。

【例4.5.3】 4041 次（滨江—虎林）到达林口站后，发现一名出站的旅客持哈尔滨—虎林硬座客快票，携带小皮箱一件重 18 kg，教具一件 17 kg（长 65 cm、宽 55 cm、高 45 cm），另有纸箱一件，内装小狗一只 3 kg。

哈尔滨—林口　465 km

教具超大，该件重 17 kg 四类包裹计费，小狗 3 kg 四类包裹计费。共计 20 kg，补收四类包裹运费 17.30 元。填写"客杂"。

如旅客携带的物品价值较低，应补收运费超过其本身价值时，可按物品本身价值的 50% 核收运费。同时，补收运费时，最远不得超过本次列车的始发站和终点站。

【例 4.5.4】　石家庄站组织 T152 次（西宁西—北京西）出站时，发现一旅客持兰州—石家庄车票，携带哈密瓜 40 kg（石家庄哈密瓜价格 1.20 元/kg），处理如下：

兰州—石家庄　1 599 km，超重 20 kg

20 kg 四类包裹运费：49.30 元（超过物品本身价值）

按当地（石家庄）价格：$1.2 \times 20 = 24.00$（元）

按其价值 50% 即 12.00 元补收。

填写"客杂"。

【例 4.5.5】　北京西开往湛江 T157 次列车，保定开车后发现一旅客持当日北京西至武昌车票，携带模具一件重 22 kg（不可分拆），手提包一件 8 kg，内有鞭炮 2 kg，处理如下：

北京西—武昌　1 225 km

22 kg 四类包裹运费：44.6 元

2 kg 鞭炮交前方停车站定州　北京西—定州　206 km

8 kg 四类包裹运费加倍：$3.3 \times 2 = 6.60$（元）

合计：$44.6 + 6.6 = 51.20$（元）

编制客运记录，填写"客杂"如下：

郑州铁路局

客　运　记　录

第 01 号

记录事由：
定州站：
我列车保定站开车后发现旅客李某持北京西至武昌车票，携带手提包一件 8 kg，内装鞭炮 2 kg，列车已按规定补收北京西至定州加倍四类包裹运费：6.60 元，现将 2 kg 鞭炮交于你站处理，旅客继续旅行。
注：　　　　　　　　　　　　　　　　贵阳　段　编制人员 T157 次列车长（印）
1. 站、车需要编记录时均适用；　站段　签收人员　　　　　　（印）
2. 本记录不能作为乘车凭证。　　　　　　　　　　　　× × 年 3 月 10 日编制

郑州铁路局

客运运价杂费收据

×××年3月10日（报告用）

原票据	种别	日期	月　日　时到达、变更		
		号码	月　日　时　交　付		
		发站			
		到站	核收保管费　　　　日		
核　收　区　间			核收费用		额　款
			种别	件数	重量
自　　北京西　　站			北京西—武昌			
			模具	1	22	44.60
自　　武　昌　　站			北京西—定州			
			鞭炮	1	8	6.60
经由（　　　　　）						
座别　　　人数壹　人			合　　计			51.20

记事	模具重22 kg（整体超重），手提包重8 kg，内装鞭炮2 kg，受前方停车站定州

T157次列车长　站经办人　印　印

A000000

残疾人旅行时代步的折叠式轮椅可免费携带，并不计入前述（重量与体积）范围。

旅客旅行中携带少量的水果、点心、文件袋、照相机、半导体收音机及随身穿着的衣服等零星细小物品，根据惯例，可不计算在重量之内，同时考虑到车站在处理问题时要有一定的灵活性，为此规定：对携带品超重不足5 kg时，可免收运费。

三、旅客携带品的暂存和搬运

为了方便旅客，三等以上客流量较大的车站均需设置旅客携带品暂存处，其他车站可由服务处或行包办理处兼办携带品暂存业务。

携带品存放范围，以允许旅客随身携带的物品的范围为限，暂存品必须包装良好，箱袋必须加锁，并适于保管。贵重物品、重要文件、骨灰、尖端、精密产品、易腐物品和各种动物等，不予存放。携带品的暂存范围和暂存处的工作时间、收费标准等，应在暂存处的明显处所公告旅客。

办理暂存手续时，必须填写暂存票，注名品名、包装、日期、件数等。提取时还应注明提取日期、寄存日数和核收款额，并在暂存票乙页上加盖戳记后交给旅客。暂存票应按顺序号装订，保留1年。

客流量较大的车站应开展旅客携带品搬运业务。搬运员必须穿着统一制服，佩戴标志。搬运车辆应有明显标志，易于识别。收费时应给旅客开具收费凭证。搬运服务不得违反铁路规章，车站对非车站人员进站经营搬运业务的应予以制止和清理。

车站开展携带品搬运、暂存业务时，可核收搬运、暂存费。

四、旅客遗留携带品的处置

1. 旅客遗失物品的保管

由于旅客乘降车匆忙而遗留在站、车内的携带品（简称旅客遗失物品），应设法归还原主。如旅客已经下车，应编制客运记录，注明品名、件数等，移交旅客下车站。不能判明时，移交当次列车的终点站。

车站对本站发现或移交的遗失物品，应在遗失物品登记簿上详细登记，注明日期、地点、移交车次、品名、包装及内含物品、数量、重量、交物人、经办人、处理结果等内容。

2. 旅客遗失物品的招领

客流量较大的主要客运站应设置旅客遗失物品招领处。对旅客遗失物品必须加强管理，定期查点。失物招领处对旅客遗失物品应妥善保管，正确交付。失主来领取时，应查验身份证，核对时间、地点、车次、品名、件数、重量，确认无误后，由失主签收，并记录身份证号码。

如车站或列车拾得现金时，应填写客运运价杂费收据，并在捡拾物品登记簿上注明客运运价杂费收据号码，当失主来领取时，开具退款证明书办理退款。

3. 旅客遗失物品的转运

遗失物品需要通过铁路向失主所在站转运时，内附清单（一件整体物品除外），物品加封，填写客运记录和行李、包裹交接证，并与列车行李员办理交接手续（危险品和国家禁止或限制运输的物品、动物、妨碍卫生、污染车辆的物品以及食品不办理转送）。物品在 5 kg 以内的免费运送，如旅客遗失物品重量超过 5 kg 时，到站按品类及实际重量填发客运运价杂费收据，补收包裹运费。

鲜活易腐货物和食品不负责保管和转送。

✎ 复习思考题

1. 铁路旅客运输合同的含义及凭证是什么？
2. 旅客、承运人的基本权利和义务有哪些？
3. 车票有何作用？有哪些分类？
4. 车票的发售条件是怎样规定的？
5. 旅客乘车条件是什么？如何办理车票签证？
6. 车票有效期是怎样确定的？什么情况下可延长车票的有效期？车票有效期失效应如何处理？

7. 旅客发生误购（误售）车票、误乘列车及丢失车票时，应如何处理？

8. 车票的查验是怎样规定的？发现违章乘车又如何处理？

9. 退票和旅行变更如何办理？

10. 旅客携带品的范围是怎样规定的？超过规定范围违章携带时应如何处理？

11. 旅客携带品的暂存有哪些规定？旅客遗留携带品（即遗失物品）应如何处理？

12. 旅客持武昌—北京西（1 225 km）硬座客快票乘车，安阳开车后要求石家庄—北京西间乘软座（石家庄—北京西 277 km），试计算票价，并填写代用票。

13. 旅客持北京西经石家庄、太原—西安（1 159 km）硬座客快通票乘车，到保定站前中转换车时要求变更经郑州去西安。北京西—保定 146 km，保定经郑州—西安 1 054 km。试计算票价，并填写代用票。

14. 济宁站发现下车旅客一人，持济南—济宁（188 km）硬座客快票，其实际到站集宁南，车票误售误购，济南—集宁南 984 km，试计算应补收票价，并填写代用票。

15. 青岛站发现 K69 次新型空调快速列车（济南—青岛 393 km）下车一人，携带身高 1.3 m 儿童 1 人，均无票。试计算应补票价，并填写客运杂费收据。

16. 济南站发现上海—丹东 K188 次列车（上海—济南）下车一人，带 1.0 m 儿童 1 人，持上海—济南客快速票一张，携带手提包两个，共重 38 kg，试计算应补运费。

第五章　行李、包裹运输

第一节　行李、包裹运输合同

行李、包裹
运输 PPT

一、行李、包裹运输合同的含义

铁路行李、包裹运输合同是指承运人与托运人、收货人之间明确行李、包裹运输权利和义务关系的协议。

行李、包裹运输合同自承运人接收行李、包裹并填写行李票、包裹票时起成立，至行李、包裹运至到站交付收货人止为履行完毕。

承运时所填制的行李票、包裹票是行李、包裹运输合同的基本凭证。

行李票、包裹票主要应当载明：

（1）发站和到站。

（2）托运人、收货人的姓名、地址、联系电话、邮政编码。

（3）行李、包裹的品名、包装、件数、重量。

（4）运费。

（5）声明价格。

（6）承运日期、运到期限、承运站站名戳及经办人员名章。

二、托运人的基本权利和义务

1. 权　利

（1）要求承运人将行李、包裹按期、完好的运至目的地。

（2）行李、包裹灭失、损坏、变质、污染时要求赔偿。

2. 义　务

（1）缴纳运输费用，完整、准确填写托运单，遵守国家有关法令及铁路规章制度，维护铁路运输安全。

（2）因自身过错给承运人或其他托运人、收货人造成损失时应负赔偿责任。

三、承运人的基本权利和义务

1. 权 利

（1）按规定收取运输费用，要求托运的物品符合国家政策法令和铁路规章制度。对托运的物品进行安全检查，对不符合运输条件的物品拒绝承运。

（2）因托运人、收货人的责任给他人或承运人造成损失时向责任人要求赔偿。

2. 义 务

（1）为托运人提供方便、快捷的运输条件，将行李、包裹安全、及时、准确地运送到目的地。

（2）行李、包裹从承运后至交付前，发生灭失、损坏、变质、污染时，负赔偿责任。

第二节 行李、包裹运输范围

一、行李运输范围

行李是指旅客自用的被褥、衣服、个人阅读的书籍、残疾人用车和其他旅行必需品，并且凭有效客票办理。

为了保证安全，行李中不得夹带货币、证券、珍贵文物、金银珠宝、档案材料等贵重物品和国家禁止、限制运输的物品、危险品，而且这些物品也不能按照行李办理。

行李每件的最大重量为 50 kg，体积以适于装入行李车为限，但最小体积不得小于 0.01 m^3。

二、包裹运输范围

包裹是指适合在旅客列车行李车内运输的小件货物。作为包裹运输的物品，其性质、形状、体积和重量，必须适合旅客列车运输，并在优先保证行李运输的条件下，才可办理包裹运输。

根据党和国家的方针政策及政治经济任务，物品本身的价值、性质、用途以及运输条件和能力，铁路包裹分为 4 类：

1. 一类包裹

自发刊日起 5 d 以内的报纸；中央、省级政府宣传用非卖品；新闻图片和中小学生课本。

2. 二类包裹

抢险救灾物资；书刊；鲜或冻鱼介类、肉、蛋、奶类、果蔬类。

3. 三类包裹

不属于一、二、四类包裹的物品。

4. 四类包裹

一级运输包装的放射性同位素油样箱，摩托车；轻泡及其制品；国务院铁路主管部门指定的其他需要特殊运输条件的物品。

铁路局集团有限公司根据包裹运输的市场需求，经国铁集团批准可以下浮包裹品名的类别，同时可以制定管内包裹运输的范围，但下列物品不能按包裹运输：

（1）尸体、尸骨、骨灰、灵柩及易于污染、损坏车辆的物品。

（2）蛇、猛兽和每头超过 20 kg 的活动物（警犬和运输命令指定运输的动物除外）。

（3）国务院及国务院铁路主管部门颁发的有关危险品管理规定中的危险品、弹药及承运人不明性质的化工产品。

（4）国家禁止运输的物品和不适于装入行李车的物品。

包裹的每件最大重量为 50 kg，体积以适于装入行李车为限，但最小体积不得小于 0.01 m³。运输超过包裹规定重量和国铁集团指定的需要特殊运输条件的物品时，应经调度命令或上级书面运输命令批准。

鲜或冻的食品，品名繁多，有的应按二类包裹办理，有的应按三类包裹办理，为了正确判明包裹类别，特列出不易判明的二类包裹品名表，如表 5.1 所示。

表 5.1　不易判明的二类包裹品名表

品　　名	可按二类包裹办理	不按二类包裹办理
鲜和冻的鱼类	螺蛳、蛤蜊、海参、包括为防腐而煮过的和加少量盐的虾蟹	咸的、卤的、干的鱼、虾、海蜇、海参
鲜和冻的肉类	包括食用动物的五脏、头、蹄和未经炼制的脂油	咸的、腌的、熏的、熟的肉类
肠　　衣	包括为防腐加少量盐的牛、羊、猪的小肠、肠衣、胎盘	
蔬　菜　类	藕、芋头、土豆、豆芽、红薯、豆腐干、干豆腐（千张）、豆腐、姜、葱、蒜、洋葱、鲜笋、荸荠	干辣椒、花椒、粉条、粉皮、海带或腌、干菜
瓜　果　类	鲜枣、荔枝、木瓜、桂圆（龙眼）、橄榄、佛手、百合、鲜菱、甘蔗	干果、蜜饯，如松子、核桃、椰子、白果、瓜子、花生、栗子、果脯等
乳　　类	鲜、冻牛、马、羊乳，酸牛乳，奶酪	炼乳、奶粉、奶油、黄油
蛋　　类	家禽、野禽的鲜蛋	咸蛋、熟蛋，松花蛋、糟蛋

三、快运包裹范围

快运包裹是铁路运输的一种方式，称为小件货物特快专递运输业务，简称中铁快运。注册商标为"CRE 中铁快运"。

快运包裹以铁路为主，配合航空、公路、海运开展综合运输，辅以汽车运输实行门到门服务，同时根据国家主管部门批准的国际货物运输代理经营权，开展国际运输，以满足旅客不同的需求。

快运包裹外部尺寸长宽高之和不得小于 0.6 m，货物外部的最大尺寸应不超过长 3 m、宽 1.5 m、高 1.8 m，超过时应先与中转机构或到达机构协商，同意后方能办理，并根据快运包裹的外部尺寸及重量选择合适的运输工具。每件最大重量一般不得超过 50 kg，超过时，按超重快运包裹办理。

第三节　行李、包裹的托运和承运

一、托　运

旅客或托运人要求铁路运输行李或包裹并与之签有行李、包裹运输合同的称为托运。

旅客托运行李时，必须提供有效客票（市郊定期客票除外）和托运单，如图 5.1 所示。旅客在乘车区间内凭有效客票每张可托运行李一次，残疾人车不限次数。铁路乘车证不能免费托运行李。

中铁快运股份有限公司　　　　　　　　　（甲联）

托　运　单

（黑框内由托运人填写）　　　20___年___月___日

到站：		经由：				承运人确认事项			
持票旅客请填写	客票票号：					票号：			
	车次：　　　　客票到站：								
货物名称	包装种类	件数	重量（kg）	体积（长×宽×高）	声明价格（保价）	件数	重量（kg）	行李	包裹
								☐	☐
								☐	☐
								☐	☐
合　计								☐	☐
选择填写	付费方式	现金☐　支票☐　协议☐　到付☐				包装费		元	
	取货放式	凭原件提取☐　凭传真件提取☐				取货费		元	
	服务要求	送货上门☐　货需包装☐　仓库保管☐　代发传真☐				代收送货费		元	
发送地									
到达地									
托运人	名　称：								
	地　址：								
	邮　编：　　　　　　电　话：								
	传真电话：　　　　电子邮件：								
收货人	名　称：								
	地　址：								
	邮　编：　　　　　　电　话：								
	传真电话：　　　　电子邮件：								
托运人记事：					承运人记事：				
取货员（章）：					安检员（章）：				

托运人注意：在填写托运单前，请详细阅读乙联背面"客户须知"，并在下面签字。

托运人：_____　　　　营业部（章）_____　　　000000

图 5.1　托运单

托运人托运包裹时，应提供托运单，如图 5.2 所示，车站根据运输能力在托运单内指定承运日期后，再按指定日期将物品搬到车站办理托运手续。

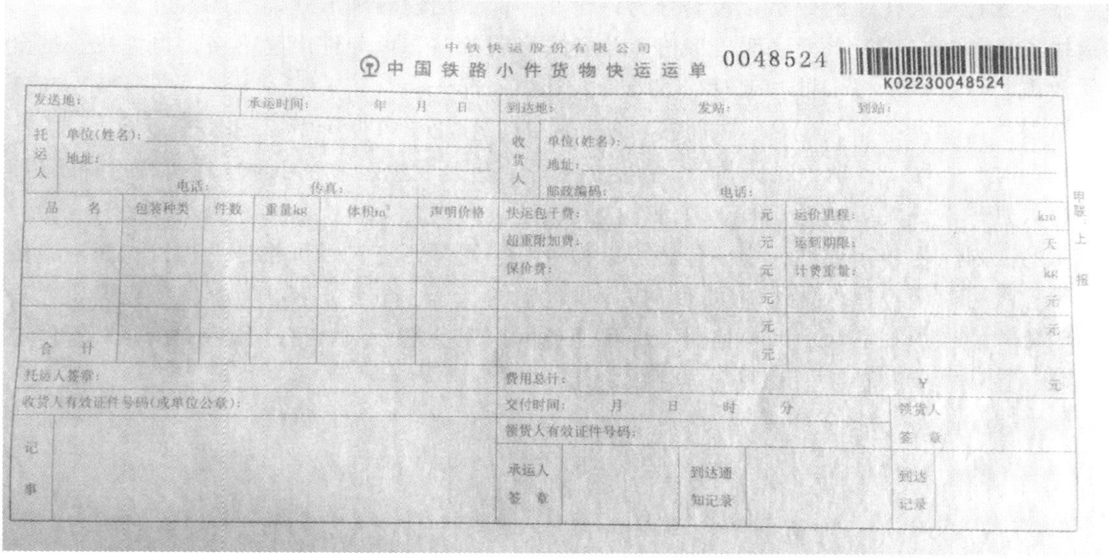

中铁快运股份有限公司
中国铁路小件货物快运运单 0048524
K02230048524

发送地：		承运时间：　年　月　日		到达地：		发站：		到站：
托运人	单位(姓名)： 地址： 电话：　传真：			收货人	单位(姓名)： 地址： 邮政编码：　电话：			
品名	包装种类	件数	重量kg	体积m³	声明价格	快运包干费：　元	运价里程：　km	
						超重附加费：　元	运到期限：　天	
						保价费：　元	计费重量：　kg	
						元	元	
						元	元	
合计						元		
托运人签章：						费用总计：	￥　元	
收货人有效证件号码(或单位公章)：						交付时间：　月　日　时　分	领货人签章	
记事						领货人有效证件号码：		
						承运人签章	到达通知记录	到达记录

甲联　上报

图 5.2　快运包裹托运单

为了加强物资的管理，促进物资流通，保护人民生命财产安全，保障社会安定，贯彻实施国家法令法规，政府和铁路部门对某些物品的运输实行了必要的限制。托运人托运下列物品应提供规定部门签发的运输证明：

（1）托运金银珠宝、货币证券应提供中国人民银行的正式文件或当地铁路公安局（处）或公安分局（分处）的免检证明。

（2）托运枪支应提供运往地市（县）公安局的运输证明。

（3）托运警犬应提供公安部门的书面证明，国家法律保护的野生动物应提供国家林业主管部门的运输证明。

（4）托运免检物品应提供当地铁路公安局（处）、公安分局（分处）的免检证明。

（5）托运国家限制运输的物品应提供主管部门的运输证明，如精神和麻醉药品应提供国家卫生主管部门的运输证明。

（6）托运动植物时应提供动植物检疫证明，办理时，将检疫证明的二联附在运输报单上以便运输过程中查验。

（7）托运Ⅰ级或辐射水平 $H \leqslant 1$ mrem/h 的Ⅱ级放射性同位素时（气体放射性物质除外），应提供经铁路卫生防疫部门核查签发的“铁路运输放射性物品包装件表面污染及辐射水平检查证明书”，包装件表面放射性污染及其内容物的放射性活度均不得超过《铁路危险货物运输规则》表 1 和表 2 规定的限值。

一批或一辆行李车内装载的件数不得超过 20 件，每件重量不得超过 50 kg，并不得与感光材料以及活动物配装，与食品配装需要隔开 2 m 以上的距离。

（8）托运油样箱时，必须使用铁路规定的专用油样箱，并提出国务院铁路主管部门签发的油样箱使用证，到站后由收货人直接到行李车提取。

（9）承运人认为应提供证明的其他物品。

旅客或托运人托运的行李、包裹分为保价和不保价运输两种形式，托运人可选择其中一种运输方式，并在托运单上注明。保价运输必须声明价格，可分件声明价格，也可按一批全部件数声明总价格。按一批办理时，不得只保其中一部分。

按保价运输的行李、包裹，铁路按声明价格的百分比核收保价费。一段按行李、一段按包裹托运时，全程按行李核收保价费。保价的行李、包裹发生运输变更时，保价费不补不退。因承运人责任造成的取消托运时，保价费全部退还。

承运人对按保价运输的行李、包裹可以检查其声明价格与实际价格是否相符；如拒绝检查，承运人可以拒绝按保价运输承运。按保价运输的行李、包裹，应在行李票、包裹票上写明声明价格总额。如分件声明价格时，应将每件的声明价格分别填写，最后加总并对每件进行编号，在货签上和包装上写明"总件数之几"字样。

二、验　货

旅客或托运人托运行李、包裹时，应主动提供便于检查的条件，准确填写行李，包裹托运单，并对托运单上所填写事项的真实性负完全责任。

车站在受理时，必须对下列项目认真检查核对：

（1）物品名称、件数是否与托运单记载相符，物品状态是否完好，有否夹带危险品及国家禁止或限制运输的物品。

（2）包装是否符合运输要求。

（3）货签、安全标志是否齐全，填写是否正确。

旅客或托运人托运的行李、包裹的包装必须完整牢固，要适合运输，不能有开口、破裂、短缺等现象。其包装的材料和方法应符合国家或运输行业规定的包装标准。包装不符合要求时，应动员其改善包装。

行李、包裹每件的两端应各有一个铁路货签。货签上的内容应清楚、准确并与托运单上相应的内容一致。托运易碎品、流质物品或一级运输包装的放射性同位素时，应在包装表面明显处贴上"小心轻放""向上""一级放射性物品"等相应的安全标志。

三、承　运

1. 承运条件

铁路对旅客或货主要求承运的行李、包裹认为符合运输条件即可办理承运手续。

车站对承运的金银珠宝、货币证券、文物、枪支、鱼苗、蚕种和途中需要饲养的动物等，要求托运人派人押运。对运输距离在 200 km 以内、不需要饲养的家禽、家畜，托运人提出不派人押运时，也可以办理托运。车站应向托运人说明并在托运单上注明"不派押运人，途中逃逸、死亡，责任由托运人自负"。

押运的包裹应装行李车，由押运人自行看管，车站负责装车和卸车。押运人应购买车票并对所押物品安全负责。一批包裹原则上限派一名押运人，押运人凭"铁路包裹运输押运证"和旅客列车全价硬座车票登乘行李车押运。车站行李员对已经办理承运的包裹应通知押运人装车日期和车次。列车行李员应对押运人进行登记并告之下列事项：

（1）行李内严禁吸烟。

（2）不准打开车门乘凉。

（3）不得移动车内备品、物件。

（4）不要靠近放射性物品。

在包房内发现应办而未办手续的带运包裹，应按旅客携带品处理。

2. 制票要求

车站承运行李、包裹时，应根据行李、包裹托运单逐项填写（或打印）行李票、包裹票，如图 5.3、5.4 所示。

行李票、包裹票一式 5 页，为甲、乙、丙、丁、戊 5 联。甲页上报；乙页运输报单随行李或包裹交列车行李员随行李、包裹交到站；丙页交给旅客或托运人作为领取行李或包裹的凭证；丁页作为报销凭证；戊页作为存根留发站，按日整理，存查保管。

行李票的车次和经由栏按客票填写，旅客指定径路时，按指定径路填写。在计费重量栏，将按行李运价计费的重量写在"规重"栏内，加倍计费的重量写在"超重"栏内。包裹票各栏应按包裹托运单详细填写。分件保价运输的行李、包裹应按顺号逐栏填写声明价格。

行李票、包裹票记事栏应注明的内容有：

（1）旅客指定径路时，注明"旅客指定经由××站"。

（2）承运超过客票到站的行李时，注明"客票到××站"。

（3）承运加冰、加水物品或喂养饲料时注明"加冰"、"加水"或"附饲料"等。

（4）承运需要提出证明文件的物品时，应注明文件的名称、号码；填发日期和填发单位等有关事项。并将运输证明文件附在包裹票运输报单上以便途中和到站查验。

（5）承运客调或部令批准的超重、超大物品时，在包裹票记事栏内填写命令号及日期。

（6）承运自行押运或带运的包裹时，应注明"自押"或"带运"，并注明"押运人××名"。

（7）承运自行车、助力机动车、摩托车时，应注明牌名、车牌号码、车型、新或旧等车况，并分别注明有无铃、锁和灯等零件。

（8）承运凭书面证明免费托运的铁路砝码和衡器配件时，应在包裹票记事栏内注明"衡器检修，免费"字样，收回书面证明报铁路局集团有限公司。

（9）承运中国铁路文工团和中国铁道建筑总公司文工团开具的证明办理免费运送的演出服装、道具、布景时，按第 8 条办理。

（10）其他需记载的事项。

另外，行李票、包裹票乙页运送情况栏的装运栏由列车填写，到达栏由中转站填写。

承运行李时应在客票背面加盖"行"字戳记。承运后、交付前发现包装破损、松散时，承运人应负责及时整修并承担整修费用。

中铁快运股份有限公司   乙

行 李 票

(运输报单)

No.×××××××   年　月　日

到_____站   经由_____站

旅客乘坐　月　日　次车　客票号

旅客姓名		共　人　电 话：						
住　　址		邮政编码：						
顺　号	包装种类	件数	实际重量	声明价格	运价里程		千米	
					运到期限		日	
					计费重量	规重	千克	
						超重	千克	
					运费		元	
					保价费		元	
					合　计		元	
					月　日　次列车到达			
					月　日　　交付			
合　计								

运送情况	月　日　次列车装运	月　日到达　站
	月　日　次列车装运	月　日到达　站
	月　日　次列车装运	月　日到达　站

记事	_____站行李员_____㊞

行李票号码：No.×××××××

图 5.3　行李票

中铁快运股份有限公司　　　　　　　乙

包　裹　票

（运输报单）

No.×××××××　　　　　　　　　　　年　　月　　日

到＿＿＿＿＿＿＿＿站　　　　　　经由＿＿＿＿＿＿＿＿站

发货人	单位、姓名：			电　话：			
	详细地址：			邮政编码：			
收货人	单位、姓名：			电　话：			
	详细地址：			邮政编码：			

顺号	品名	包装种类	实际重量	声明价格	运价里程	千米
					运到期限	日
					计费重量	千克
					运　费	元
					保价费	元
					合　计	元
					月　日　次列车到达	
合　计					月　日　时通　知	
					月　日　交　付	

运送情况	月　日　次列车装运	月　日到达　站
	月　日　次列车装运	月　日到达　站
	月　日　次列车装运	月　日到达　站

记事	
	＿＿＿＿＿站行李员＿＿＿＿＿　㊞

⊗包裹票号码：No.×××××××

图 5.4　包裹票

第四节　行李、包裹的运送及运输变更

一、行李、包裹的运送

1. 行李、包裹的运送原则

行李、包裹的运送，根据流量和流向，按照先行李后包裹、先中转后始发、先重点后一般和长短途列车分工的原则，及时、安全、准确、合理、均衡地组织运输。为此，行李应随旅客所乘列车装运或提前装运，做到行李随人走、人到行李到。包裹应按其类别地顺序及性质统筹安排运输，并尽量以直达列车或中转次数少的列车装运。

2. 行李、包裹的运到期限

行李、包裹运到期限系指在铁路现有技术设备条件和运输组织水平下，将行李、包裹运送一定距离所需要的时间。行李、包裹运到期限的长短以及能否按规定的运到期限运到目的地，在一定程度上反映了整个铁路运输组织的管理水平和工作质量。因此，铁路自承运后，应迅速组织装运，站、车之间应严格执行运到期限。

行李、包裹的运到期限，按运价里程计算。从承运日起，行李：600 km 以内为 3 d，601 km 以上每增加 600 km 增加 1 d，不足 600 km 的尾数也按 1 d 计算；包裹：400 km 以内为 3 d，401 km 以上每增加 400 km 增加 1 d，不足 400 km 的尾数也按 1 d 计算。一段按行李、一段按包裹计价时，全程按行李计算运到期限。

快运包裹以铁路为主要运输工具运送时，其运到期限按承诺的运到期限或以铁路客运运价里程计算。从承运次日起，国内主要城市间有直达旅客列车运送的快运包裹为 3 d，3 500 km 以上为 4 d；其他城市间需中转运送的快运包裹 1 000 km 以内为 3 d，超过 1 000 km 时，每增加 800 km 增加 1 d，不足 800 km 按 1 d 计算。

一批货物内有超过 50 kg 均不足 100 kg 的超重快运包裹增加 1 d；100 kg 以上的快运包裹增加 2 d。按该批单件最重货物计算增加天数。

由于不可抗力（如自然灾害）或非铁路责任（如疫情、战争、执法机关扣留等）所发生的停留时间，应加算在运到期限内。

3. 行李、包裹运到逾期的处理

行李、包裹应在规定的运到期限内运至到站。如实际运到日数超过规定的运到期限时，到站应按所收运费的百分比（最高额不得超过运费的 30%），向旅客或收货人支付运到逾期违约金。

快运包裹超过规定的运到期限运到时，经营人应按逾期天数每日向收货人支付包干费（包括超重附加费、转运费、到付运费）3% 的违约金，但违约金最高不超过包干费的 30%。违约金不足 1 角的尾数按四舍五入处理。快运包裹超过运到期限 20 d 以上仍未到达时，收货人可以认为快运包裹已灭失而向经营人提出赔偿。

一批中的行李、包裹部分逾期时，按逾期部分的运费、包干费比例支付运到逾期违约金。

旅客或收货人要求支付运到逾期违约金时，应自到达次日起 10 d 内提出，并提出行李、包裹票、小件货物快运运单（行李、包裹票、小件货物快运运单丢失或包裹票、小件货物快运运单未到时，应提出保证单位书面证明和所有权证明）。支付运到逾期违约金时，应填写退款证明书，以站进款支付。

行李未到，当时又未超过运到期限，旅客需继续旅行并凭新购客票办理转运至新到站的手续，交付运费后行李逾期到达原到站，车站应编制客运记录，随同运输报单一并送交新到站，作为退还已收转运区段运费的凭证，但保价费不退。

旅客要求将逾期的行李运到新到站时，铁路可凭新客票运送，但不再支付运到逾期违约金。铁路在办理时，新行李票按原行李票转记，运费栏划斜线抹消，记事栏注明"逾期到达，免费转运"。如旅客换乘其他交通工具时，车站一般不代办行李的转运手续，但特殊情况代为办理时，费用由旅客预先支付。

包裹逾期到达，仅支付运到逾期违约金，不办理免费转运。

行李、包裹运输变更（包括因误售、误购车票以致误运而造成的行李运输变更），致使行李、包裹逾期到达，铁路不支付运到逾期违约金。

【例 5.4.1】　××年 6 月 4 日，一旅客张三凭沈阳到锦州的客票托运行李 2 件共重 68 kg（包：衣物）到山海关，声明价格 1 800.00 元，沈阳站如何办理？（家住沈阳市太原街 18 号邮编）

（1）指导旅客填写托运单（见图 5.5）。

（2）检查验货并检斤。

（3）计算运费。

沈阳 $\xrightarrow{242\ km}$ 锦州 $\xrightarrow{184\ km}$ 山海关

（1）行李：沈阳—锦州 242 km，$f = 0.144$

规重 50 kg，超重 18 kg

$$F_{行} = 50 \times 0.144 + 18 \times 2 \times 0.144 = 12.384 \approx 12.40（元）$$

（2）包裹：锦州—山海关 184 km　　　　$f = 0.288$

$$F_{包} = 68 \times 0.288 = 19.584 \approx 19.60（元）$$

$$F = 12.40 + 19.60 = 32.00（元）$$

（4）保价费：一段行李一段包裹全程按行李核收保价费

$$1\ 800.00 \times 0.5\% = 9.00（元）$$

（5）运到期限：一段行李一段包裹全程按行李计算运到期限

600 km 以内 3 d

（6）核收运杂费：

装车费：$2 \times 2 = 4.00$（元）　　　2 元/件

货签费：$0.25 \times 4 = 1.00$（元）

（7）制行李票（见图 5.6）。

（8）收费，将行李票的丙、丁页交旅客。

托 运 单

（黑框内由托运人填写）　　20___年___月___日

到站：山海关			经由：锦州			承运人确认事项			
持票旅客 请填写	客票票号：× × × × × ×					票号：× × × × × ×			
	车次：× ×　　　客票到站：锦州								
货物名称	包装 种类	件数	重量 （kg）	体　积 （长×宽×高）	声明价格 （保价）	件数	重量 （kg）	行李	包裹
衣物	包	2	68		1 800.00	2	68	☑	☐
								☐	☐
								☐	☐
								☐	☐
合　计					1 800.00	2	68	☐	☐
选 择 填 写	付费方式	现金☑　支票☐　协议☐　到付☐				包装费			元
	取货放式	凭原件提取☑　凭传真件提取☐				取货费			元
	服务要求	送货上门☐　货需包装☐　仓库保管☐ 代发传真☐				代收送货费			元
	发送地								
	到达地								
托 运 人	名　　称：张三								
	地　　址：沈阳太原街18号								
	邮　　编：　110000　　　　　　电　　话：135× × × × × × ×								
	传真电话：　　　　　　　　　电子邮件：								
收 货 人	名　　称：张三								
	地　　址：								
	邮　　编：　　　　　　　　　电　　话：								
	传真电话：　　　　　　　　　电子邮件：								
托运人记事：					承运人记事： 客票到站锦州				
取货员（章）：					安检员（章）：				

托运人注意：在填写托运单前，请详细阅读乙联背面"客户须知"，并在下面签字。　　　　`

托运人　　张三　　　　　　　营业部（章）　　　　　　　　000000

图 5.5　行李托运单

中铁快运股份有限公司　　　　　　　　乙

行 李 票

（运输报单）

No×××××××　　　　　　20××年　6月　4日

到　　山海关　　站　　　　　　　经由　　　锦州　　　站

旅客乘坐　6月　　4日　　×××次车　　　　　客票号A×××××

旅客姓名	张三		共　1　人　电　话：135×××××××				
住　　址	沈阳太原街18号			邮政编码：110000			
顺号	包装种类	件数	实际重量（kg）	声明价格	运价里程		242/184 千米
					运到期限		3 日
1	旅行包	2	68	1800.00	计费重量	规重	50 kg
						超重	18 kg
					运　费		32.00 元
					保价费		9.00 元
					合　计		41.00 元
					月　日		次列车到达
					月　日		交付
合 计		2	68	18.00.00			

运送情况	月　日　次列车装运	月　日到达　　　站
	月　日　次列车装运	月　日到达　　　站
	月　日　次列车装运	月　日到达　　　站

记事	客票到站锦州，核收杂费明细：装车费4元，货签费1元

　　　　　　　　　　　　　　　沈阳 站行李员　李丽　　印

⊗行李票号吗：No×××××××

图5.6　行李票

二、行李、包裹的运输变更

旅客或托运人交由铁路运输的行李、包裹，由于某种原因要求取消托运和变更到站的情况时有发生。运输变更有一定条件限制，如行李应随人走，凭客票托运，在变更到站时，仅限办理运回原发站和中止旅行站。再如鲜活物品因本身易于变质、死亡及受运输条件的限制，除装运前取消托运外，不办理其他变更。

行李、包裹的运输变更，根据装运前后的情况分别办理。

1. 装运前取消托运

行李、包裹在发站办完托运手续至装车前，旅客或托运人要求取消托运时，车站应收回行李、包裹票注销，注明"取消托运"字样。办理时，以车站退款证明书办理退款，收回的行李、包裹票报销联随车站退款证明书上报。核收因取消托运发生的各项杂费（如保管费、变更手续费等），另填发客运运价杂费收据（简称为"客杂"），并将"客杂"号码及核收的费用名称、金额填注在取消托运的行李、包裹票上。

取消托运的行李、包裹，已收运费低于变更手续费和保管费时，运费不退也不再补收，收回原行李、包裹票，在报单页、旅客页和报销页注明"取消托运，运费不退"字样。旅客页贴在存根页上。

2. 装运后变更到站

行李、包裹装运后，旅客、托运人或收货人要求变更运输时，只能在发站、行李或包裹所在中转站、装运列车和中止旅行站提出。如要求取消托运或变更到站时(鲜活物品除外)，按下列规定办理：

（1）发站对要求运回发站的行李、包裹，应收回行李、包裹票，编制客运记录，注明原票内容，交旅客或托运人作为领取行李、包裹的凭证；对要求变更到站的行李、包裹，应在行李、包裹票旅客页和报销页上注明"变更到××站"，更正到站站名及收货人单位、姓名，加盖站名戳，注明日期，交给旅客或托运人，作为在新到站领取行李、包裹和办理变更运输后产生运费差额的核算凭证。对于要求运回发站或变更到站，在办理时，都应发电报通知有关车站和列车。

（2）列车接到电报，找到行李、包裹时，应编制客运记录，连同行李、包裹和运输报单，交前方营业站或运至新到站（旅客在列车工要求变更时，可按此办理）。

（3）行李、包裹所在站接到电报后，应编制客运记录注明应收保管费日数及款额，改正货签上的发、到站，连同行李、包裹运回发站或运至新到站（对列车移交的也同样办理）。

（4）发站或新到站收到行李、包裹后，通知旅客或收货人（托运人）领取，补收或退还已收运费和实际运送区段里程通算运费的差额；核收变更手续费。如超过规定免费保管期间时，核收保管费（包括所在站发生的保管费）。补收时填写"客杂"，退款时填写退款证明书，并将收回的原票贴在"客杂"或退款证明书报告页上报。

旅客在发站或中途站停止旅行，要求把行李运至原到站时，应补收停止旅行站至原到站的行李与包裹的运费差额，核收变更手续费。但货件可凭原行李票继续运送，收货人凭原行李票在原到站提取。

因误售、误购客票而误运行李时，补收或退还已收运费与发站至正当到站运费的差额，不收变更手续费。同时应编制客运记录或发电报通知行李所在站，将误办的行李运至正当到站。到站需要补收行李运费差额时，使用"客杂"核收，并在原行李运输报单页、报销页和旅客页的记事栏注明"误运"，报单页加盖"交付讫"戳记，交旅客报销；需要退款时，使用退款证明书退还，原行李票收回附在退款证明书上一并上报。

第五节　行李、包裹的交付及无法交付物品的处理

一、行李、包裹的交付

行李、包裹的交付是行李、包裹运输过程中的最后一个环节。为此，行李、包裹运至到站后，到站应立即准备并实施交付工作。

1. 到达通知、保管和查询

行李随旅客所乘坐列车或提前装运，旅客到达到站即可提取，包裹由托运人在发站办理托运手续后，即可告之收货人按时领取。同时，车站为确保正常运输秩序，保证仓库周转良好，包裹到达后，承运人应及时通知收货人领取，通知时间最迟不超过包裹到达次日的12:00。

行李从运到日起，包裹从发出通知日起，承运人免费保管3 d。超过免费保管期限时，按日核收保管费。

逾期到达的行李、包裹从发出通知日起免费保管10 d。因事故或不可抗力等原因而延长车票有效期的行李按有车票有效期延长日数增加免费保管日数。

收货人询问行李、包裹是否到达时，承运人应及时予以查找。逾期未到时，车站除向有关站、段进行查询外，还应在行李票、包裹票背面加盖行包逾期戳，注明时间。同时记录旅客或收货人姓名、住址、邮政编码、电话号码等，以便行李、包裹到达后及时通知提取。如已经领取，应收查询费。

2. 交　付

旅客或收货人凭行李、包裹票的领取凭证到车站领取行李、包裹。承运人向收货人办理交付时，应认真核对票货，确认票据号码、发站、到站、托运人、收货人、品名、件数、重量、包装无误后在运输报单上加盖"交付讫"戳予以交付，同时收回领取凭证。如将领取凭证丢失，必须提出本人身份证、物品清单和担保人的担保书，承运人对上述单、证和担保人的担保资格认可后，由旅客或收货人签收办理交付。如旅客或收货人提不出担保人时，可以出具押金自行担保。押金数额应与行李、包裹的价值相当，抵押时间由车站与收货人协商确定。车站收取押金应向旅客或收货人出具书面证明，书面证明样式由车站自定。

如在旅客或收货人声明领取凭证丢失前行李、包裹已被冒领，承运人不承担责任。

经当事人双方约定，包裹也可使用领取凭证的传真件领取，凭传真领取包裹时按下列规定办理：

（1）凡要求使用包裹传真件提取包裹的发货人，应向车站申请。收发货人是个人的，在托运单上注明，由车站确认后受理；发货人为单位的，必须与车站签订协议。

（2）发站在办理承运时，必须在包裹票的记事栏各联中注明"凭传真件提取"字样。凡计算机打印的包裹票，该字样也必须由计算机打印。

（3）到站在办理交付时，应首先确认包裹票上有"凭传真件提取"字样，对于收货人是个人的，凭传真件、收货人身份证、身份证复印件领取；对于收货人为单位的，凭收货人单位介绍信、提货人身份证、身份证复印件、传真件提取，介绍信、传真件和身份证复印件留存。

超过车票到站托运，一段按行李一段按包裹托运的旅客行李，也可凭传真件领取。

收货人要求凭印鉴领取包裹时，应与车站签订协议并将印鉴式样备案，而且不得再凭原领取凭证提取。车站应建立凭书面证明和印鉴领取包裹的登记簿。交付时，应认真核对印鉴，由领取人在登记簿上签字并加盖备案的印鉴。凭印鉴领取的不给运输报单。

收货人或旅客领取行李、包裹时，如发现有短少或异状应在领货时及时提出。车站应检斤复磅，必要时可会同公安人员开包检查。构成事故时，应编制事故记录交旅客或收货人，作为要求赔偿的依据。

二、无法交付物品的处理

无法交付物品是指无主的行李、包裹，旅客的遗失物品和无人领取的暂存物品。

1. 无法交付物品的确定

根据定义，可见有三方面可进行确定：

（1）指由于铁路或托运人、收货人的原因，造成不能交付给正当收货人的物品。

（2）无法归还的旅客遗失物品是经查找未能归还原主而由车站保管的物品。

（3）无人领取的暂存物品是旅客在车站携带物品暂存处存放，长期无人领取的物品。

2. 无法交付物品的管理

车站对无法交付的物品，应按其开始日期、来源、品名、件数、重量、规格、特征等登入无法交付物品登记簿内，登记簿内的编号、移交收据的编号及物品上的编号应一致，以便查找。对无法交付的物品应有专人分管，做到账物相符。无法交付物品在保管期间发生丢失、损坏时，可参照行李、包裹事故处理的有关规定办理。

3. 无法交付物品的处理规定

车站对无法交付的物品，行李从运到日起，包裹从发出到达通知日起，遗失物品和暂存物品从收到日起，90 d 内无人领取时（易变质物品应及时处理）应在车站进行公告。公告满90 d 以后仍无人领取时，报请铁路局集团有限公司批准，按下列规定处理：

（1）将无法交付物品送交铁路指定拍卖行拍卖。

（2）枪支、弹药、机要文件及国家法令规定不能买卖的物品应及时移交有关部门处理。

对于变卖所得款项，扣除所发生一切费用的款额，自变卖日起 180 d 内旅客、托运人或收货人来领取时，车站应将旅客、托运人或收货人出具的物品所有权的书面证明报铁路局集团有限公司审核拨款。无人领取时，上缴国库。属于事故行李、包裹的变卖款拨归承运人收入。

第六节　行李、包裹违章运输的处理

目前，我国铁路行李、包裹违章运输包括：品名不符运输、重量不符运输和无票运输 3 种情况。

一、品名不符运输的处理

品名不符是指运送物品与申报品名不同，影响运价计算，甚至把危险品、国家禁止或限量运输的物品，伪报成其他可运输的品名，进行隐瞒运输。

发现品名不符应区别性质，实事求是，正确处理。装车前应重新制票，装车后由到站处理。对伪报一般品名的，在发站应补收已收运费与正当运费的差额；在到站，加收应收运费与已收运费差额 2 倍的运费。

对将国家禁止、限制运输的物品或危险品伪报其他品名托运或在货件中夹带时，按下列规定处理：

（1）在发站停止装运，通知托运人领取，运费不退，将原票收回，在记事栏内注明"伪报品名，停止装运，运费不退"。将报销页交托运人作报销凭证，另根据保管日数以"客杂"核收保管费。

（2）在中途站停止运送，发电报通知发站转告托运人领取，运费不退，并对品名不符货件，按实际运送区段补收四类包裹运费，另根据保管日数核收保管费。

（3）在列车上发现时，应编制客运记录，交前方停车站处理。

（4）在到站（包括列车移交的），补收全程四类包裹运费，核收保管费。

车站除按上述规定办理外，认为必要时还应交有关部门按国家有关规定处理。

因旅客或托运人伪报品名给铁路或其他旅客（收货人）造成损失，由托运人负全责。车站或列车发现伪报品名的行李、包裹损坏其他旅客（收货人）的行李、包裹时，应编制客运记录分别附在伪报品名的和被损坏的行李、包裹上，交由有关到站处理，由责任者到站负责追索赔偿。

二、重量不符运输的处理

重量不符是指行李、包裹的实际重量与票据记载的重量有出入。

其产生多数由于承运人不认真检斤或图省事估计重量或盲目信任托运人有关单据记载的重量来代替承运时称重的结果。对于重量不符，应实事求是地处理。到站发现行李、包裹重量不符，应遵循下列规定：

（1）应退还时，开具退款证明书，将多收款额退还收货人。

（2）应补收时，开具"客杂"补收正当运费，同时编制客运记录附收回的行李、包裹票报局收入部门，由局收入部门列应收账款向检斤错误的车站再核收与应补收运费等额的罚款。

品名、重量不符同时发生时，先处理重量不符，后处理品名不符。

三、无票运输的处理

无票运输是指行李、包裹应办托运手续而未办的一种违章运输。

发现无票运输的行李、包裹，发站和列车应拒绝装运；列车已装运发现的，应编制客运记录交到站处理。到站对列车移交和本站发现的无票运输行李、包裹，按照实际运送区间加倍补收四类包裹运费。

以上补收运费、运费差额或保管费均用"客杂"核收，并在记事栏内注明核收事由。

✎ 复习思考题

1. 行李、包裹运输合同的含义是什么？以什么作为凭证？
2. 承运人、托运人的基本权利和义务有哪些？
3. 行李包括哪些物品？哪些物品不能夹带在行李中？
4. 包裹的分类是怎样规定的？
5. 行李、包裹的托运和承运有何规定？
6. 行李、包裹交付时应注意什么问题？
7. 行李、包裹违章运输有哪些情况？应如何处理？
8. 2016 年 9 月 5 日，旅客王某持哈尔滨—菏泽 T184 次（哈尔滨—汉口）车票一张，票号 B065432。在哈尔滨站托运—菏泽站行李 1 件 21 kg，声明价格 400.00 元，皮箱 1 件 15 kg，声明价格 500.00 元。问哈尔滨站如何处理？
9. 2002 年 8 月 15 日，广州站电子元件发送牡丹江一批 20 件重 990 kg 电器元件，收货人红星电器商行，货主 8 月 19 日来领取未到，该货于 8 月 28 日到达，当日通知，货主 9 月 5 日要求支付违约金，9 月 8 日领取。牡丹江站如何处理？

第六章 旅客运输计划与组织

第一节 概 述

旅客运输计划与
组织 PPT

一、旅客运输计划的意义、原则

1. 意　义

旅客运输计划是铁路运输主要内容之一；是铁路旅客运输工作的基础；是整个国民经济计划的重要组成部分。它不仅是编制旅客列车运行图的基础，是旅客计划运输组织工作的前提，同时也是确定客运设备、客运机车车辆修造计划及客运运营支出计划的重要依据。编制旅客运输计划是为了更好地挖掘运输潜力、组织旅客均衡运输、提高客运服务质量、保证旅客安全、迅速、准确、便利地旅行。

2. 原　则

旅客运输计划要从全局出发，认真贯彻执行始发局（站）兼顾中间局（站），大站兼顾小站；先中转、后始发，先长途、后短途，以及保证重点的运输原则，达到长短途列车合理分工，站、车密切配合，保证均衡运输。

二、旅客运输计划的分类

根据执行期间的不同，可分为下列 3 种：

1. 长期计划

长期计划由计划部门负责编制，一般为 5 年或更长时期的规划，是纲领性的战略计划，它是铁路旅客运输的发展计划，通常根据国民经济计划期间（如五年计划）进行编制，主要是规定旅客运输的发展方向、技术政策、速度、重量及有关的主要指标。它以国民经济和社会发展长期计划为依据。

2. 年度计划

年度计划是根据长期计划的要求，结合当年的具体情况编制的执行计划，是旅客运输的任务计划。它是确定旅客列车行车量和客运机车车辆需要量以及客运设备改建、扩建的主要依据。在年度计划中，一般还包括季度的分配数字。

3. 日常计划

日常计划是在年度计划的指导下，进行旅客运输作业的月、旬、日、班计划，是作业计划，是指导日常旅客运输的工作计划。在日常计划中，还根据各站所提报的日计划，按照各次旅客列车的运输能力，对各站、各区段的客流，进行统一平衡和调整，以保证旅客运输任务的完成和旅客列车容量的充分利用。计划要正确反映客观经济规律的要求，切忌主观随意性。

旅客运输计划同货物运输计划相比较，有如下特点：

（1）计划期内人们提出的旅行需要，运输部门不能拒绝，不能延期或提前，必须及时满足。

（2）旅客要求的径路和到达地，不能像货流那样进行调整。

（3）铁路运送旅客的能力及客运机车车辆的工作量决定于旅客列车运行图。运行图的编制时间与计划部门编制年度旅客运输计划的时间并不一致，从而增加了综合平衡的复杂性。

一般计划的内容是用指标系列来描述的，指标是计划内容的数值表示。一个完整的指标，由指标名称、计量单位、所属时间、指标数值等部分组成。

年度旅客运输计划包括旅客发送量、运送量、平均行程、周转量等指标。长远计划的指标与年度计划基本相同。

第二节　旅客运输客流计划

一、客流的意义及其主要特点

1. 意　义

旅客按照需要选用一定的运输方式，在一定的时间和空间范围内发生的有目的的移动，便形成了客流。它包括流量、流向、流程、流时和旅行目的五个要素。客流可以按照不同的标准来进行分类，现在我国铁路基本采用的是按照旅行距离结合铁路局集团有限公司管辖范围的分类方法，将客流分为直通客流、管内客流、市郊客流 3 种。

（1）直通客流。旅行距离跨及两个及其以上铁路局集团有限公司的客流。

（2）管内客流。旅行距离在一个铁路局集团有限公司范围以内的客流。

（3）市郊客流。旅行距离在城市及附近郊区之间的客流。

近年来，在我国各种客流所占的比重在不断发生变化。其中，市郊客流的比重逐年下降，直通客流所占的比重呈明显上升的趋势。

2. 特　点

（1）客流增长迅速。随着我国宏观经济的不断发展，农村经济结构也在发生变化，城乡交流活跃，人民物质文化水平不断提高，人们出行次数开始增多，国际交往频繁。

（2）客流在时间上有较大的波动性。客流在时间上的不均衡表现在季、月、周、日和一日之内各小时之间经常会出现急剧的起伏变化。

客流在时间上的不均衡程度，可用波动系数表示：

$$K_{波} = \frac{A_{时段发}}{A_{平均发}} \tag{6.1}$$

式中　　$K_{波}$——波动系数；

$A_{时段发}$——某时段（月、季）旅客发送人数；

$A_{平均发}$——分析期间平均旅客发送人数。

缓和客流在时间上的不均衡性比较困难，因为旅客对运输的需求是有时间性的，为了满足客流波动高峰时的要求，对客运技术设备、客运能力、车辆等必须留有一定的后备，在不同的客运量峰值期采用不同的客运组织方式。

（3）客流分布不均衡。我国铁路客流主要分布在经济比较发达、路网密度比较大、人口比较稠密的东北、华北、华东和中南地区。除了人口、经济、文化的发达程度等因素外，不同运输方式的分工与铁路网的密度，对铁路客流的地区分布有着重大影响。华北、华东地区铁路旅客运输量在全路中的比重远低于东北地区。这两个地区公路和水运分担的客流量较大是一个很重要的原因。东北地区人口不到全国人口的 10%，但由于铁路发达，旅客运输量在全路占有的比重长期保持在 40% 左右。铁路网的发展对改变客流的地区分布最明显是西南和西北地区。新中国成立以来，这两个地区的旅客运输量在全路占有的比重，有着明显的增长。

客流在方向上的分布与它在地区上的分布有一定的联系，因为客流并不全都是在它的发生地区内消失。旅客运输量大的地区，它们之间的交流也最频繁。东北、华北、华东、中南地区旅客运输量的比重大于西北、西南地区，因而南、北各区之间的旅客交流量亦大于东、西地区之间的交流量。

二、客运量预测

预测是一种预计和推测，即人们利用已经掌握的信息资料和手段，预先推测和判断事物未来或未知状况的结果。预测过程是在调查研究和科学实验的基础上进行的科学分析。客运量预测是编制旅客运输计划不可缺少的前期步骤，是编制旅客运输计划的基础，也是铁路新线建设、旧线和技术设备改造的重要依据。

预测通常分为近期预测、中期预测和远期预测 3 类。对铁路客运量预测来说，5 年以内的预测称为近期预测，5 年至 10 年的预测可视为中期预测，10 年以上为长期预测。各种预测方法无论其是否同类，都不是互相排斥的，而是可以结合运用、互相验证，互为补充的。

1. 客流调查

客流调查是编制客流计划的基础，它以影响客流变化的各项因素为主要对象，寻找客流的变化规律，为编制客流计划提供准确的科学依据。摸清客流又是一项比较复杂的工作，因为大部分客流是基于个人旅行需要而自然形成的，但它又受一系列社会因素的影响。因此，客流调查应以影响客流发展与变化的主要因素为对象。同时，要确切地掌握一定时期的客流数量和客流变化规律。

（1）影响客流变化的主要因素：

① 社会政治、经济、文化的发展变化；

② 国家或地区在一定时期内方针政策的变化；

③ 生产力布局的变化，经济区的开发，地方工业及乡镇企业的兴办和发展；

④ 人口的自然增长；

⑤ 人文、民俗及国家和地区性的大型团体活动；

⑥ 现有铁路的技术改造，新线的修建，客流吸引范围的扩大或缩小；

⑦ 各种交通运输工具的发展和分工情况；

⑧ 不同交通工具客运票价的变化；

⑨ 自然灾害和季节、气候变化；

⑩ 旅游业的发展变化。

这些因素对铁路旅客运输量的增减变化影响极为显著。例如，城市人口的增加，广大人民群众物质文化生活水平的提高，铁路客运设备的不断改善和方便旅客乘车旅行等，都会引起客流的急剧增大。

必须指出，上述各种因素的变化，都是国民经济计划在该地区的具体体现。因此，调查、分析和运用这些资料时，首先应该研究国民经济计划的发展趋势，领会党和国家在一定时期制定经济计划的原则精神和在各地区进行经济建设的方针意图。以此作为依据，再进行具体资料的分析，才有可能使客流调查工作做得更好，更符合客观实际。

（2）客流调查的范围。客流调查可以在列车上进行，也可以在车站及铁路沿线的吸引区进行。车站的客流调查范围可分直接吸引范围和间接吸引范围两种。前者是指车站所在地及其附近地区被车站直接吸引的城市和居民点的总区域。这个区域可用垂直平分线法划出大致范围，如图 6.1 所示。

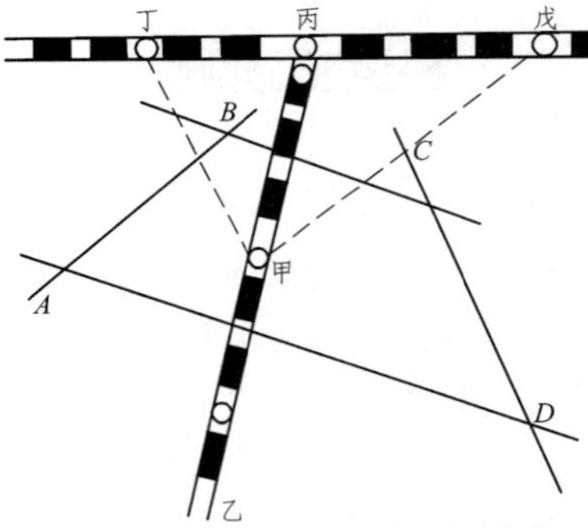

甲站的几何吸引范围是 *ABCD* 实线包围的地区。其求法为先划出甲乙和甲丙的垂直平分线，然后划出甲丁的垂直平分线与其相交于 *A*、*B* 两点，再划出甲戊的垂直平分线与其相交于 *C*、*D* 两点。*A* 点与甲、乙、丁 3 站的距离相等，*B* 点与甲、丙、丁 3 站的距离相等，*D* 点与甲、乙、戊 3 站的距离相等，*C* 点与甲、丙、戊 3 站的距离相等。所以几何图形 *ABCD* 内各点都距甲站较近，可作为甲站的吸引范围。同时还必须考虑许多具体条件，如地形、地貌、交通条件、运输费用、在途时间等进行分析、修正，才能最后确定吸引区的

图 6.1　直接吸引区示意图

边界。间接吸引区是指车站直接吸引范围以外，由其他交通工具的联系而被间接吸引的较远地区的城市和居民点的总体区域。间接吸引范围一般按最短通路原则划定。

（3）客流调查的方法。客流调查分为综合调查、节假日调查和日常调查3种。

① 综合调查。综合调查一般每两年进行一次。调查的目的是摸清车站吸引区的政治、经济、文化和人民生活情况，了解影响铁路客运量增长变化的各种因素以及对客运工作的客观要求，作为制定长期规划、年度计划及改进客运设备的主要依据和日常客运组织工作的基础。

调查内容有：

a. 吸引地区的一般情况。包括地区的自然条件（位置、地形、气候等）；行政区域的划分；城市、农村人口的分布和增长情况；工矿企业、机关学校的分布和发展情况；工矿企业生产水平及与外地在供销上的联系；农业生产和劳动力的安排及有组织的或自发的劳动力外出情况；文教、卫生事业的发展和名胜古迹、医院、疗养院的分布；地区交通的一般情况。

b. 直接影响客流的各项因素。包括吸引地区的总人数；工矿企业、机关、学校等单位的人员及家属人数，休假制度及利用铁路旅行的情况；疗养、休养处所的开放时间、床位及其周转时间；吸引范围内名胜古迹、游览胜地及历年各月的旅游人数；历年特殊客流及大批人员运输情况（应分出主要到发区段）。

c. 各种交通运输工具的分工情况。包括吸引范围内现有交通运输方式的运输能力，历年的运量及比例，客流在时间上的变化情况以及今后的发展；各种交通运输工具的运行线路，与铁路旅客列车运行时间的配合情况。

d. 铁路旅客运输资料。按运输类别的旅客发送、中转及到达人数，使用铁路乘车证人数，客流月间、季度的波动情况及原因；历年客流变化及到达各区段的客流量；分直通、管内和市郊的旅客列车对数、运行区段、时间及平时和客运量最大时的运能与运量的适应情况；其他与编制客流计划、组织旅客运输有关的资料。

综合调查最好每年例行在规定的时间内进行，并将调查的结果按客流分析说明表等汇总编制成该年度的铁路旅客运输客流调查资料。在调查方法上，采取点面结合的方法，一方面从计委和统计部门搜集计划和历年统计资料，一方面到基层单位或社会做实际调查，经过反复核实，就可以获得较为可靠的调查资料。然后对调查内容分科目制表并按客流分析说明汇编成车站年度客流资料。

② 节假日调查。节假日调查主要是对"十一"国庆节、春节两个大节日和学生每年的寒、暑期客流进行调查。调查工作一般在节日运输前1个月左右进行，春节期间客流量大，影响客流的变化因素复杂，客流调查应在春节运输前3~4个月进行。

节假日客流调查的目的是为了安排好节假日旅客运输方案以及做好各项组织工作，其中包括制定节假日期间临时旅客列车开行方案，编制节日旅客运输计划和售票、服务组织工作等。

调查的主要内容：

a. 重点工矿企业、政府机关团体的休假制度、社会经济活动及外地人员乘坐火车的流量、流向。

b. 学生客流重点调查本地区大、中专学校数量，在校学生和外地学生人数，乘坐火车的流量、流向，放假和开学日期。

c. 民工流重点调查产生地的农业人口数量、乡镇企业发展情况和剩余劳动力数量及外出劳动力分布地区和数量；接纳地区用工部门、劳务市场已经或预计接纳的用工数量；中转站应建立健全民工旅客的流量、流向资料台账，加强分析和预测。

d. 其他交通运输工具与铁路衔接运能、运量的变化情况。

调查的方法可采取登门调查、函调和召集会议等方式。

将调查的资料汇总编制出节假日客流调查统计，如表6.1所示。

表6.1　XX铁路分局XX站工矿、企业 节假日客流调查统计表

所属部门：　　局（公司）单位名称：	
地　址　　区（县）　　路　　巷（弄）	
联系人科室：　　　　　　姓名：　　　　　电话：	
全厂（校）人数：　　人其中职工（教职工）　　人（学生）　　　　　人享受探亲假职工（师生）　　人	
发薪日期：　　日，厂（校）休日星期　　春节假期自　　月　　日至　　月　　日止（包括调休）	
××年春节在××乘坐交通工具	乘火车往××方向　　人，往××方向　　人，往××方向　　人，小计　　人
	乘长途汽往××方向　　人，往××方向　　冬，往××方向　　人，小计　　人
	乘内河轮船往××方向，　　人，往××方向　　人，小计　　人
	乘火车至××站转乘海轮往××方向　　人，往××方向　　人，小计　　人
	现有临时工使用到××年×月底的往××方向　　人　　往××方向　　人，小计　　人
对铁路客运服务工作和车次	时间等方面的意见、要求

填表单位：　　　　填表人科室：　　　　姓名：　　　电话：

③ 日常调查。日常调查是指车站的有关客运人员与旅客在购票、候车、乘车过程的接触中，对客流变化的各项因素进行的调查了解。日常调查比较适宜在列车上进行，旅客也愿意主动配合。车站客运计划人员应经常注意车站内和吸引地区客流情况，随时了解、掌握旅客流量、流向的变化，找出客流受季节、气候等因素影响的规律，分析客流增减数量、变化原因和延续时间等。在调查中，特别要了解旅客的旅行目的、到达地点、返回日期及掌握市郊、周末、集市贸易、旅游、会议等方面的旅行动态。这种调查，对于编制日常旅客运输计划和安排运输工作，将起到较大作用。

全面的、较大规模的客流调查，一般是以车站为单位，在车站吸引范围内进行。客流的调查工作，一般由各站组织专门人员来进行的，在调查中必须紧紧依靠地方政府的领导和有关部门的密切配合，成立调查小组，实行分工负责，分片包干。

2. 各种预测方法

（1）固定比例法（乘车系数法）。

$$\alpha = \frac{n}{N} \qquad (6.2)$$

式中　α——乘车系数；

　　　n——铁路客运发送量；

　　　N——吸引地区居民人数。

例如，甲年某站吸引地区的居民人数为 60 万人，而铁路客运发送量为 15 万人，

$$\alpha = n/N = 15\,万/60\,万 = 0.25$$

α 是随着客观形势的发展不断变化的，所以必须分析研究各项因素对 α 的影响程度，从而确定计划期的 α。如上例中，计划期 $\alpha_{计}$ 为 0.6，计划期吸引区的居民人数为 65 万人，则计划客运发送量为：

$$n_{计} = N_{计} \cdot \alpha_{计} = 65\,万人 \times 0.6 = 39（万人）$$

（2）动态关系法（比例增减法）。按照各种因素的影响，推定铁路客运发送量的增长百分数。例如，某站客运发送量最近 3 年增长率约为 9%、10%、13%，分析计划年度各项因素预计发展情况，加以研究确定计划年度的增长百分数。某站历年增长客流的基本原因是吸引区经济建设的迅速发展。车站附近中学的建立，一批工厂的兴办，在计划期间内还将有几座大工厂投产、兴建，确定计划年度的增长百分数为 15%。如下年度客运发送量完成 24 万人则计划年度客运发送量应为 27.6 万人，其计算式如下：

$$n_{计} = n(1 + \beta) = 24\,万人 \times (1 + 15\%) = 27.6（万人） \qquad (6.3)$$

式中　$n_{计}$——计划年度客运发送量；

　　　n——上年度客运发送量；

　　　β——计划年度增长百分数。

（3）专家意见法。这里所指的专家是指熟悉本部门业务，有丰富的经验，并且对预测目标的历史和现状有比较全面地了解的客运人员。专家意见法就是根据一部分专家的分析、推断，来进行预测的方法。

专家意见法有两种形式，一种是专家会议法，另一种是德尔菲法。德尔菲法是在专家会议法的基础上发展起来的一门预测技术，它是一种有组织的专家集体判断方法。主要特点是：匿名性；反馈性；集思广益；趋同性。

在处理专家意见时，可以采取：平均法（算术平均）式中位数法和四分位数法，其基本做法如下：

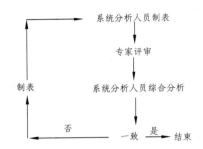

（4）对比分析法。就是对比上年同期的市场实绩，分析预测其在上年基础上的增长情况，以此为依据的一种预测方法。预测公式为：

$$预测值 = 上年同期实际值 \times (1 + 增长率)$$

（5）时间序列发（时间外延法）。将过去的历史资料和数据，按时间顺序排列起来的一组数字序列，如历年某局或全路的客运发送量，如表 6.2 所示。

其特点是假定预测的客运发送量过去的变化趋势会同样延续到未来，因而可以通过对过去的时间序列数据推算出事物的变化趋势，做出预测，这种方法多适用于短期预测，同时应消除偶然性因素的影响。

表 6.2　客运量动态列表

年份	Y_k /（百万人次）	M_t^1 $n = 3$	M_t^2 $n = 3$	a	b	$\hat{Y}_k$	$\dfrac{\hat{Y}_k - Y_k}{Y_k}$
01	552						
02	612						
03	648	604					
04	660	640					
05	696	668	637	699	31		
06	705	687	665	709	22	730	+ 0.035
07	787	729	695	763	34	731	− 0.071
08	807	766	727	805	39	797	− 0.012
09	856	817	771	863	46	844	− 0.014
10	912	858	814	902	44	909	− 0.003
11	942	903	859	947	44	946	+ 0.004
12	989	948	903	993	45	991	+ 0.002
13	1 049	993	948	1038	45	1 038	− 0.01
14	1 123	1 054	998	1 110	56	1 083	− 0.036

其趋势近乎直线，预计今后的铁路客运发送量仍将保持线性的增长趋势。因而有

$$\hat{Y}_k = a + bt$$

式中　t——年序数；

　　　a、b——参数；

　　　$\hat{Y}_k$——预测年客运发送量。

设一次移动平均数为 M_t^1，二次移动平均数为 M_t^2，取平均时距为（$n=3$）则

$$a = 2M_t^1 - M_t^2$$
$$b = M_t^1 - M_t^2$$

其中 M_t^1、M_t^2 可按下列方法求解：

设各年的实际客运量为 Y_1、Y_2、……Y_{14}，则

$$M_3^1 = \frac{Y_1 + Y_2 + Y_3}{3}$$

$$M_4^1 = \frac{Y_2 + Y_3 + Y_4}{3}$$

$$M_5^1 = \frac{Y_3 + Y_4 + Y_5}{3}$$

$$\vdots$$

二次移动平均数 M_t^2 不过是一次移动平均数 M_t^1 的再一次移动平均而已，即

$$M_5^2 = \frac{M_3^1 + M_4^1 + M_5^1}{3}$$

$$M_6^2 = \frac{M_4^1 + M_5^1 + M_6^1}{3}$$

$$\vdots$$

其余依此类推，并将计算数据填入表中。用第 14 年的预测第 16 年客运发送量则：

$$\hat{Y}_k = 1\,110 + 56t$$

因为 $t = 2$，则

$$\hat{Y}_{16}^k = 1\,110 + 56 \times 2 = 1\,222 \text{（百万人次）}$$

三、客流计划的编制

客流计划是旅客运输计划的重要组成部分，它是实现旅客运输计划的技术计划，又是旅客运输能力的分配计划和旅客运输组织的工作计划。

客流计划的编制工作是在国铁集团的集中统一领导下，根据客流资料，采取上下结合集

中编制的方法进行的。其步骤为：下达任务、准备资料；铁路局集团有限公司编制客流图和客流计划；国铁集团汇总直通客流图和编制客流计划 3 个阶段。

国铁集团在下达编制客流图任务的同时，即公布全路直通客流区段（管内和市郊客流区段由路局自定）和规定的客流月。所谓客流月，指汇总全路客流时，为求统一，由国铁集团选定的客运量中等偏上的月份，以使编制出的客流计划符合客流增长规律，具有代表意义。

所谓客流区段，是指客流的到达区段，它不同于列车运行区段和机车牵引区段，其长度按客流密度的变化情况而定。凡各大城市之间，客流密度大致相同的地段，作为一个客流区段。客流密度不同的即分为两个或几个客流区段。一般大量客流产生和消失地点，衔接几个铁路方向的大型客运站，各铁路局集团有限公司间的分界站，都是划分客流区段的始发站和终点站。在同一客流区段内各站间有不同的客流密度时，区段客流密度应按其中最大值计算，如图 6.2 所示，其区段客流密度应为 360 人。

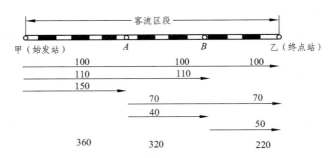

图 6.2　区段内始发和到达客流图

各个铁路局集团有限公司的统计部门按《铁路客货运输统计规则》的要求，提出客流月的直通、管内和市郊分区段的发送旅客流向统计资料。客运部门根据分区段的旅客流向资料，按日平均数编制客流图。

客流图是旅客由发送地至到达地所经过的客流区段的图解表示。编制客流图的目的，是为在编制列车运行计划时，提供确定旅客列车对数和运行区段所需的计划客流量。

客流图分直通、管内、市郊 3 种。

1. 直通客流图

直通客流图是由一个铁路局集团有限公司所属各客流区段产生的客流，经过一个或几个铁路局集团有限公司间分界站到达全路各铁路局集团有限公司的各客流区段的客流图解来表示。每个铁路局集团有限公司都有一条或几条铁路线作为始发、终到站或通过站。每条铁路线根据客流密度的不同，可分为一个或几个直通客流区段。各直通客流区段的直通客流都是由 3 部分组成。即：

（1）输出客流：由本局各直通客流区段内产生通过局间分界站交到外局的客流。

（2）输入客流：全路各铁路局集团有限公司的各客流区段内产生的直通客流，通过本局分界站到达本局各直通客流区段内的客流。

（3）通过客流：由本局的一个局间分界站接入到另一个局间分界站交到外局的客流。

各局和全路的直通客流图，只编制直通到达客流。

直通客流图的编制,是根据各局统计工厂提供的各直通客流区段产生的输入客流量和流向,分线别、客流区段别进行编制,把每个客流区段产生的直通输入客流量按区段顺序,填入各客流区段,如图6.3所示。直通客流图应按国铁集团公布的直通客流区段绘制。在图上表示出本局管内各客流区段的日均到达客流量,以作为全路客流汇总时的交换资料。

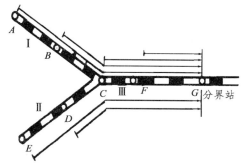

图 6.3　直通输出客流图

2. 管内客流图

管内客流图是由一个铁路局集团有限公司管内各客流区段产生,在本铁路局集团有限公司管内各客流区段消失的客流图解表示。管内客流图的编制方法与直通客流图不同,一般是先作客流斜线表,如表6.3所示,后编管内客流图。

表 6.3　客　流　斜　线　表

发　站	距离（km）	到　站							
		甲	乙	丙	丁	戊	下行	上行	总计
甲	120		2 124	813	372	160	3 469	—	3 469
乙	135	2 493		2 561	277	27	2 865	2 493	5 358
丙	176	865	2 622		1 594	582	2 176	3 487	5 663
丁	221	501	770	1 436		1 316	1 316	2 702	4 023
戊		117	126	594	1 216		—	2 053	2 053
下行		—	2 124	3 374	2 243	2 085	9 826	—	9 826
上行		3 976	3 518	2 030	1 216	—	10 740	10 740
总计		3 976	5 642	5 404	3 459	2 085	9 826	10 740	20 566

管内客流图编制步骤:

（1）首先将客流统计到客流斜线中,斜线上方为下行客流,下方为上行客流。

（2）绘制密度图。在绘图中应将上行客流绘在站名线的下方,下行客流绘在站名线的上方,这与我们的习惯相反,原因是我国的行车组织方法是左侧行车。

为使管内客流资料更加明显、清晰,绘制管内客流图时,要用不同颜色或图案、线条代表不同管内客流区段所产生的客流,如图6.4所示。

为使管内客流斜线表所表示的客流计划更为明显、清晰,而且便于计算旅客运输指标和确定旅客列车行驶区段与行车量,可将斜线表上的各项数字按一定的格式,用图案的形式编制出管内客流图。同时,为了便于识别,在客流图上,对于由不同车站发送的客流,可用不同颜色或线条表示。

3. 市郊客流图

市郊客流图的编制方法与管内客流图的编制方法一样。不同的只是市郊客流行程较短,一般是将两站之间的距离作为一个客流区段,因而没有区段内中途到发客流的问题。若区段内设有乘降所,其到发客流按管内客流同样原理进行归并。

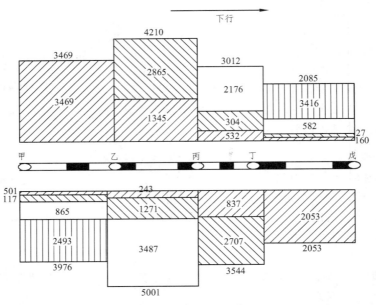

图 6.4　管内客流图

各铁路局集团有限公司编好直通、管内、市郊客流图后，国铁集团组织各铁路局集团有限公司将所编制的输出直通客流图资料进行变换，并汇总在按局别的全国铁路直通客流图上。各局根据交换的资料，计算出直通客流区段的客流密度，连同管内和市郊一起，汇总在全国铁路区段客流密度图上然后，各局结合客流调查和统计资料，利用各种预测方法推算出计划期内客流可能的增长率或绝对数，据以编制全部客流计划。最后把计划客流密度与现行运行图规定的旅客列车能力进行比较，如表 6.4 所示，即可提出编制新的客车运行图所需的资料。

表 6.4　运行图旅客密度与客车能力比较图

线路区段	方向	年　　月份				年至　年计划				现行旅客列车能力					密度与能力 +　−			
		旅客密度	其中			旅客密度	其中			对数	总定员	其中：直通客车		与月份		与年		
			直通	管内	市郊		直通	管内	市郊			对数	定员	总计	直通	总计	直通	
	上																	
	下																	
	上																	
	下																	
	上																	
	下																	
	上																	
	下																	
	上																	
	下																	

注：列车定员，按编组表中规定的定员计算（包括硬卧和硬座车），硬座车定员要扣除规定的儿童票数。

四、旅客运输计划指标

1. 发送旅客人数（旅客发送量）

在一定时期（日、旬、月、年）内，全路、铁路局集团有限公司、车站始发的全部旅客人数，分别按直通、管内和市郊计算，然后加总，其公式如下：

$$A_发 = A_发^{直通} + A_发^{管内} + A_发^{市郊} \quad （人）\tag{6.4}$$

式中　$A_发^{直通}$、$A_发^{管内}$、$A_发^{市郊}$——直通、管内、市郊旅客发送人数。

全路发送旅客人数等于全路各站发送旅客人数之和。一个铁路局集团有限公司的发送旅客人数等于铁路局集团有限公司管内各站发送旅客人数之和。

旅客发送人数是国家规定的旅客运输计划指标，是考核铁路完成任务情况的主要指标。

2. 旅客运输量（客运量）

在一定时期（日、旬、月、年）内，全路或铁路局集团有限公司运送的全部旅客人数，其公式如下：

$$A_{局运} = A_{局发} + A_{到达}^{接入} + A_{通过}^{接入} \quad （人）\tag{6.5}$$

式中　$A_{局发}$——局发送的旅客人数；

　　　$A_{通过}^{接入}$——接入通过的旅客人数；

　　　$A_{到达}^{接入}$——接入到达的旅客人数。

对一个铁路局集团有限公司而言，发送旅客人数不能全部反映其工作量，运送旅客人数才能反映总的旅客运输量。

全路的运送旅客人数等于全路发送旅客人数、国际联运铁路及新建临管线接运的旅客人数之和，即：

$$A_运 = A_发 + A_{国际} + A_{临管} \quad （人）$$

就一个铁路局集团有限公司而言，$A_发$ 不能反映全部客运工作量，$A_运$ 才能反映总的旅客运输量。

3. 旅客周转量

旅客周转量，是指在一定时期（日、旬、月、年）内，全路、铁路局集团有限公司计划或完成的旅客人·km 数。

旅客周转量应分别按直通、管内、市郊三种客流计算，然后加总，其公式如下：

$$AL = A_运^{直} L^直 + A_运^{管} L^管 + A_运^{市} L^市 \quad （人·km）\tag{6.6}$$

式中　AL——旅客周转量；

　　　$A_运^{直}$、$A_运^{管}$、$A_运^{市}$——直通、管内、市郊旅客运送人数；

　　　$L^直$、$L^管$、$L^市$——直通、管内、市郊运输的旅客平均行程。

旅客周转量能较全面地反映铁路旅客运输的情况，是铁路客运工作中最重要的产品产量指标，也是各铁路局集团有限公司间分配客运收入，计算和分析运输成本和劳动生产率的依据。

4. 旅客平均行程

旅客平均行程，是指平均运送每名旅客的距离，应按直通、管内、市郊分别计算，然后再求得总的平均行程，其公式如下：

$$L_{客} = \frac{AL}{A_{运}} \text{（km）}$$

5. 客运密度

客运密度是指一定时期内，某一区段、铁路局集团有限公司或全路平均每公里线路上所承担的旅客周转量，其计算公式如下：

$$\varepsilon_{客}^{区段} = \frac{AL_{区段}}{L_{区段}} \text{（人 · km/km）} \tag{6.7}$$

$$\varepsilon_{客} = \frac{AL}{L_{营业}} \text{（人 · km/km）}$$

式中　$AL_{区段}$——通过该区段的旅客周转量；

$L_{区段}$——该区段线路长度；

$\varepsilon_{客}$——区段客运密度；

$\varepsilon_{客}^{区段}$——铁路局集团有限公司或全路的客运密度；

$L_{营业}$——营业里程。

客运密度能比较全面地反映线路客运能力的利用情况和表明铁路客运工作的强度。

第三节　旅客运输技术计划

旅客运输技术计划是保证质量良好地完成旅客运输任务，合理使用机车车辆和其他各种技术设备的具体生产计划。

旅客运输技术计划应以客流计划为依据，解决以下问题：

（1）选择旅客列车的重量与速度。

（2）制定旅客列车的开行方案。

（3）编制旅客列车运行图。

（4）确定车底需要组数。

（5）铁路客运调度指挥工作。

旅客运输技术计划的编制，主要是在国铁集团和铁路局集团有限公司两级机构中进行，是一项细致而复杂的工作。为此，需要在部、局的统一领导下，在客运部门和其他各部门的密切配合，共同努力下，才能编制出质量较高的旅客运输技术计划。

一、旅客列车的重量和速度

旅客列车的重量和速度，决定着旅客列车编成的大小和旅客在途时间的长短，直接影响到铁路的客运能力、服务质量和客运设备的使用效率。选择旅客列车最佳重量和速度的方法主要是针对提高旅客列车直通速度这一要求。在机车类型和线路条件一定的情况下，提高直通速度可以采取加速列车运行、压缩停站次数、缩短停站时间等措施来实现。还应从列车始发时刻、终到时间、通过大站的时刻来进行检验和修正，按这个修正后的速度计算出来的各种旅客列车重量标准和编组辆数，最后还要考虑沿途车站的线路有效长、站台雨棚长等各种实际因素确定。

我国对旅客列车重量标准和编组辆数规定如下：

特直快列车 800 ~ 1 000 t，15 ~ 20 辆；普通旅客列车 800 t，15 辆，旅客列车最大编组为 20 辆。

在旅客列车的重量标准和编组辆数确定之后，根据各种旅客列车的编组结构，可以计算出定员，在已经编制好的客流计划的基础上，就可以着手拟订旅客列车的开行方案。

二、旅客列车的开行方案

旅客列车的开行方案，是指确定旅客列车运行区段、列车种类及开行对数的计划。旅客列车开行方案的编制是在国铁集团列车运行图编制部门的统一领导下进行。直通旅客列车的开行方案由国铁集团研究有关铁路局集团有限公司的建议后确定，管内及市郊旅客列车的开行方案由各铁路局集团有限公司自行确定并报部，国铁集团有关业务局进行综合平衡后拟订全路开行方案并提交国铁集团列车运行图编制部门审批。

旅客列车的始发站、终到站及经由线路构成旅客列车的运行区段，列车种类可区别出列车不同的等级或性质，开行对数的多少表示行车量的大小，三者组成一个完整的旅客列车开行方案。

旅客列车的运行区段和行车量，基本上取决于客流计划。"按流开车"是确定旅客列车运行区段和行车量的基本原则。在根据客流计划绘制的区段客流密度图上，清楚、直观地表示出各方向上各客流区段旅客的流量、流向及客流大量发生、消失和变化较大的地点，这就为划分各种旅客列车运行区段、确定列车种类、计算开行对数的工作提供了有利的条件。

直通旅客列车的运行区段应根据列车始发站与终到站之间的直通客流量确定。跨局列车的直通客流需达到一定数量时报部审批方可执行。开行跨越两个铁路局集团有限公司的直通旅客列车其直通客流量不少于 600 人，跨三局的不少于 500 人，跨四局及其以上的不少于 400 人。

市郊列车应根据职工通勤、学生通学的实际需要，确定在早、晚高峰时间内需要开行的市郊旅客列车数，然后根据市郊列车的平均定员，查定其他时间内应开行的列车数。

开行不同种类的旅客列车是不同时期、不同地区社会经济形势的需要，铁路旅客列车的开行必须服从国家的政治、经济、文化、科技、国防的发展要求，加强首都与各直辖市和各省、自治区首府之间，以及各省、市、自治区主要城市之间，重点工矿之间，边疆、沿海和内地之间，城市和农村之间的联系。旅客列车的开行，除必须符合大量客流的需要之外，同时还要有利于铁路技术设备的合理运用。

一般在首都与省会之间，各大城市之间应有特快和快速旅客列车，做到以较高等级列车输送大城市间的直通客流，以较低等级的旅客列车输送沿途变动的客流。

确定旅客列车的开行方案，除了客流的条件之外，还需要考虑客运设备的配置条件。为了进行旅客列车车底的整备作业，旅客列车的始发站和终到站应选择有客车整备所的车站。为了办理机车的折返作业，列车运行区段的两端站应为机务段所在站。除此之外，还要求配属的机务段和客车车辆段提供满足需要数量的客运机车和客运车辆。

在直通旅客列车的开行方案确定后，管内列车及市郊列车的开行方案，由各铁路局集团有限公司根据管内及市郊客流区段密度的特点自行确定，报国铁集团备案。

现以某线路最大客流方向的总客流计划所绘制的客流图（见图 6.5）为例，从图中不仅能很清楚地看出旅客的流量、流向，而且可以看出客流发生和消失的地点，这就给划分直通和管内旅客列车运行区段的工作提供了有利的条件。

甲—戊方向上客流显著变化的地点为乙、丁、戊三站，则按照甲—戊间，乙—戊间、丁—戊间的不同客流密度，确定旅客列车对数。

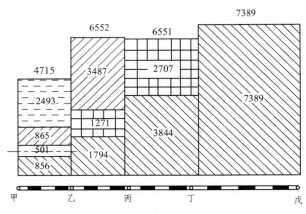

图 6.5　最大客流方向客流图

1. 旅客列车行车量的计算通式

$$N = \frac{A}{a_{均}}（列）\tag{6.8}$$

式中　A——两站间的计划客流密度；

　　　$a_{均}$——列车平均定员人数；

　　　N——列车数。

2. 公式计算法

由于旅客列车的种类和运行距离不同，其所能吸引的客流量也不同，要求列车的编组内容也不同，因而列车定员也就不同，因此，在确定行车量时应对各种旅客列车分别进行，一般从高级列车到低级列车顺序计算，分别确定其列数。

（1）特快：

$$N_{特快} = \frac{AK_{特}}{a_{特快}}（列）\tag{6.9}$$

式中　$K_{特}$——乘特别快车的旅客占总旅客数的百分数；

　　　$a_{特快}$——特别旅客快车的定员。

（2）快速：

$$N_{快} = \frac{AK_{快}}{a_{快}}（列）\tag{6.10}$$

式中　$K_{快}$——乘快速旅客列车的旅客占总旅客数的百分数；

$a_{快}$——快速旅客列车的定员。

（3）普客：

$$N_{客} = \frac{A - a_{特快} N_{特快} - a_{快} N_{快}}{a_{客}} \quad （列）$$

式中　$a_{客}$——普通旅客列车的定员。

【例 6.3.1】　以图 6.5 所示列资料确定各种旅客列车的开行方案。

首先确定区段客流量：

甲—戊区段：4 715 人

乙—戊区段：6 552 人 – 4 715 人 = 1 837（人）

丁—戊区段：7 389 人 – 6 552 人 = 837（人）

然后根据客流的性质及其旅行距离的不同确定旅客列车编组。假设甲—戊区段需要用特别快车输送的客流占总客流的 40%，用快车输送的客流占剩余客流的 60%，其余客流以普通旅客列车输送。各种旅客列车的容量：特快为 800 人或 900 人，快车为 900 人或 1 000 人，普通旅客列车为 1 050 人或 1 150 人。

则甲—戊区段的行车量可按以下方法求出：

$$N_{特快} = \frac{4\ 715 \times 40\%}{900} = 2 列 \cdots 余86人$$

$$N_{快} = \frac{(4\ 715 - 900 \times 2) \times 60\%}{900} = 2 列 \cdots 欠51人$$

$$N_{客} = \frac{4\ 715 - 900 \times 2 - 900 \times 2}{1\ 150} = 1 列 \cdots 欠35人$$

乙—戊区段：

设 $K_{特快}$ 为 40%，$K_{快}$ 为剩余客流的 30%，

$$N_{特快} = \frac{1\ 837 \times 40\%}{800} = 1 列 \cdots 欠65人$$

由于用快车输送的客流占剩余客流的 30%，按此比例求算出的快车客流仅有：(1 837 – 800) × 30% = 311 人，不够开行一列快车的条件。所以，决定乙—戊区段不开行快车，而剩余客流由普通旅客列车进行输送。

$$N_{客} = \frac{1837 - 800}{1050} = 1 列 \cdots 欠13人$$

丁—戊区段：

由于丁—戊区段运行距离不长，同时客流不算太大，需要用特快车输送的客流比重也不多，为此，可组织开行普通旅客列车来进行输送。

$$N_{客} = \frac{837}{1050} = 1 列 \cdots 欠213人$$

所欠 213 人的客流，可采取减少旅客列车的编成辆数，以免虚糜。

甲—戊区段上总的行车量如表 6.5 所示。

表 6.5　甲—戊区段客车行车量

列车行驶区段	各区段行车量			合　计	输送能力/人
	特别快车	旅客快车	普通旅客列车		
甲—戊	2	2	1	5	4 750
乙—戊	1		1	2	1 850
丁—戊			1	1	1 050
合　计	3	2	3	8	7 650

确定各种旅客列车的行车量，除按上述方法进行计算外，还应考虑：

（1）计算出的列车总数和各类列车数，往往出现不足一列的尾数，对此一般不予进整，而是采用加挂车辆或调整车型以扩大客车定员或采取超员运输办法解决。

（2）对于不足每日开行一列的长途直通旅客列车或国际旅客列车可采用定期（如每周两次）或隔日开行的方式，以合理地运用铁路机车车辆和通过能力。

（3）如直通旅客快车在运行全程个别区段定员有余，为充分利用运能而不影响旅客服务质量，可采取在定员有余区段适当增加列车停站次数，以吸收部分管内客流，或在超定员区段加挂回转车，缩减列车基本编组辆数，在超员区段再编挂上。

三、旅客列车运行方案图

旅客列车运行图的编制，是一项非常复杂的工作，应在国铁集团的统一领导下，由各铁路局集团有限公司负责编制。国铁集团成立车、机、工、电、辆各业务局参加的运行图编制委员会，由主管运输的副部长领导。各铁路局集团有限公司的编图委员会由各局局长领导，各业务处参加。在集中统一的领导下，明确分工，密切配合，做到协调一致，正确处理好各方面、各环节的关系。

在编制列车运行图时，首先铺画旅客列车运行线。此时，分两步进行，第一步编制旅客列车运行方案图，着重搭好整体框架，处理各方关系，解决全面布局的问题。第二步以方案为基础，铺画出表示每一列车在各个车站上到发通过时刻的列车运行详图。在此基础上再铺画货物列车运行线。

对跨三局的直通旅客列车，应在国铁集团的统一领导下由各铁路局集团有限公司派人到部集中编制；跨两局的直通旅客列车，由两局协商编制；管内旅客列车，则由铁路局集团有限公司组织进行编制。因为对跨局的直通旅客列车，不仅要考虑某一整个方向，而且还要与有关方向互相联系起来通盘考虑，全面安排。因此，各铁路局集团有限公司都必须在国铁集团的集中领导和统一规划下进行编制工作。

旅客列车运行图的具体编制工作，分两个阶段进行：

第一阶段：铺画旅客列车运行方案图（简称"客车方案"）。客车方案图是列车运行图的骨架，它用小时格运行图铺画，在图上只表示始发站、终点站、分界站及其他主要站的到开时刻，如图 6.6 所示。

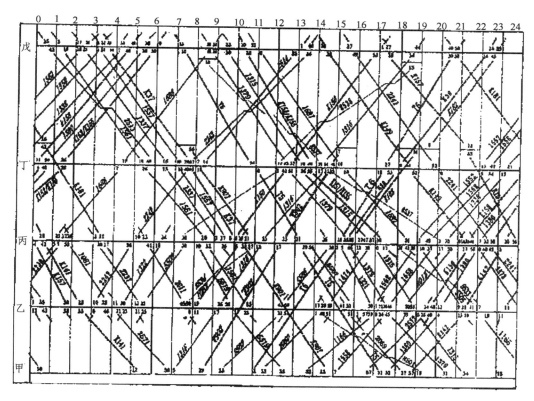

图 6.6 客车方案图

第二阶段：铺画具有详细时刻的旅客列车运行图（简称"详图"），从图上可以看出各次列车在沿途各站的到、发、通过时刻及交会越行的车站，这样就使客车方案图上的运行线建立在切实可行的基础上。

1. 客车方案图的编制原则

旅客列车运行方案所要解决的是每一方向旅客列车在运行图上的整体布局问题，它不仅对整个列车运行图的布局起着决定的作用，而且对列车运行图的编制质量也有直接影响。为此，编制客车方案时应遵守以下原则：

（1）减少停站次数及停站时间，提高列车的直通速度。

（2）列车始发、终到、通过各主要站的时刻，应方便旅客旅行，并应对有优势、有竞争力的中距离列车给予优先考虑。

直通旅客快车最好晚间发车，但不迟于零点，终到时间在白天或早晨，但不宜早于 7 点，通过沿途主要城市的时间尽可能安排在白天。由于一天中最适合旅客旅行的始发、终到时间有限，应对有优势、有竞争力的中距离列车给予优先考虑，保证用最好的机车、车辆，以最短的径路，给最优的运行线和最优的停点。直通列车通过沿途各大站的时刻亦应力求方便旅客，若不能完全满足此项要求，则只能权衡轻重，尽可能予以照顾。

管内旅客列车以运送短途旅客为主，一般运行距离较短，故以白天运行为宜。在管内列车较多的区段不可能均在白天运行时，个别列车亦可在夜间运行，但始发时刻不宜过晚，到达时刻不宜过早。由于在乘坐管内列车的旅客中，有很多需要当天往返为满足其需要，列车在折返站的到达与出发时刻之间，应有适当的间隔，以保证旅客有一定的活动时间。

市郊旅客列车的开行应保证通勤职工上、下班，通学学生上、下学的需要。

其次，在联结几个铁路方向的大型客运站应尽量缩短旅客中转换乘的停留时间，使各方向旅客列车到发时刻有良好的衔接。如确有困难时，应照顾主要的中转直通客流。

区段内中间站产生的直通客流，一般先由管内旅客列车运送到直通旅客快车停车站，然后再转由直通旅客快车运送。

到达区段内中间站的直通客流则反之。

同时，还应保证旅客列车的到发时刻与其他交通工具互相衔接、配合。这种衔接包括组织公铁、海铁、河铁、空铁联运及缩短旅客由这种运输形式换乘到另一种运输形式的等待时间。这样，不仅可以方便需要换乘其他交通工具的旅客，而且对报纸、邮件的传递也有重要意义。

（3）旅客列车与货物列车运行线应有良好的配合，做到客货兼顾，全面安排。

旅客列车在运行图上均衡铺画，不但对车站客运设备的运用有利，而且能保持旅客列车良好的运行秩序，并且有利于货物列车密度的均衡，对加速机车车辆的周转是有利的。旅客列车运行线的安排应尽可能减少货物列车待避、停会旅客列车的次数，更不应该使旅客列车待避、停会货物列车，以提高列车的旅行速度。

（4）保证旅客列车运行与客运站技术作业过程相协调。

由于要求旅客列车在大城市有比较合适的到发时刻，这就可能出现密集到发的现象。因此，要求旅客列车到发的间隔时间应与车站技术作业过程相协调，否则将不能保证车站正常接发列车，造成客运站作业的困难和设备的利用紧张状态，这种情况应尽量避免。

同方向旅客列车的始发间隔时间，也应考虑与客运组织工作配合的问题。同方向列车密集到发，会使客运站工作负荷过重，增加组织工作的难度，也应考虑旅客站舍的负担，以免造成站内拥塞。

（5）经济、合理地使用客运机车车辆。

加速机车和客车车底的周转是铁路运输组织工作的重要原则之一。在编制客车方案时，如果旅客列车运行方案安排得好，可以减少车底需求组数。使客车车底得到更经济的使用。

另外，旅客列车运行方案图对调整客运机车的运用也有很大关系。通过适当地调整列车的到发时刻也可以达到节省运用机车的台数的目的。因此，在编制方案图时，也应同时考虑各区段的客运机车运用，以加速机车周转。

编制客车方案图要求同时实现上述各项原则往往是有困难的。例如，为要选择旅客列车始发、终到的合适时刻，就需要增加使用的车底数；各方向列车始发、终到的时刻合适，却往往不能配合客运站的客流衔接等。在这种情况下，就必须根据具体情况，采取措施，通过协商，解决主要矛盾，这样才能不断提高客车方案的编制质量。

（6）处理好列车到开时间和列车密度、客车车底运用、机车交路等几方面的关系，避免抢好点、抢热门车现象。

2. 旅客列车运行方案图的编制方法

全路列车运行图的编制工作，贯彻集中领导和分级负责相结合的原则。在国铁集团的总体部署下，分片、分线、分工负责，密切配合，共同完成运行方案图的编制工作。

各局根据上述原则，按照先国际、后国内，先直通、后管内，先快车、后慢车的顺序进行铺画工作。

铺画旅客列车方案运行线的一般方法如下：

（1）国际联运旅客列车，按照联运会议决定的时刻从国境站开始向国内铺画。

（2）直通旅客快车，除根据原方案调整范围不大的以外，对必须翻架子的和新增加的直通旅客快车，一般是先确定合理开车范围，并从中选择几个可行方案，进行技术、经济比较，取其中最优方案，而后从列车始发站开始，向终点站顺序地铺画。如终点站的到达时刻不太合适，再做小范围的上下调整。

在具体编制方案时，不管是直通还是管内方案，大多数情况下，都是在上一届方案的基础上进行的，一般调整的范围不大。

根据方便旅客旅行的原则，直通旅客快车可规定为不晚于零点开，不早于7点到。按这个条件，每一对列车都有其合理开车范围。这个合理开车范围因始发、终到城市之间列车运行时间的不同而不同。有的列车只有一个合理开车范围，有的列车可以有两个合理开车范围，如图 6.7 所示。

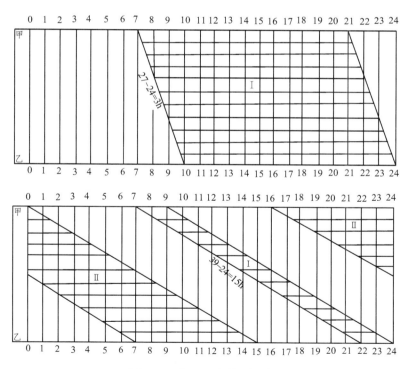

图 6.7 合理开车范围示例

设直通快车的单程运行时间为 $T = x + 24D$，则其合理的开车范围 t 可用下列分析式确定：

当 $0 + 24D \leqslant T < 7 + 24D$ 时，

$$t = 7 \sim (24 - x)$$

当 $7 + 24D \leqslant T \leqslant 17 + 24D$ 时，

$$t = \begin{cases} 7 \sim (24 - x) \\ (24 - x + 7) \sim 24 \end{cases}$$

当 $17 + 24D < T \leqslant 24 + 24D$ 时，

$$t = (24 - x + 7) \sim 24$$

根据上述分析式，可根据不同的单程运行时间，确定其相对应的合理开车范围，如表 6.6 所示。

表 6.6　合理开车范围表

T	合理开车范围	T	合理开车范围
$1 + 24D$	$7 \sim 23$	$13 + 24D$	$7 \sim 11$　$18 \sim 24$
$2 + 24D$	$7 \sim 22$	$14 + 24D$	$7 \sim 10$　$17 \sim 24$
$3 + 24D$	$7 \sim 21$	$15 + 24D$	$7 \sim 9$　$16 \sim 24$
$4 + 24D$	$7 \sim 20$	$16 + 24D$	$7 \sim 8$　$15 \sim 24$
$5 + 24D$	$7 \sim 19$	$17 + 24D$	7　$14 \sim 24$
$6 + 24D$	$7 \sim 18$	$18 + 24D$	$13 \sim 24$
$7 + 24D$	$7 \sim 17$　24	$19 + 24D$	$12 \sim 24$
$8 + 24D$	$7 \sim 16$　$23 \sim 24$	$20 + 24D$	$11 \sim 24$
$9 + 24D$	$7 \sim 15$　$22 \sim 24$	$21 + 24D$	$10 \sim 24$
$10 + 24D$	$7 \sim 14$　$21 \sim 24$	$22 + 24D$	$9 \sim 24$
$11 + 24D$	$7 \sim 13$　$20 \sim 24$	$23 + 24D$	$8 \sim 24$
$12 + 24D$	$7 \sim 12$　$19 \sim 24$	$24 + 24D$	$7 \sim 24$

根据表 6.6 的计算结果，直通快车的合理开车范围与单程运行时间的相互关系，可归纳为表 6.7。

表 6.7　单程运行时间与合理开车范围关系表

项　目		单程运行时间/h		
		$0 + 24D \leqslant T < 7 + 24D$	$7 + 24D \leqslant T \leqslant 17 + 24D$	$17 + 24D < T \leqslant 24 + 24D$
合理开车范围	个　数	一个 （7 点 ～ 24 点）	两　个 （7 点 ～ 17 点） （14 点 ～ 24 点）	一个 （7 点 ～ 24 点）
	比例关系	反比例	一个成反比例 另一个成正比例	正比例

从表 6.7 中可看出，单程运行时间为 $0 + 24D \leqslant T \leqslant 7 + 24D$ 及单程运行时为 $17 + 24D \leqslant T$

≤24 + 24D 的直通列车，在铺画客车方案时，难度较大。因其合理开车范围小且只有一个，调整的余地不大。单程运行时间为 7 + 24D≤T≤17 + 24D 的直通快车，在铺画客车方案时，比较容易，因其有两个合理开车范围，活动余地比较大。

（3）一般从列车始发站开始，向终到站顺序铺画。如终到站的能力紧张，也可从终到站开始铺画，反推出沿途各站的运行时刻和始发站的开车时刻。或者从指定的某方向的一端或中间部分开始铺画。这一方法，主要是为了解决某些关键问题才采用的。例如，为加速客车周转，缩短客车车底在外段的停留时间，可以从旅客列车的到达站开始，同时铺画上下行列车。又如，为解决旅客列车在主要站的接续，可以从接续站开始铺画。再如，为提高线路通过能力，可以从"卡脖子"区段向两端铺画。

在铺画各种旅客列车运行方案时，应尽量避免直通快车在每天 18 点前的一段时间内通过局间分界站（俗称不要"封口"）。这段时间，随分界站邻接两区间运转时分不同而不同，一般约需 15 min 左右。因为这段时间，往往有大量货物列车由分界口排出，容易造成旅客列车晚点。

铺画方案运行线时，应按局报部审批的区段旅行时间来确定各技术站的开点。注意区段内会车或越行地点的设备条件，考虑列车会让附加的时分。

遇到列车会让时，应遵守低等级列车等会或待避高等级列车，短途列车等会或待避长途列车的原则，并为等会或待避的列车增加区段旅行时间。附加时分随单线、双线及信、联、闭设备的条件而有所不同。一般来说，停车会让附加 10 ~ 12 min，待避附加 30 ~ 35 min。

直通客车方案图是整个方案图的基础，一经确定后，局间分界站的到发时刻原则上不许变动，必要时铁路局集团有限公司仅能适当调整本局管内的运行线。各铁路局集团有限公司根据直通客车方案编制管内客车方案后，即可具体铺画旅客列车详图。

当旅客列车运行图确定后，为保证列车运行图的严肃性、维护铁路的声誉、方便旅客，列车运行图不得随意变动，如必须变动时，应符合下列条件，但变更直通旅客列车运行时刻，必须报国铁集团批准。

① 旅客流量发生较大幅度增减或流向发生变化而需增减客车对数时。

② 技术设备发生变化时，如开通新线、双线、三线、四线和双线、三线、四线插入段，增加会让站，采用自动闭塞、调度集中或其他先进设备，提高线路允许速度，改变牵引动力等。

③ 工作条件发生变化时，如改变旅客列车重量标准和机车交路，调整列检布局等。

3. 旅客列车运行详图的编制

根据旅客列车方案图和有关资料对每一区段进行编制，在二分格运行图上精确地铺画出每一条运行线，确定每一趟旅客列车在每个车站的到、发、通过时刻和在区间内的运行时分。

二分格运行图由车务人员铺画。本着客货兼顾，统筹安排的原则，必要时对个别旅客列车的运行线稍加调整。

一般二分格运行图上列车的到、发时刻与客车方案比较，总是有差异的，在双线上差别不是很大，在单线上有时出入较大，各次列车在各技术站的到、开、通过时刻，应按二分格运行图上的时刻进行修正，最后形成旅客列车简明运行图。

列车运行图编完后，报国铁集团批准。

4. 旅客列车时刻表的编制

旅客列车运行图编完以后，应根据新运行图规定的车次、运行区段、停车地点、到发通过时分以及列车编组等事项，抄点制表，编制旅客列车时刻表。利用表格形式，把运行图的主要事项反映出来。旅客列车时刻表的格式如表 6.8 所示。

表 6.8　旅客列车时刻表

丙	甲	甲	丙	甲	开　往	申	庚	丑	寅	巳
8537 普客	1379 普快	1315 普快	K149 快速	T5 特快	车次　站名　车次	T6 特快	150 快速	316 普快	1380 普快	8538 普客
已开 8:10	8:50 58	9:22 30	14:30 38	7:12 20	戊	58 20:50	17:01 16:53	44 18:34	30 5:20	— 18:25
14:22 33	12:45 51	13:18 26	18:44 52	10:54 11:00	丁	27 17:18	52 12:43	24 14:17	54 0:48	14 12:02
20:03 —	15:35 46	16:47 17:00	21:16 —	13:21 29	丙	10 15:02	10:08	23 11:13	22:07 21:58	7:30
	17:38 45	18:52 19:00		…	乙	…		26 9:17	12 20:04	
	20:31 —	21:34 —		17:22	甲	11:02		7:05	17:52	

（1）时刻表的编制采用 24 h 制，列车在 24：00（即夜间 12：00）出发时为 0：00，到达时为 24：00。

（2）列车的始发，终点站均以该站的字头、字尾或省、市的简称来表示，并在开往栏内注明该列车的终点站站名。

（3）列车的到、开时刻，凡站名左边的均为下行列车，应由上向下看。并以↓表示。凡站名右边的均为上行列车，应由下向上看，并以↑表示。

（4）为使时刻表简明起见，有关内容可用符号表示。

常用符号的含义如下：

"…"或"↓"表示列车在该车站通过；

"＝"表示列车不经过此站；

"—"表示列车的终到站；

"※"表示旅客乘降所。

5. 旅客列车编组表的编制

在实行新运行图时,旅客列车编组表由铁路局集团有限公司根据客流性质、机车类型、列车重量、速度、车站到发线有效长度等因素确定,由国铁集团批准并以部令公布执行。旅客列车编组表规定了该次列车编挂的车种、辆数、顺序及车底周转图等内容,其格式如表 6.9 所示。

表 6.9　旅客列车编组表

北京—齐齐哈尔特快 K47/K48次	车辆乘务 齐齐哈尔车辆段担任	顺序 京开	1	2	3	4	5	6	7	8	9	10	11	12	13	14	15	16	17	18	计	
		齐开	18	17	16	15	14	13	12	11	10	9	8	7	6	5	4	3	2	1		
	齐齐哈尔车客运段担任	车种	XL	YZ	YZ	YZ	YZ	YZ	CA	RW	YW	YW	YW	YW	YW	YW	YW	YW	KD	UZ	18	18
		定员		118	118	118	118	112		36	60	66	66	66	66	66	60				1 070	
		吨数	43	46	46	46	46	46	48	45	48	48	48	48	48	48	48	48	63	48	861	
		附注						办			广						宿					

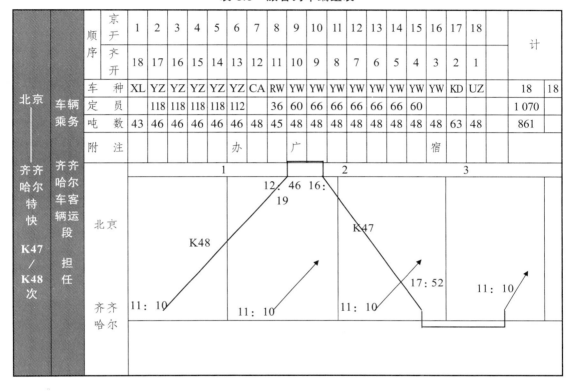

旅客列车编组表编制方法如下:

（1）列车发到站、车次栏。列车的发到站先填下行发站,后填下行到站,对改变运行方向的列车(即一对列车 4 个及其以上车次时),先填担当乘务工作的铁路局集团有限公司的始发站。

列车性质按照特快、直快、直客、管特快、管快、管客、市郊、混合等分别填写。

车次一律先填下行后填上行,一对列车有 4 个及其以上车次时,车次的填写必须和列车的发到站相对应。

（2）担当乘务栏。担当乘务的车辆、客运（列车）段,如名称相同,可只填写一个。

（3）车底编组栏。列车中车厢顺序号的编定,凡北京站和上海站始发的各次特、直快列车车厢顺序号均小号在前,大号在后（北京、上海间始发和到达的列车以北京站规定顺序为准）。非北京站和上海站到发的各次特、直快列车车厢顺序号,均以担当局始发站的发车方向为准,小号在前,大号在后,两个局担当的列车由有关铁路局集团有限公司事先商定后报国铁集团。但对途中某个站由于车场进路关系必须调头运行的列车,为便于确认。须在编组顺序项注明发站。

车种按统一的汉语拼音标记，定员按该种车辆的标记定员数（乘务员宿营车按发售给旅客的铺位数）填写。吨数填写该种车的总重，并根据车辆的用途及附属设备，在附注项内注明"行""邮""餐""宿""茶""播"等字样。

（4）车底周转图栏。车底周转图，表示需用车底组数和始发、终到时刻，并由此计算车底在始发站和终点站的停留时间。

周转图上填写的始发站名顺序须和填写列车种类车次的始发终到站栏相同。不得上下颠倒。一般先填下行始发站名，运行线从担当局的始发站开始，始发和终到时间填在车站中心线与运行线相交的钝角上。

6. 车底需要组数及客车需要辆数的计算

为正确地计算客车需要辆数，在编制旅客列车运行方案的同时，应绘制客车车底周转图，以确定各次列车的车底需要组数，根据车底编成数即可求得车辆数。

客车底需要组数的计算方法有图解法和分析计算法两种：

① 图解法。根据客车方案图绘制客车车底周转图，从周转图上直接查得需要的车底数。一种是从周转图上的箭头直接查出，如图 6.8（a）所示；一种是在周转图的任何一部分画一截取线，截取线和运行线或车底停留线的交点数即为车底的需要数，如图 6.8（b）所示。从图 6.8（a）中可以看出，开行某次列车共需要 4 组车底；从图 6.8（b）中可以看出，截取线和运行线共形成 4 个交点，因此开行某次列车需要 4 组车底。

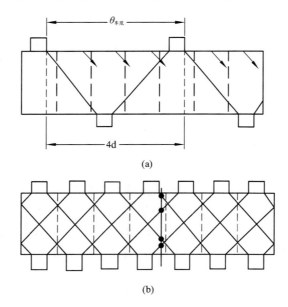

图 6.8　旅客列车车底周转图

② 分析计算法。通过分析一定到站和一定种类列车的车底周转时间，计算在该周转时间内发出的某种旅客列车的总数。

车底周转时间是旅客列车所用的车底，从第一次由配属站发出之时起，至下一次再由配属站发出之时止所经过的全部时间，以天为计算单位，而且为整天数。其公式如下：

$$\theta_{\text{车底}} = \frac{1}{24}\left(\frac{2L_{\text{客}}}{v_{\text{直}}} + t_{\text{折}}^{\text{客}} + t_{\text{配}}^{\text{客}}\right) \qquad (6.11)$$

式中　$\theta_{\text{车底}}$——车底周转时间；

　　　$L_{\text{客}}$——车底自配属站至折返站之间的距离；

　　　$v_{\text{直}}$——车底的直达速度；

　　　$t_{\text{折}}^{\text{客}}$——车底在折返站的停留时间；

　　　$t_{\text{配}}^{\text{客}}$——车底在配属站的停留时间。

　　设某到站某种旅客列车的车底周转时间为$\theta_{\text{车底}}$，在一个周转时间内平均每天发出的列车数为K，则该到站该种旅客列车的车底需要数（$n_{\text{车底}}$）为：

$$n_{\text{车底}} = \theta_{\text{车底}}K$$

由于$K = N/\theta_{\text{车底}}$，上式也可以写成：

$$n_{\text{车底}} = \theta_{\text{车底}} \cdot \frac{N}{\theta_{\text{车底}}} = N \qquad (6.12)$$

式中　N——车底周转时间内发出的该到站该种旅客列车总数。

　　公式表明，一定到站和种类的旅客列车车底需要数等于车底周转时间内发出的该到站该种旅客列车总数，如图6.9所示。车底周转时间为5 d，每天开行1列，该次列车共需5组车底。

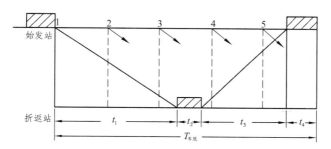

图6.9　车底周转时间

　　综上所述，车底数是由车底周转天数和平均每天发出列车数决定的。因此，节省车底的途径有两方面——压缩$\theta_{\text{车底}}$或缩小K值，必须根据具体情况做具体分析。缩小K值是有条件的，必须客流小，可以隔日开行或数日开行才行。缩减车底需要数可采取压缩站停时间，提高技术速度，采用先进牵引动力及加强运输组织工作等措施，这是挖掘运输潜力的有效途径，也是编制技术计划必须遵循的。

　　各区段需要的车底数确定后，即可计算车辆的需要数。其公式如下：

　　为开行某一对旅客列车所需要的运用客车数为：

$$N_{\text{客}} = N_{\text{车底}}M_{\text{客}} \qquad (6.13)$$

式中　$N_{\text{车底}}$——运用车底需要组数；

　　　$M_{\text{客}}$——每个车底的编成辆数，辆。

　　各客车车辆段需要的运用客车辆数为：

$$m_{运} = m_1 n_1 + m_2 n_2 + \cdots + m_n n_n \qquad (6.14)$$

式中　$m_{运}$——运用客车辆数；

　　　m_1、m_2、$\cdots$、m_n——列车中编挂的车数；

　　　n_1、n_2、$\cdots$、n_n——车底数，列。

以运用客车为基础，对于某车辆段配属车辆时，需用下列公式计算客车总数：

$$m_{总} = m_{运} \times (1 + \gamma) \qquad (6.15)$$

式中　$m_{总}$——配属车辆段的客车总数，辆；

　　　γ——检修、备用车所占运用客车的百分数。

第四节　旅客运输日常计划

旅客运输日常计划是旅客运输计划的组成部分。它是为保证计划年度任务的完成而编制的。由于旅客运输在节假日、季节及日常时有波动，为指导日常运输工作、保证合理运用技术设备和及时输送旅客，必须编制旅客运输日常计划。

就铁路旅客列车本身而言，个别列车可能始发、运行晚点，临时加挂车辆或加开列车、车底中车辆定期检修或临时故障等，都会影响到发线的使用、机车交路及旅客乘车组织工作的变更。所有这些都需要通过日常计划由客运调度进行组织调整，使站车相互配合，组织好均衡运输以提高客运服务质量。

一、票额分配

每次新运行图实行前编制一次，根据客流变化情况每年定期进行调整。直通列车由国铁集团与有关铁路局集团有限公司共同编制，跨 3 个铁路局集团有限公司以上的旅客列车由国铁集团负责，跨两个铁路局集团有限公司的旅客列车由两局协商解决，管内旅客列车由铁路局集团有限公司编制。

1. 分配依据

（1）指定月份的市郊、管内和直通客流图及主要站间旅客交流表等资料。

（2）列车的旅客密度表，分别车次整理的软卧、硬卧和硬座实际人数，各次列车虚糜和超员情况的分析。

（3）主要站分别车次、区段的上车人数和分车次的下车人数。

2. 分配原则

（1）首先满足始发局（站）到达最后一个区段长途旅客的需要。

（2）适当分配给中途局（站），特别是对省会、直辖市、自治区政府所在地（包括铁路局集团有限公司所在地）和外宾、华侨旅行集中地、开放城市的车站给予照顾。

（3）最后一个铁路局集团有限公司原则上不分配，各停车站可根据列车预报组织售票（或根据上、下车规律数组织售票）。

3. 列车定员的计算

（1）列车软座、卧铺定员。

软卧（座）定员为车厢标记定员；硬卧定员（宿营车除外）为硬卧车厢标记定员的总和减去 3 个便乘铺位。

（2）列车硬座定员。

① 列车硬座标记定员：各硬座车厢标记定员的总和，即

$$A_{标记} = \sum a_{标记}$$

式中　$A_{标记}$——列车硬座标记定员；

$\sum a_{标记}$——硬座车厢标记定员之和。如代用客车，定员按如下规定换算：棚车代用客车时，每吨位按 1.5 人计算；软卧车代用软座车时，每一下铺按 3 人计算；硬卧车代用硬座车时，每一下铺按 4 人计算，不再加超员率，同时上、中铺禁止出售，中铺吊起。

② 列车硬座实际定员：硬座车厢总标记定员减去 10 个座位，包括办公席占用及其他用途占用的座位新型车标记定员不包括办公席在内者，其实际定员即为标记定员，即

$$A_{实际} = A_{标记} - 10$$

式中　$A_{实际}$——列车硬座实际定员。

③ 硬座超成定员：列车硬座实际定员与列车实际定员乘以规定超员率之和，即

$$A_{超成} = A_{实际}(1 + K_{超员})$$

式中　$A_{超成}$——列车硬座超成定员；

$K_{超员}$——规定的超员率。

自 2012 年 4 月 27 日（乘车日期）票库起，路局按照铁道部规定的超员率，结合各次列车的售票情况，将无座席数量足额生成在始发站和中途发送量较大车站，各联网售票站发售本站无座席票额和共复用前方站的无座席票额。

铁道部规定的超员率：

• 动车组列车

（1）时速 300 km 动车组列车不超员。

（2）时速 200 ~ 250 km 动车组列车商务、特等、一等座不超员，CRH_2C 型动车组及 CRH380A 型动车组 6 号车厢不超员，其他二等座超员不大于 15%。

• 其他普速列车

（1）非空调硬座车（22 型、25B 型）每车厢载客不超过 200 人。

（2）双层硬座车每车厢载客不超过 200 人。

（3）空调硬座车（25G 型、25K 型、25T 型）每车厢载客不超过 180 人。

（4）25T 型硬卧车不代座，其他硬卧车代座每车厢载客不超过 160 人。

4. 票额分配方法

（1）硬座票额。

认真贯彻先中转、后始发，保证重点的运输原则。做到长、短途列车合理分工，确保长途旅客乘坐长途车、短途旅客乘坐短途车。

① 硬座票额的分配数量以列车硬座实际定员为基础，按各等级列车规定的超员率分配，优质优价列车不得超员。为防止非优质优价全程对号列车虚糜，在始发站（或指定中途站）每个硬座车厢增加 10 个无座号。

② 直通快车票额按列车限售区段分配，首先保证始发站至终到站或限售区段以远长途客流的需要，途中各停车站的票额按限售区段以远客流量依次分配。途中各停车站分配的票额由始发站套用，途中站不再套用短途票额。限售区段以远各站如有下车规律数量，可按规律数分配。

（2）软、硬卧铺，软座票额。

软、硬卧铺票额，首先考虑列车始发站长途旅客的需要，同时根据列车沿途车站客流情况适当兼顾中途站。对途中省、市、自治区，铁路局集团有限公司所在地和较大城市所在站，适当分配一定数量的票额。

① 软、硬卧铺，软座票额的分配数量为软、硬卧车，软座车的标记定员。

② 根据长、短途列车合理分工的运输组织原则，首先满足始发长途客流的需要，中间站凡有同方向、同终到站的始发快车时，所经过的列车要严格掌握，根据沿途客流情况分配少量票额。

③ 列车夜间运行途中，开车时刻超过零点的车站原则上不分配软、硬卧和软座票额。列车运行到最后一昼夜前的车站如有长途旅客下车时，可根据下车规律数分配一定数量的票额。

④ 软、硬卧铺的限售区段，原则上比照硬座限售区段办，如不能满足长途客流需要时，必须延长限售区段。中途站对第二天白天到达终点站的列车，必须限售到终点站，以减少因白天运行不易利用造成的空费。列车运行第一个白天的中间站，分配预留的票额要尽量减少，以避免始发站到预留站全部是白天，不利套用。单程白天运行的列车，软卧可代用软座。硬卧应尽量发售卧铺，减少代用。

⑤ 在不浪费运能的情况下，要尽可能保证党和国家机要交通使用卧铺的需要。在分配新运行图票额前，有关铁路局集团有限公司要事先与机要部门联系，共同协商机要占用票额事宜，并报国铁集团审批。

票额分配方案确定后，以表格形式公布。

5. 旅客列车席位复用、票额共用

（1）席位复用。席位复用是指对客票系统席位售出后，再次生成从售到站至原限售站的新席位，使列车能力再次利用。席位复用分为一次复用和全程复用。一次复用是指对席位复用一次后产生的新席位不再复用。全程复用是指对列车运行区间中的剩余区段进行多次复用。

席位复用规则：席位复用时间一般由各铁路局集团有限公司负责设置。其中，普通车在车票售出后 30 min；动车组列车在车票售出后 5 min。

（2）票额共用。票额共用是指在"公用"用途票额，允许被列车运行径路前方多个车站使用，旅客根据需要选择乘车站购票，并按票面指定乘车站乘车。客票系统对票额共用设定共用策略规则：

①"通售"用途票额的共用策略规则为开车前 20 d。

②"公用"用途票额的共用策略规则如下：

a. 普通车每个铁路局集团有限公司最后一个站开车前 1 440 min，其他局可以共用；每个局第 360 min，本局可以共用。

b. 动车组列车每个铁路局集团有限公司最后一个站开车前 30 min，其他局可以共用；每个局第一个站开车前 30 min，本局可以共用。

（3）实行票额共用、席位复用的列车，列车只能在通过票额共用、席位复用区段后，列车方可按有关规定办理补有席位的车票。

（4）列车票额共用和席位复用两种方式可共同并存。

（5）席位复用和票额共用参数设定。席位复用和票额共用相关参数的设定由铁路局集团有限公司客票管理所进行。其中，票额共用可一种类型列车设定一条参数，也可分车次、分席别分别设定相关参数，共用时间的参数均以 min 为单位。

席位复用和票额共用这两种售票组织方式突破了原有列车票额分配相关固定的限制，对减少列车席位虚糜、提高票额利用率和满足旅客出行需求具有重要意义。然而，在实际售票组织过程中难于把握的是如何最合理地设定票额共用时间，过早地实行票额共用，可能致使过多票额被中途站发售，使始发站票额不足，导致长票短卖，不利于效益最大化；过晚地票额共用，中途站旅客购票需求可能得不到及时满足，而始发站却票额过剩，列车席位出现虚糜。在两种极端情况下票额共用时间是容易确定的：其一为列车运能特别紧张，此时票额共用可缩至最短时间；其二为列车运能特别充足，此时可始终实行预售期内票额全程共用。但在更多情况下，需动态优化票额共用策略，才能既保证始发站旅客的出行需求，又尽可能多的将剩余票额供中途站发售。

6. 席位集中管理

为进一步提高直通旅客列车席位的全程利用率，自 2010 年 12 月起铁道部对所有直通旅客列车的席位实行由始发局集中管理的措施。

（1）席位集中管理是指旅客列车的所有席位均存放在一个铁路局（一般为始发局），并由始发局负责全程管理的一种售票组织方式。

（2）2006 年客票系统 5.0 版本升级后，系统实现了对席位集中管理的支持。2007 年动车组列车上线运行后，客票系统对动车组列车实行始发局集中管理。2008 年继动车组列车之后，对直达列车、青藏列车和港九列车实行了席位集中管理。2009 年铁道部对全路客座率低于 60% 的列车实行席位集中管理，以提高该部分列车的全程客座率。2010 年对全部直通旅客列车实行席位集中管理。

（3）列车始发局按照旅客列车票额分配计划，在客票系统中编制列车全程基本计划，无座席位由始发局按车厢足额编入基本计划，并按照以下定上、满足沿途预售需求的原则，将一定数量无座席自预售之日全程共用或分配至沿途站。沿途站可向始发局提出无座席需求，始发局应根据客流情况予以调整。列车终到局可根据列车客流情况对本局无座席数量进行临时调整。

（4）列车担当局可根据客流情况，按照列车效益最大化原则向始发局提出票额调整建议。

（5）实行列车席位集中管理后，列车沿途局在客票系统中对该列车除"晚点、改点、调整以远站、停售、不可售到、命令扣票和改晚点调令删除"可进行操作外，其余调度命令的操作均由始发局进行执行。

（6）列车沿途局在编发列车停运、定员变化、加挂甩车、票额站间调整、车站临时停办客运业务的调度命令时应抄送列车始发局，由始发局进行操作。

二、旅客输送日计划

为了严格掌握旅客列车的乘车人数，及时调整各站票额数字，对发送和中转旅客人数较多的车站，应在票额分配计划的基础上，再根据客流变化情况，编制旅客输送日计划，以确定各次旅客列车的次日乘车人数。因此，旅客输送日计划，实质上就是车站根据客流变化情况而编制的旅客乘车组织计划。

旅客输送日计划必须从全局出发，按照长短途列车合理分配的原则进行编制，特别要注意运输能力在时间上和空间上的均衡使用。同时，通过计划来指导售票和其他服务的组织工作。为此，三等及其以上或客流量较大的车站要设专职客运计划员（三等以下的车站未设客运计划员的，应由客运值班员负责），根据各次列车运输能力的使用情况及票额分配计划，在客运副站长（或客运主任）领导下进行编制。

1. 旅客输送日计划的编制依据

（1）各次旅客列车的票额分配计划。

（2）近日来各次旅客列车上车人数和中转换乘旅客的实绩及其规律。

（3）临时加开旅客列车及固定列车变更编组情况。

（4）节假日与平时客流差异情况及其规律。

（5）近几天内天气情况及过去天气变化对客流影响的规律。

（6）团体旅客预约及其他情况等。

（7）各次列车预售车票数量。

（8）其他因素对客流的影响。

2. 旅客输送日计划的编制方法

车站旅客输送日计划，按 0:00—24:00 编制，分管内、直通列车，分车次并按客流区段进行，时间以列车的开车时间为准，车站的发送、中转及持铁路乘车证旅客都要统一纳入日计划。

对有票额分配计划的列车，按固定票额分配计划，限售区段及有关客调（票管所）命令制；对无票额分配计划的列车，按平日上车规律数来编制。同时考虑影响客流变化的各种因素，遇到有客流发生变化时，车站应将变化数量及其流向上报客调（票管所），必要时提出加挂车辆或加开临客的请求。

节假日计划与正常日计划的编制方法有所不同。正常日计划主要根据日常的运输能来调整和均衡地安排旅客运输工作，而节假日运输时间集中，客流量大，波动性也大，且常为单方向客流，在图定运能满足不了需求时，需请求增开临客和加挂车辆来弥补图定列车运输能不足，满足旅客的需求。运力和组织工作的安排仅靠铁路本身是不行的，必须得到地方政府及有关部门的协助，收集有关资料综合平衡，共同来确定旅客运输计划和组织工作，以保证节日旅客运输任务的完成。

旅客输送日计划的编制，除了客运计划员要积极努力，充分发挥高度的负责精神和科学态度之外，还要与客运值班员、售票员和客运员等密切合作，广泛听取他们的意见，以提高计划质量。

3. 旅客输送日计划的主要内容

旅客输送日计划包括分线别（方向别）的旅客列车车次、运行区间、开车时刻，分线别的管内、直通区段，分车次（分区段）的各席别票额，中转人数，车辆的甩挂计划（运能调整扩编、减编情况），分车次实际上车人数及合计数，每趟车的计划兑现率，全站日计划兑现率、下车人数，客调（票管所）调整票额数，审核签字和客调（票管所）审批命令号等。

4. 日计划的审批

旅客输送日计划编制完毕，经客运副站长（或客运主任）审查，如无调整需求的，则不必每日上报审批，有调整需求的，则及时上报铁路局集团有限公司客调（票管所），进行调整后予以批准实施。

客调（票管所）根据各大站（车务段）的日计划提报数，加上小站的上车规律数，较全面地推算出各次列车在各客流区段内的客流密度，从而可以看出某次列车超员或虚糜的情况，本着始发站照顾中间站、大站照顾小站的原则进行调整。这样使各站之间、各次列车之间的旅客人数得到合理的分配，以提高客车使用效率。其调整方法是：

（1）直通旅客列车的日计划主要按照国铁集团定的票额分配计划审批。遇有长途客流发生变化时，车站将变化数量及其流向报告铁路局集团有限公司客调（票管所），由铁路局集团有限公司客调（票管所）在本局管内进行调整。如局管内调整不过来时，则需采取增大超员率（但必须经国铁集团批准或加挂车辆的方法解决。

（2）管内旅客列车日计划的调整方法。大站日计划报铁路局集团有限公司客调（票管所），小站日计计划报车务段，由车务段汇总后再报铁路局集团有限公司客调（票管所），铁路局集团有限公司客调（票管所）根据管内下车规律的定量和系数求得各区段密度，然后将各区段能力和密度比较做数字平衡。

经过客调（票管所）平衡调整后的旅客输送日计划，以调度命令的方式于前一天下达给各大站、车务段执行。

5. 日计划的执行

客运计划员接到铁路局集团有限公司客调（票管所）批准的旅客输送日计划，应将预售及预订团体旅客人数和中转签证的规律数从调整后的计划人数中减去，即可得出本站次日可以发售的票额由客运计划员下达给售票处进行发售。同时，在日计划的执行中，还应注意处理好以下几个问题：

（1）长短途列车的分工和中转换乘优先。长途列车必须组织长途旅客乘坐，如果发售短途票必然积压长途旅客，给长途旅客带来很多困难。换乘优先是指在同等条件下，换乘旅客优先于始发旅客乘车。

（2）大站照顾小站，始发照顾中途。大站是指特、一、二等站，这些车站客流量大，停站列车多，分配票额多，有的还有始发列车，客流便于组织调整。中间小站停站列车少，有的一昼夜内只有 1～2 趟列车停站。如大站不按计划票额发售或超售，不照顾中间小站，则小站就无法组织旅客上车。始发站与中途站的关系也如此，始发站必须根据计划票额发售，不得超区段，否则将造成中途站旅客买好了票上不了车，使列车"吊客晚点"，打乱列车运行秩序。

（3）满足一般，保证重点。一般来说，首长、外宾、华侨、记者、机要人员、老弱病残和其他有特殊困难的旅客，应较一般旅客优先安排，在票额紧张，运能不足时，更应根据具体情况，实事求是地处理好。

（4）严格掌控"热门车"，有计划地组织"冷门车"。某些列车由于运行时间好，旅客乘车方便，就形成了热门车，反之某些列车就成为冷门车。为此，必须有计划地组织，把"热门车"的票额掌握得严一些，对"冷门车"则加强组织。大站应组织客流乘坐"冷门车"，因大城市市内交通比较方便，而且同方向行驶的旅客列车停靠次数也较多。让小站旅客乘坐"热门车"，这就更能满足不同旅客的需要。

客运计划员对日计划及票额分配执行情况应经常督促检查。为了分析旅客运输日计划的编制质量，车站应对每一车次统计其实际上车人数，并和旅客输送日计划相核对，从而查明超员或不满员情况。通过经常的统计分析，积累资料，就能逐步提高计划编制的质量。

6. 日计划的考核

车站旅客输送日计划编制质量的高低，主要是通过对兑现率进行考核。根据国铁集团的要求，每趟列车计划兑现率与日计划兑现率，都要分别达到 95% 以上。

（1）每趟列车兑现率。

每趟列车兑现率，应根据实际大小分别求算，其计算公式为：

实际大于计划时

$$\gamma = \left(1 - \frac{A_{实际} - A_{计划}}{A_{计划}}\right) \times 100\%$$

式中　　$A_{实际}$、$A_{计划}$——分别为每趟列车实际、计划上车人数。

实际小于计划时

$$\gamma = \frac{A_{实际}}{A_{计划}} \times 100\%$$

（2）日计划兑现率。

将全天各次列车的兑现率加总后除以列车次数，要求达到 95% 以上。其计算公式为：

$$\beta = \frac{\sum \gamma}{N}$$

式中　　β——日计划兑现率；

$\sum \gamma$——每趟列车兑现率的总和；

N——列车数。

三、站、车客流信息传报工作

（一）站、车客流信息传报工作的概念及目的

1. 概　念

站、车客流信息传报工作是指办理客运业务的车站按规定区段或停车站正确、及时地向旅客列车提报确切的乘车人数，旅客列车向指定的预报站正确地发出车内实际人数、区段内旅客密度以及列车剩余能力的预报工作。

2. 目　的

建立站、车客流信息传报制度，是合理组织旅客乘车、控制列车超员、弥补列车虚靡、实现旅客计划运输的主要措施之一，同时也是实现车站旅客输送日计划的重要环节。

（二）站、车客流信息传报的专用表报和填报方法

站、车客流信息传报主要是通过"一单（乘车人数通知单）、一表（列车旅客密度表）、三报（旅客区段密度报告、分界站报告、预报通知单）"来记录、统计、传递的。

1. 乘车人数通知单

乘车人数通知单（客统-3）简称"一单"，格式如表6.10所示。

（1）用途。

① 乘车人数通知单是车站统计各次列车上车人数，积累客流资料的原始记录。

② 乘车人数通知单是列车填写旅客密度表的依据。

③ 乘车人数通知单是车站考核日计划兑现率，检查售票、签票执行日计划情况的依据。

表 6.10　乘车人数通知单（客统-3）

主表

车站：　　　日期　　　××-----××站　　　　××列车　　　　发车时间：

站名	硬座人数	软座人数	硬卧人数	软卧人数	无座人数	乘车证		中转人数	售出累计	剩余硬卧	剩余软卧	剩余硬座	剩余软座
						卧铺	其他						
合计													

车号	卧别	铺位号	1	2	3	4	5	6	7	8	9	10
	软卧	0										
		10										
		20										
		30										
	硬卧	0 上										
		中										
		下										
		10 上										
		中										
		下										
	硬卧	0 上										

已售：*站名（站名表示下车站，不显示站名表示售到站为终到站）

剩余：站名（站名表示限售站）

调票：/站名（站名表示票额调入站，不允许列车补票）

　　　/站名/（站名表示票额调入站，允许列车补票）

车次进款（元）：　　　　　计划员：　　　　　车长签收：

（2）填报方法。

① 凡办理客运业务的停车站都必须按到站或规定的区段，正确地统计旅客上车人数，做到真实可靠，正确率达到 95% 以上，并及时向列车提交"乘车人数通知单"。

② 现行的乘车人数通知单，是将乘车人数通知单、剩余席位通知单、席位预留通知单和席位发售通知单，整合在一起的一种复合型的乘车人数通知单。

③ 乘车人数通知单包括主表和附表，主表显示统计数字，附表显示列车席位发售情况，作为列车补票的依据。

④ 对于动车组列车，乘车人数通知单的"软卧"栏改为"一等座"，"软座"改为"二等座"，重联动组列车，车站可以分车厢打印乘车人数通知单。

⑤ "乘车人数通知单"是通过站车客运信息无线交互系统进行传递。使用之初，车站需设专人做好乘车人数通知单的信息发送工作，至少在列车开车前 5 min，点击客票系统计划管理模块"乘车人数通知单"中"打印"按钮，统计该列车在本站的售票情况及剩余席位，客票系统才能将信息发送给指定的列车移动终端。执行上述操作后车站不得继续发售该次列车的车票。遇有列车晚点，车站还应在客票系统中做"晚点"调度命令。随着该项技术的发展，于 2010 年下半年开始，客票系统逐步实现根据列车时刻自动于列车开车前 5 min 向列车发送相关的信息。

列车运行中，当车站发送相关信息时，列车移动终端便能自动接收。如果当时未能接收到信息，可能该区间信号不好，可间隔一段时间再登录查看。

列车乘务人员接收信息后，可进行列车补票、查验车票真伪等工作。

列车到达本次终点站后，列车乘务人员须注销身份，退出系统，并关闭手持设备。

2. 列车旅客密度表

列车旅客密度表（客统-4），简称"一表"，如表6-11所示。

表6.11 列车旅客密度表

（1）用途。

① 列车旅客密度表积累各站上下车人数资料，为编制旅客列车运行图，调整列车停站和票额分配计划提供准确的依据。

② 列车旅客密度表是列车长及时掌握旅客流量、流向变化，合理安排列车统一作业过程，为旅客提供优质服务的基础。

（2）填报方法。

① 列车旅客密度表为梯形表格，分硬座及软、硬卧两个梯形表格。每一竖格的垂直累计数为各站上车人数，每一横格水平累计数为各站下车人数。

② 列车始发前要标记列车车次、始发日期、始发站名、终到站名，担当段名、组名、列车长姓名，列车编组辆数；列车硬座标记、实际、超成定员数及软、硬卧定员数。按列车办理客运业务停车站站顺标记站名（区段）并留出核实栏空格，"固定票额"栏标记各站的票额分配数（或根据上级命令标记调整后的数字）。软、硬卧梯形表中"固定票额"栏内斜线上方标记软卧票额，下方标记硬卧票额，遇有甩挂车辆时，则应标记甩挂车辆数、车种及到站。

③ 列车从始发站开出后，根据各停车站无线交互系统提报的"乘车人数通知单"将旅客乘车人数分别标记在各到站（区段）栏内；软、硬卧乘车人数还要根据各卧铺车厢列车员统计的实际与提报的人数核对后，再分别标记在软、硬卧到站栏内，斜线上方标记软卧人数，

下方标记硬卧人数。

为保证列车旅客密度表中数字的正确性，列车必须认真执行看票上车制度。列车在始发站开车后，应通过旅客去向登记、夜间看票记录或验票的方法，对车内实乘人数按到站（区段）进行一次全面核实，并将核实人数标记在核实栏内，为全程打好基础。列车运行途中在不干扰或少干扰旅客的前提下，于分界站前用上述方法对车内人数按到站（区段）进行核实调整。如列车在某局管内运行超过 800 km 时，增加一次核实。

列车旅客密度表"车内人数"的计算方法为：

$$列车到站前的车内人数 - 本站的下车人数 + 本站的上车人数$$
$$= 列车由该站开出后的车内人数（即车内旅客密度）$$

3. 列车旅客输送量的计算

列车到达终点站前，列车长应计算一个单程的旅客输送量，其计算方法为：

$$旅客输送量 = 软、硬座各站下车人数 + 软、硬卧各站下车人数$$

用同样方法计算出返程旅客输送量，往返旅客输送量之和即为该次列车总的旅客输送量。

当前，旅客快车都在列车上配置有站车客运信息无线交互系统的设备，乘车人数通知单均通过该平台进行传递，因而列车旅客密度表亦能在该系统中自动生成，不必填写。但是目前使用的版本尚存在项目不齐全、不完善等问题，有待进一步提升。为此有些客运段还继续要求列车长手工填制项目齐全、完善的纸质列车旅客密度表，以备资料的积累。另外，未配置列车移动终端系统设备的列车，也要手工填制。

第五节　客运调度工作

一、客运调度的基本任务、职责和权限

1. 基本任务

各级调度机构在值班主任的统一领导下，分别设主任客运调度员和客运调度员，负责其管内的日常客运组织指挥工作。其基本任务是正确编制和执行客运工作日常计划，有遇见的组织客流，经济合理地使用客车和客运设备，协调各客运部门工作，保质保量地完成客运任务。

2. 客调的职责和权限

（1）全路调度指挥中心客运调度员：

① 督促检查各铁路局集团有限公司客调工作完成情况。

② 掌握全路客车配属及各局客车运用情况；调用各铁路局集团有限公司的客车；组织掌握路用车的跨局使用。

③ 掌握全路客流变化情况，根据需要临时调整运能，提出处理旅客列车的停运、加开

和变更编组方案，组织各铁路局集团有限公司有计划地、均衡地输送旅客；分析各铁路局集团有限公司、主要站客流波动及旅客列车超员情况。

④ 加强计划运输、控制列车严重超员；防止全程对号列车虚糜，掌握特、直快列车的利用和交口情况。

⑤ 掌握国际旅客列车和直通旅客快车的运行情况，遇有晚点时，组织有关局采取措施，恢复正点运行。

⑥ 遇有灾害或事故中断行车时，及时请示汇报；处理跨局旅客快车的停运、加开、折返、保留和变更径路等事宜。

⑦ 组织掌握外宾、华侨，以及我国港、澳、台同胞和国际联运旅客的运输。

⑧ 组织掌握专包及重点任务的挂车计划，并掌握运行情况。

⑨ 有计划地组织掌握春运、暑运临客开行及其他节假日大批团体旅客和行包的运输；组织掌握新老兵及有关军事运输工作。

⑩ 收取各铁路局集团有限公司客运表报有关资料、站车的好坏典型事例和旅客、行包运输安全等情况。

⑪ 处理日常客运工作中的有关事宜。

⑫ 有计划地组织各级客调人员深入现场调查研究，了解客运工作情况，召开各种专题会议、解决有关问题。

⑬ 在特殊情况下，报客运主管部门批准后下达特、直快列车在不停车站临时停车的命令。

（2）局客运调度员：

① 监督检查各站、段客运工作完成情况。

② 编制、审批日班计划，根据客流需要，及时调整运能，组织掌握管内旅客列车的停运、加开和加挂车辆，并检查执行情况。

③ 加强计划运输，控制列车严重超员，防止全程对号列车虚糜，收报特、直快列车交口人数。

④ 监督组织旅客列车按运行图安全止点运行，努力使晚点列车恢复正点；在特殊情况下，报客运主管部门批准后下达局管内的旅客列车临时停车的命令。

⑤ 有计划地组织掌握春运、暑运临客开行及其他节假日大批团体旅客和行包的运输；组织掌握新老兵及有关军事运输工作。

⑥ 认真掌握客车设备及动态；调用各段的客车；组织好出入厂、段客车的回送；及时收报、核对客车编组、备用车、检修车及运用客车外出情况。

⑦ 铁路局集团有限公司管内发生重大、大事故或自然灾害中断行车时，及时汇报有关领导，采取措施，并提出有关客车停运、加开、折返、保留、变更径路等方案。

⑧ 收取站、车旅客伤亡、火灾等事故概况，并及时报告上级客调和有关领导。

⑨ 加强与邻局联系，正确及时交换调度命令，认真核对分界站客车出入、留轴、挂车情况，掌握跨局客车运行情况。

⑩ 及时转发国铁集团（或铁路局集团有限公司）客调命令，对站、段发布有关客运工作的调度命令。

⑪ 及时正确收集客运工作概况并上报按日、按月积累各项资料、节日客流分析。

⑫ 深入车站和添乘旅客列车调查研究、检查指导，不断改进客运工作，提高调度指挥水平。

二、客运调度员的日常工作

1. 正确组织旅客及行李、包裹运输

各级客运调度员是旅客和行包运输工作的指挥者，在日常工作中应分别做好以下工作：

国铁集团客调要经常分析各铁路局集团有限公司、主要站发送旅客人数的波动情况，并及时提出决策意见；经常检查各铁路局集团有限公司直通旅客、行李、包裹的运送情况，掌握旅客列车编组调整及车辆调拨；对节假日和大批旅客、行李、包裹的运送，做到有计划地安排车辆和加开临时旅客列车。

铁路局集团有限公司客调要按日、旬、月对局管内的发送旅客及行包波动情况，做好分析、总结工作，向国铁集团汇报跨三局以上的旅客列车利用情况，并提出修改意见；协商处理跨两局的旅客列车的利用情况并报部备案；处理局管内旅客列车的停运、加开或增、减车辆，对停运、增开的旅客列车应向国铁集团报告；对大批管内旅客、行包的输送（包括节假日）应采取组织分批乘坐正常旅客列车，加开临时客车和增加车辆，套用客车底等办法。督促检查各站做好计划运输工作；严格按批准的票额或规律数售票，如客流发生变化，应调整票额和运能，下达到各站执行；对始发、终到时刻适宜、客流集中的列车应重点掌握；按日、旬、月对自局管内发送旅客人数及行包波动情况做好分析、总结工作；掌握日常及节假日旅客和行包变化，制定旅客和行包输送日计划，组织各站按计划均衡输送；及时安排支农、抢险救灾和团体旅客、行包的输送计划，并进行登记和报告国铁集团。

2. 经济合理地使用客车

按客车运用规则规定，全路的客车都是固定地配属给各局的有关车辆段，并由其负责日常维修保养。因此，各铁路局集团有限公司客调都应组织好本局配属客车的使用，掌握客车动态。其中，包括建立专门的表报制度，用以了解和掌握客车运用情况，分析旅客列车晚点原因等，并辅以车牌及客车动态提示板，用以掌握车辆动态。

客调应随时掌握各次列车人数的波动情况，根据乘车人数和区段密度，及时发布调度命令，调整"旅客列车编组表"规定的编组，增减或换挂车辆。本局管内旅客列车凭调度命令，由铁路局集团有限公司自行处理，跨及两局的旅客列车，由两局协商以调度命令办理。跨及两局以上的旅客列车及直通快车在自局管内增挂车辆时，如不影响列车正点及原编组顺序，以调度命令自行办理跨局增挂车辆时，除国际列车、软卧车及公务车外，一般与有关局取得联系后，亦凭调度命令办理。

铁路局集团有限公司客调应根据客运量自行调剂客车使用，解决不了时，及时报告国铁集团联系借用或调拨外局客车。借用外局客车，使用后应及时派检车人员送回，并认真办理交接手续，中途不得扣留使用，以严肃调度纪律。国铁集团调拨车辆时，接车局应派检车人员接车，保证车内设备完整。

3. 监督旅客列车按运行图行车

旅客列车如果运行晚点，不仅打乱整个运行图，而且给旅客带来不便。因此，客调在监督旅客列车按运行图运行的日常指挥、组织工作中应做好下列工作：

（1）了解和掌握旅客列车运行情况，摸规律，抓关键列车、车站，发现问题及时解决。

（2）对始发的旅客列车，应及时检查客车底的整备及取送情况，督促车站及时取送；检查机车交路，了解机车运用和整备情况，发现问题及时通过有关部门联系解决；检查和督促车站安全迅速地组织旅客乘降行包装卸工作，保证旅客始发。

（3）加强与邻局的联系，遇接入晚点旅客列车时，应及时与行车调度员联系，调整列车运行，并事先了解列车行包件数，以便组织前方有关车站提前做好卸车准备，及时采取措施恢复列车正点运行。

监督旅客列车按运行图运行是各级客调的重要职责。国铁集团客调应加强对国际联运列车和重点布置的临时旅客列车运行情况的掌握；应每日收录各局旅客列车运行情况，并进行全面分析，找出主要晚点原因，提出改进意见。

铁路局集团有限公司客调应收录旅客列车运行情况，并与有关列车调度员建立必要的联系制度，保证旅客列车按运行图行车，对列车运行情况进行全面分析，找出主要晚点原因，向上级领导汇报并提出改进意见；对晚点列车督促采取措施，使其恢复正点运行；对国际联运旅客列车始发及运行情况每 3 h 向国铁集团汇报一次。检查旅客列车编组和取送情况，停靠站台、车辆技术检查和整备状态，及时组织旅客迅速乘降和行包的快速装卸，联系站、车工作人员在安全的基础上，加速作业，压缩列车停站时间，恢复列车正点运行。

4. 客运调度工作的分析

为了提高客运工作计划质量，改进客运组织工作，国铁集团、铁路局集团有限公司的客运调度工作必须建立、健全各种报表和客流分析制度，认真考核客运组织工作情况，系统地对客运工作进行分析研究。分析工作由各级主任客运调度员负责，分析的主要内容包括：

（1）旅客列车晚点情况及其原因分析。

（2）客流的情况及其波动规律。

（3）客车运用及检修车的完成情况。

5. 客运调度报告制度

为准确掌握客运工作情况，及时处理发生的问题，站、车、路局客调必须加强报告制度，除按规定上报的有关资料外，凡发生下列情况时，必须及时逐级向客调报告：

（1）发生自然灾害和行车特别重大、重大、大事故中断行车。

（2）发生旅客、路内客运职工伤亡事故。

（3）车站和旅客列车发生火情、火灾。

（4）因机车、车辆发生事故造成甩车、长时间修理造成始发和运行晚点。

（5）由于站车设备损坏或其他原因造成人员伤亡。

（6）车站和列车票款、票据被抢、被盗。

（7）进京上访人员乘车。

（8）站车之间发生纠纷或其他原因影响旅客列车严重晚点。

（9）站、车发生意外情况，工作人员不能正常作业。

（10）其他需要及时上报的有关客运工作事项。

✎ 复习思考题

1. 什么是客流？客流的构成要素有哪些？
2. 在进行客流调查时，应如何确定车站的直接吸引范围？
3. 什么是客流图？客流图有哪几种？应如何编制管内客流图？
4. 什么是客流区段？客流区段分哪几种？如何确定？
5. 什么是票额分配？票额分配的依据是什么？如何分配？
6. 应如何进行列车定员的计算？
7. 应如何确定直通快车的合理开车范围？
8. 如何确定旅客列车车底的需要数？如何绘制旅客列车车底周转图？

第七章 车站与旅客列车工作组织

客运站是指专门和主要办理旅客运输业务的车站。它是旅客和铁路联系的纽带，是旅客与铁路最先和最后接触的场所，是铁路旅客运输的基层生产单位。客运站一般设在大中城市、旅游城市或铁路枢纽地区。

车站与旅客列车
工作组织 PPT

客运站的主要任务是安全、迅速、有秩序地组织旅客上下车，便利旅客办理一切旅行手续，为旅客提供舒适的候车条件，保证铁路和市内交通联系便捷，使旅客迅速疏散。为此，客运站要有完善的客运设备和正确高效的工作组织方法。

第一节　客运站的主要设备和布置要求

一、客运站的作业与主要设备

1. 客运站的作业

客运站的作业主要有以下 3 类：

（1）客运服务作业。包括旅客上下车、候车、问讯、小件携带品寄存，以及对旅客文化生活、饮食卫生等方面的服务。

（2）客运业务。包括客票发售、行李包裹的承运、保管和装卸、邮件的装卸等。

（3）技术作业。按照列车种类的不同，客运站主要办理以下技术作业：

① 始发、终到列车。列车到发、机车摘挂，列车技术检查、车底取送、个别车辆摘挂以及餐车整备等。

② 通过列车。列车到发、机车摘挂及整备、列车技术检查、客车上水等。个别车站还有车辆摘挂、变更列车运行方向、餐车供应等作业。

③ 市郊（通勤）列车。列车到发、机车摘挂、列车技术检查及车底取送等。

④ 货物列车的到发作业。货物列车的通过、停留、交会和越行作业。

2. 客运站的设备

客运站由站房、站场和站前广场等主要设备组成。

（1）站房。站房是客运站的主体，包括为旅客服务的各种用房，运营管理工作所需的各种技术办公用房以及办理行包和邮件的用房。

（2）站场。站场是办理客运技术作业的场所，包括线路（到发线、机走线、机待线和车辆停留线等）、检票口、站台、雨棚及跨线设备等。

（3）站前广场。站前广场是客运站与城市联系的"纽带"，包括车行道、停车场和旅客活动场所等。

在有大量旅客列车始发和终到的车站上，为了对客车车底进行洗刷、检查、整备等工作，还需配备客车整备所。

二、旅客站房的布置要求

旅客站房是直接为旅客服务的房舍，是客运站及城市的大门，它的布置是否合理，对提高服务质量，保证车站的良好秩序，提高车站运输能力都十分重要。

旅客站房的设计，应按照客流量的大小、客流特点、线路布置、地形高度、地质条件及城镇规划等因素，合理组织各种流线，减少旅客的多余走行。为旅客服务的各项设施，应布置紧凑、合理，避免干扰。客运站房在设计时，应满足以下要求：

（1）旅客站房的位置要和城市规划及市内交通密切配合。通过式客运站，旅客站房一般设在靠居民区一侧。尽头式客运站，旅客站房一般设在到发线尽端。站房与站前广场及城市交通工具停车点之间，应有便捷、安全的通路。

（2）各种流线应保证畅通无阻、行程便捷，避免交叉干扰，使旅客、行包和各种车辆在站内安全、迅速地集散和通行。

（3）站房建筑的平面应按旅客的需要设置，便利旅客办理各种旅行手续，便于车站工作人员组织旅客上下车。

（4）根据客流量的大小，尽可能使到达与始发客流、短途与长途客流分开。在站房内及站台上应将行包、邮件的搬运与旅客上下车的通路分开。

（5）站房应力求适用、经济、美观，并显示出城市的建筑风格和地理环境的特点，还要求有良好的通风、空气调节和采光条件。

（6）要考虑未来客流的发展，留有发展余地，使站房扩建后仍然是一个协调的整体。

旅客站房的建设规模，应根据车站旅客最高聚集人数来设计。旅客最高聚集人数是指车站旅客最多月份中，一昼夜在候车室内瞬间（8~10 min）出现的最大候车（含送客者）人数的平均值。

图 7.1 是北京站站房的布置图。

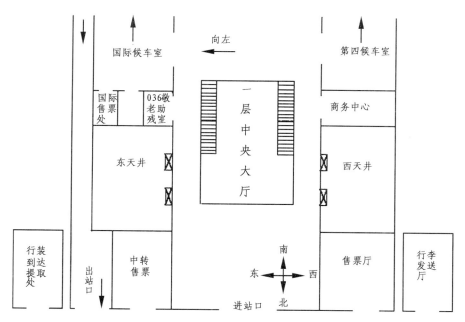

（a）北京站一层站房布置平面图

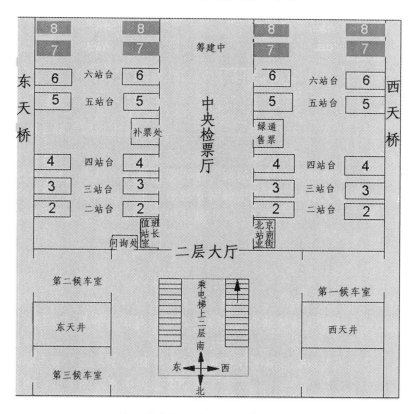

（b）北京站二层站房布置平面图

图 7.1　北京站站房平面布置图

151

三、客运站各种旅客用房的设置

客运站的站房包括客运用房、技术作业用房、车站行政用房、驻站单位用房、职工生活用房和建筑设备用房等，其中客运用房是站房的主体，是直接和旅客接触的地方，它在站房中所占的面积最大。旅客用房主要有站房出入口、售票厅、候车室、行包房等。

1. 站房出入口

站房的出口要与站房主要入口保持一定距离，以免进、出站人流相互影响。站房出入口的布置形式，一般有以下几种：

（1）由于我国城市车辆在道路上靠右行驶，站房的主要入口多设于站房中部偏右部，而出口则多设于左侧或偏左部。

（2）在一些大型客运站，为了组织和区分各种不同的进站流线或活动，例如，普通旅客流线和市郊旅客流线、购票旅客与候车旅客等，可以分别设置不同的入口，例如，售票厅入口、候车室入口等。

（3）尽端式客运站，到发线按线路别固定使用，可结合城市交通组织、站前广场的设计，在站房的正面和侧面分设两个出口，以减少旅客在站房内外的步行流程，并减少进出站旅客流线的相互干扰。

2. 售票厅

售票厅的位置及布置方式应根据客运站的性质、规模及旅客进站程序等因素决定。售票厅通常应设在旅客进站流线中最明显易找的地方。中、小型客运站的售票处设在广厅内进站口一侧，这样可使进、出站旅客不发生交叉。大型客运站的售票厅应设在进站流线的前端，直通站前广场和广厅，与候车室联系方便。在站房之外另设售票厅时必须通过走廊与站房连接，减少旅客的露天行程。在中转旅客多的车站，可在站台内或出口附近设中转签字处。

售票厅（处）的布置形式一般有下列几种：

（1）售票处直接向候车室开设窗口的布置形式。这种布置的特点是售票处明显易找，在空间使用上也具备较大的灵活性、机动性，旅客流线较短。但购票旅客对候车旅客影响较大。只有在旅客候车时间较短和客运量较小的客运站上采用这种形式。

（2）在营业广厅或靠近主要入口处设置专门的售票厅。这种布置的特点是旅客购票活动与候车等其他活动不相干扰。大型客运站一般可采用这种形式，同时注意应使用廊道将售票厅与候车室连接起来，以免旅客有露天行程。

售票厅应根据旅客发送量开设售票窗口。其计算公式如下：

$$c = \frac{k \cdot A \cdot (1+\gamma)^n}{P \cdot \mu \cdot T} + m \tag{7.1}$$

式中　c——售票窗口需要量；

　　　k——始发客流的波动系数；

　　　A——计算期内到达售票厅的旅客总人数；

　　　P——售票员的平均服务强度；

μ ——售票员的售票速度，张/h；

T ——计算期，h；

γ ——客流的平均增长率，%；

n ——设计年限；

m ——根据客流特殊需要设置的额外窗口。

为方便旅客购票，减轻车站售票的负担，大城市根据市内人口及交通情况设置市内售票所和车票代理发售处。

3. 候车室

候车室是旅客候车、休息、排队进站的场所。候车室要为旅客候车创造舒适的环境，有良好的通风、采光、采暖、防暑、休息等设备，与站房的主要出、入口及检票口有比较便捷的联系，并尽可能靠近站台，减少旅客检票上车的行程。候车室的面积除特殊规定外，一般根据最高聚集人数，按每人占用 1.1～1.2 m² 计算。

大多数客运站的候车室布置在基本站台上，通过跨线设备与中间站台相连。特大型客运站的候车室也可布置在站场的上方，即高架候车室，通往各站台都有出、入口，分配客流极为方便。候车室的布置形式有以下几种：

（1）集中候车的形式。将与旅客关系最密切的候车、营业等组织在一个空间中，形成具有综合功能的候车室。其优点是使用机动灵活，利用率高。但当客流较大、到发车次多、旅客性质复杂时，候车秩序乱，容易造成旅客误乘，影响服务质量。

（2）分客流候车的形式。在较大规模的客运站上，特殊类型的旅客人数较多，为适应不同旅客对候车环境和条件的不同要求，设置有普通候车室、母婴候车室、贵宾候车室、软席候车室等。这种布置的优点是候车条件好，便于组织客流，提高服务质量高。

（3）分线或分车次候车的形式。在客流量较大或衔接方向较多的车站，可按不同的线路方向设置候车室，也可根据列车运行图规定的到开时间，安排候车室的使用。采用这种布置形式时，应在各候车室的显著位置悬挂候车方向或车次的表示牌。

在客运站的候车室内，应安装旅客携带品安全检查设施、火灾自动报警监控系统和防盗监控系统。

4. 行包房

在客运站中，行包房位置的设置，对旅客进、出站流线与行包流线和车辆流线是否交叉，工作人员管理是否方便，有很大的影响。

行包房包括行李、包裹的托运、提取处和行包仓库两部分。行包房的位置应与旅客托运、提取行包的流线密切配合，尽量减少与客流、车流的交叉干扰，并与客运用房、站台、广场取得有机联系，与跨线设备及运输方式密切配合。行包房的布置形式有以下几种：

（1）设一个行包房，兼办行包的托运和提取业务。这种布置的优点是对行包仓库的利用、管理人员的安排和行包的搬运等方便灵活。缺点是托运、提取流线易发生干扰，行包业务容易产生差错。

根据行包房位置不同又可分为下列几种形式：

① 行包房设在旅客进、出站流线之间。这种布置能使旅客上车前托运行李和下车后提

取行李的流线最短，但旅客出站流线、旅客领取行李流线、行包专用车辆流线和公交车辆流线等交叉严重，容易造成堵塞；同时，不能布置较大的室外行包堆放场，调节功能差，对运输波动的适应性差。

② 行包房设在站房左侧或右侧，这种布置的特点是行包房与旅客流线、行包流线和车辆流线的交叉干扰小，并便于布置行包房外的堆放场地。但行包房设置在一侧，使得进站和出站旅客中总有一部分走行距离较长，且要穿过旅客流线。

（2）分别设置发送和到达行包房，设于站房的左侧和右侧。这种布置能方便进出站旅客托运和领取，又可避免行包流线与旅客流线彼此影响，但与一个行包房相比对行包仓库的利用及管理人员的安排均不够灵活。

行包房在站房中的位置如图 7.2 所示。

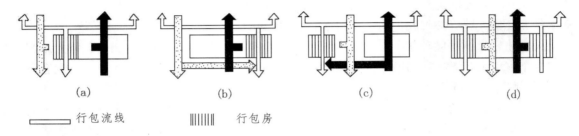

图 7.2   行包房在站房中的位置

5. 检票口

检票口是旅客进、出站的必经之路，车站应根据客流情况，设置足够数量的检票口。旅客进、出站检票口的最小数量应符合表 7.1 的规定。

表 7.1   检 票 口 数 量

最高聚集人数/人	进站检票口/个	出站检票口/个
≥8 000	18	14
4 000～8 000	14	10
2 000～4 000	12	
1 000～2 000	8	6
600～1 000	6	
300～600	4	4
50～300	2	2

为提高检票效率，大型客运站已开始采用自动识别检票系统。该系统是对电子客票标志信息进行自动识别、判定、检计分类统计，对旅客进、出站检票作业实施系统管理的设施。系统能够进行票面信息的自动收集，判断车票的合法性，并进行自动剪切；同时，当一趟列车的客流由进站检票口放行结束，该系统可自动打印出乘车人数通知单。

四、站 场

站场是旅客列车停靠、旅客乘降、行包装卸的场所。客运站站场内应设有各种用途的线路、站台和雨棚、跨线设备和给水设施。

1. 旅客列车到发线

旅客列车到发线应设置在站台两侧，并在相邻两个旅客站台之间布置两股旅客列车到发线。

旅客列车到发线有效长应以能满足该区段旅客列车最大编组辆数长度及发展的需要，一般应不少于 650 m。仅服务于短途旅客列车到发线的有效长，应按照短途旅客列车的长度确定。

旅客列车到发线的数量，应根据旅客列车对数及性质、引入线路数量以及车站技术作业过程等因素确定。一般情况下可参考表 7.2。

表 7.2 旅客列车到发线数量表

始发、终到旅客列车对数	到发线数量
12 及以下	3
13 ~ 24	3 ~ 5
25 ~ 36	5 ~ 7
37 ~ 50	7 ~ 9

中间站旅客列车到发线，一般应按方向固定使用，客车始发、终点站的列车到发线，应按车次固定使用。这样的安排，既便利旅客的乘降，也便于客运（站、车）作业。

除到发线外。客运站站场内还应布置货物列车到发线、机走线、机待线，无客车整备所的客运站，还应在站场内布置旅客列车整备线，为在本站折返的客车车底进行整备作业。

2. 旅客站台及雨棚

为保证旅客安全、便利的上下车，提高旅客乘降速度，缩短行包、邮件的装卸时间，提高客运站的通过能力，在办理旅客乘降的车站均应设置旅客站台。旅客站台的数量和位置应与旅客列车到发线的数量相适应，随着客运站类型不同而有所不同。当客运站为通过式时，应设基本站台和中间站台；当客运站为尽头式时，应设分配站台和中间站台。

旅客站台应硬面地化，以保证雨季也能正常使用。站面一般采用 1% ~ 3% 的坡度向站台边缘倾斜，以便排水。

客运站站台的长度，一般应为 550 m。乘降所站台应不少于 350 m，专门用于短途和市郊旅客列车的站台长度，可根据列车长度确定。尽端式客运站的站台长度，应根据上述规定增加机车及供机车出入的长度。

旅客基本站台的宽度，特、一等站应不少于 20 m，二等站及县城所在地车站应不少于 12 m，其他站应不少于 6 m。中间站台的宽度，特、一等站应不少于 12 m，二等站及县城所在地车站应不少于 10 m，其他站应不少于 4 m。站台安全白线距站台边 800 mm，白线宽 100 mm。

旅客站台按站台面高出相邻线路轨面的高度，可分为 3 种：低站台高出相邻线路轨面 300 mm，造价低，邻靠此种站台的线路可以通行超限货物列车；但旅客上下和行包装卸不便。一般站台高出相邻线路轨面 500 mm，与客车车厢阶梯最低的踏板基本持平。旅客上下车和行包装卸比较方便，但邻靠此种站台的线路不能通行超限货物列车。高站台高出相邻线路轨面 1 100 mm，客车车地板与站台面基本等高。这种站台能方便旅客乘降和行包装卸，但邻靠此种站台的线路同样不能通行超限货物列车，且高站台不便于列检作业，仅在旅客较多的特大型客运站上采用。站台的布置如图 7.3 所示。

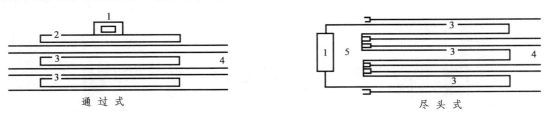

通 过 式　　　　　　　　　　　　　　　　尽 头 式

1—站房；2—基本站台；3—中间站台；4—到发线；5—分配站。

图 7.3　站台的布置

在客车的始发、终点站和其他客流量、行包量大的站台，应设置站台雨棚。雨棚用于遮阳和避风雨，给旅客乘降和行包、邮件装卸带来便利。特、一、二等站（含县城所在地车站）站台上应设与站台等长的雨棚，其他站雨棚长度应不少于 250 mm，站台地道出、入口处必须设置雨棚。站台宽度超过 10 m 或站台上建有天桥地道时，宜采用双柱雨棚，其他站台可采用单柱雨棚，如图 7.4 所示。雨棚柱的布置应与地道口配合，不能妨碍旅客流线和行包、邮件流线。在部分采用高架候车室的客运站上，现已使用了无柱雨棚，使站内的视野更加开阔明朗，旅客和车辆出入更加方便快捷。

在站台的雨棚内，应设置站名牌、站台号牌、时钟、照明设施和扩音器等。

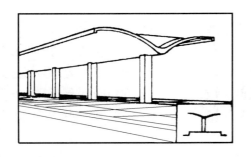
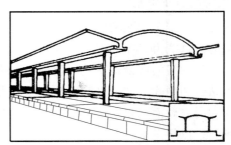

图 7.4　站台雨棚形式

3. 跨线设备

跨线设备是站房与站台之间来往的道路。它对于保证旅客及工作人员安全、便利地通行，保证行包、邮件安全便利地运送，提高通过能力起着重要的作用。跨线设备按其与站内线路交叉关系可分为平过道和立体跨线设备。

（1）平过道是最简单的跨线设备。在通过式车站，站台端部的坡底一般设置平过道，供运输行包和邮件的车辆跨越线路。在较小的客运站，一般在站房进、出口之间和中间站台适中的地方设置平过道。

（2）立体跨线设备中最常见的有人行天桥和地道。中型以上客运站一般应设立体跨线设备，大型以上的客运站，为避免进、出站旅客对流形成阻塞，需设置两个立体跨线设备，这样的车站究竟建造天桥还是地道，应依据站场条件、地形地质、工程造价、站房而定（线上式和线平式站房宜造天桥、线下式站房宜造地道）。一般来说，车站建有两个跨线设备，一个天桥（供进站旅客使用）、一个地道（供出站旅客使用）为宜。

天桥与地道的宽度应根据客流量确定，但不应小于 4 m，地道净空高度应不低于 2.5 m。并应设有照明、防、排水设施。特、一等站应设有输送行包、邮件的专用地道。

4. 给水设备

旅客列车始发、终到和技术作业站应设有客车给水设备，给水站分布距离以 150 ~ 200 km 为宜，给水井设置以 25 m 为准。主、干线及给水量较大的车站应配置一井双栓、一栓一管。给水能力应能保证按图定旅客列车对数的停站时分及在同一时间内满足客车最高聚集对数的给水需要。干线给水栓的流量不得低于 2.5 L/s，并按照"一人三井、一井一车"的需要，配齐上水人员。

车站给水栓及供水系统是客运供水的专用设备，不得接引其他用水，以确保水质、流量的稳定，并应能满足防污染、防损坏的要求。在寒冷地区，应具有防冻设施，以保证冬季客车的正常给水。

五、站前广场

站前广场是客流、货流、车流的集散地点，是车站组织旅客室外候车和休息的场所，站前广场还可作为临时迎宾和集会的地方。

为保证旅客和车辆能安全、迅速、便利地通行，站前广场的修建应与城市规划密切配合，使城市道路与站前广场、旅客站房的进、出口取得有机联系，尽量缩短进、出站旅客的步行距离，减少车流、人流、行包流的交叉和干扰。站前广场一般由 3 部分组成：

（1）各种车辆停车场，包括公共车辆停车场、小汽车及非机动车辆停车场、行包邮件专用车停留场。

（2）旅客活动地带，包括人行通道、交通安全岛、乘降岛和旅客活动平台。

（3）旅客服务设施，包括旅馆、食堂、商店、邮局、汽车站、厕所等。

站前广场的布置应考虑下列因素：

（1）结合城市发展规划、站房规模、地形等情况，合理确定广场的面积及布局，使广场内各种设施与城市道路及站房出、入口有机结合，保证旅客安全迅速地疏散。

（2）合理组织广场内的各种流线，妥善安排各种车辆的行驶路线和停车场地，尽量避免各种流线本身和相互之间的交叉干扰。

（3）广场内的各种建筑物必须统一规划，在空间要求上既不感到压抑拥挤，也不至于空旷无边；在建筑形式上要求既突出站房的主体，还要与站房协调一致。

（4）站前广场的停车场可以集中或分散布置，也可以按不同车辆类型或到发方向进行划分。图 7.5 为北京站广场布置。

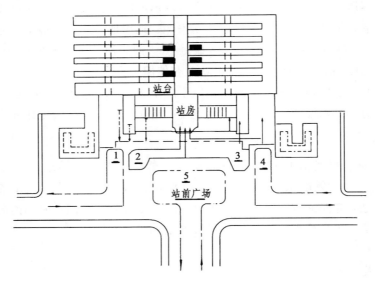

1—公共汽车；2、3—地铁；4—无轨电车站；5—小汽车场。

图 7.5　北京站广场布置

六、客车整备所

为保证旅客列车技术状态良好，在配属有大量客车车底的列车始发和终到站上，还应设置客车整备所，以便对客车进行洗刷、消毒、检查、修理和整备作业。

1. 客车整备所的线路

（1）车底到发线。整备作业方式为移位作业时，应设置该线。办理客车车底的入库、出库、车底内部清扫和部分整备作业，以及个别车辆的改编作业。

（2）整备线。进行车底的技术检查、不摘车修理、车电检查及部分整备作业。定位作业时，还兼办车底到发、停留等作业。

（3）备用车停留线。供替换检修车、临时列车、公务车、卫生车、试验车等备用车的停留。

（4）其他线路。如洗车线、不良车停留线、临修线、消毒库线、机车走行线、调车线等。

2. 客车外部洗刷设备

客车外部洗刷分为人工洗刷和机械洗刷两种，在较大型的客车整备所，车底洗刷采用机械化洗车机。洗车时，车底以 3~5 km/h 的速度通过紧靠车厢侧壁高速旋转的刷子，首先从刷子旁边的管道里向车厢喷洒洗涤液，使车壁上的污垢融化，再经旋转的刷子摩擦，污垢顺车壁流下，最后再以 0.2 ~ 4 MPa 的清水喷向车壁，这样就将车壁和车门洗刷干净了。使用洗车机，一套车底的洗刷时间为 6 ~ 10 min，比人工洗刷的效率大大提高（人工洗刷时，20 人洗刷一套车底需 60 ~ 90 min），并减轻了工人的劳动强度，这种洗车机在定位作业时，设在整备所入口的前方；移位作业时，设在到达场与整备库的连接线上。

3. 客车整备库（棚）

当冬季室外温度在 – 22℃ 及以下时，应设客车整备库，其他地区也可根据特殊需要设整备库。库内的线路数，一般按整备线总数的 50% 设计。在整备库内主要完成客车的车底清扫、上水、技术检查及不择车修理等作业。为此，库内应设空气管道、水管、修理车间等。库的长度应能容纳整列客车车底作业。

4. 消毒设备

根据需要，在部分客车整备所内可设置消毒设备。客车消毒可在露天的消毒线上进行，必要时可设消毒库。消毒线一般应采用尽头线，距离其他线路不少于 50 m，至住宅的距离应符合卫生标准要求，并设在当地常年风向的下风方向。

5. 车底转向设备

为了便于车底转向，当地形条件许可时，在整备作业量较大的客车整备所，可设置供车底转向的回转线或三角线。

第二节　客运站的流线组织

一、各种流线分析

在客运站内，旅客、行包、交通车辆的流动线路简称为流线。流线组织是否合理不但影响客运站的作业效率和能力，同时也直接关系到客运设备的运用及旅客服务质量。

流线按流动方向不同，可分为进站和出站两大流线；按性质不同，可分为旅客流线（简称人流）、行包流线（简称货流）、车辆流线（简称车流）。大、中、小型站流线关系图如图 7.6 所示。

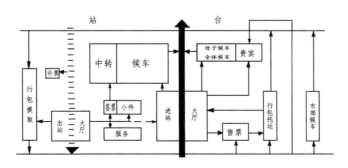

（a）大型站流线关系示意图

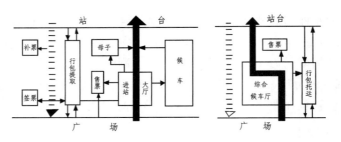

（b）中型站流线关系示意图　（c）小型站流线关系示意图

图7.6　大、中、小型站流线关系图

1. 进站流线

（1）旅客流线。车站的进站人流在检票前比较分散，不同旅客在不同时间内办理各种旅行手续，并在不同地点候车。进站旅客流线按旅客类型不同又可分为不同流线。

① 普通旅客流线。这是进站人流中的主要流线，人数最多，候车时间最长。多数客流进站的流程是：广场→问讯→购票→托运行李→候车→检票→跨线设备→上车站台。部分已预购客票的旅客和不托运行李的旅客，不全按照上述流程。

② 特殊旅客流线。特殊旅客包括母婴及老、弱、病、残旅客，其流程顺序与普通旅客相同，考虑其特殊性，在中型以上站房均另设母婴候车室和专门检票口，保证他们优先、就近进站上车。此外，对于团体旅客，在大的客运站也应另设候车室，最好与普通客流分开以免延长进站时间。

③ 贵宾流线。在贵宾来往频繁的客运站，为保证贵宾的安全和便利，应设贵宾室。除设专用通道连通基本站台外，还应设置汽车直接驶入基本站台上车的通道。他们的出、入流线应与普通旅客流线分开。在个别情况下，为举行仪式，贵宾室要连通站房大厅。

④ 中转旅客流线。中转旅客根据换乘时间的长短，有的办理签票后即在候车室休息，随普通旅客检票进站，有的不出站在相应的站台上即换乘列车。

在进站旅客流线中，如旅客事先买好了预售票或事先托运好行李，就可在临开车前进入候车室或直接进站上车。这样则可简化旅客进站手续，减少站内旅客最高聚集人数。因此，扩大预售车票和办理行包接取、送达业务，将有利于客运站的流线组织工作。

（2）行包流线。发送行包流线：托运→过磅→库房保管→搬运→跨线设备→装车站台。这条流线应尽量与到达行包流线分开。

中转行包流线，根据中转车次衔接情况、中转作业量的大小和有无中转行包库房等情况的不同，有的行包到达后暂时放在站台上并在相应的站台上直接换装，在某些情况下则须预先搬运至发送仓库或中转行包仓库，再按发送行包处理。

行包托运处要接近售票房和候车室，与停车场要有方便的通道联系。大型客运站应设专门的行包地道，将客流与行包完全分开。

2. 出站流线

（1）旅客流线。出站旅客流线的特点是人流集中、密度大、走行速度快。在水平面布置上应考虑通畅便利，使出站旅客迅速出站，并在站前广场迅速疏散。

出站旅客流线比进站旅客流线简单，旅客办理手续少，使用站房时间短。一般情况下，普通、中转旅客均在一个出站口出站。

出站旅客流线：下车站台→跨线设备→检票口→站前广场。

（2）行包流线。到达行包的作业流程顺序是：卸车站台→搬运→跨线设备→库房保管→站前广场。这条流线应尽量与发送行包流线分开。行包提取处应靠近旅客出口，大型客运站应设置行包地道。

3. 车辆流线

车辆流线是指站前广场上的公共交通车辆流线，出租车、小汽车流线，邮政、行包专用车辆流线及非机动车辆流线等。在站前广场上应合理组织各种车辆的交通流程，妥善规划各种车辆停靠位置和场所，使各种车辆流线交叉干扰最小，使旅客、行包、邮件迅速、安全地疏散。

二、流线组织原则

（1）各种流线避免相互交叉干扰。即尽量将到、发客流分开，将长途与短途客流分开，将客流与行包、邮政流分开，将到达行包与发送行包流线分开。

（2）最大限度地缩短旅客行走距离，避免流线迂回。首先，应缩短多数旅客的进站流线，尽量把站房入口与检票口之间的距离缩短；其次，也要给其他活动程序不同的旅客，创造灵活条件，以便他们都可能按照自己的程序以较短的路线进站。

三、流线疏解的基本方式

（1）在平面上错开流线。即在同一个平面上，站房及各种客运设备的布局使各种流线在同一平面左右错开自成系统，达到疏解的目的。为配合站前广场的车流组织通常将进站客流安排在站房的右侧，出站客流安排在站房的左侧。这种方式使用于中、小型或单层的客运站。

（2）在空间错开流线，即进、出站流线在空间上错开，进站客流走上层，出站客流走下层，达到疏解目的。这种方式适用于大型双层客运站。

（3）在平面和空间上错开流线。进站客流由站房右侧下层进站，经扶梯进上层候车，然后经天桥或高架交通厅（检票厅）检票上车。出站客流经地道由站房左侧下层出站。这种方式不但流线明显分开，而且流线距离也缩短，适合于大型双层客运站。特大型客运站如北京、上海等站均采用这种方式达到疏解流线的目的。进、出站流线疏解示意图如图 7.7 所示。

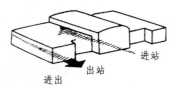

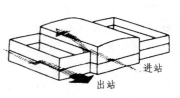

（a）进出站流线在同一平面上　　　　（b）进出站流线利用空间　　　　（c）进出站流线利用平面和空间
错开示意图　　　　　　　　　　　错开示意图　　　　　　　　　　错开示意图

图 7.7　进、出站流线疏解示意图

第三节　客运站的工作组织

客运站工作组织，包括售票、行包以及客运服务工作。由于客运站的设备、条件、工作量以及客流性质各有不同，因此，具体的组织方法应根据实际情况来确定。

一、售票工作组织

售票工作组织是客运站工作组织的重要组成部分。其具体任务是正确和迅速地将车票发售给旅客。客运站通过售票把广大旅客按方向、车次有条不紊地组织起来纳入运输计划。为保证旅客及时方便地买到车票，客运站必须做好售票组织工作。

1. 售票处的种类

（1）车站售票处。车站售票处售票范围比较全面，以发售当日车票为主，同时也预售车票及办理电话订票、送票等业务。

车站售票处应根据设备条件，旅客的流向、流量，合理划分各售票窗口的售票范围。如有发售全国各站车票的窗口，有发售某线、某段车票的窗口，有发售某方向或某列车车票的窗口，还有专门发售军人、通勤车票的窗口及中转签字、加快窗口等。如售票处使用电子计算机售票时，则各售票窗口均可发售全国各站的各种车票。客运量较大的车站，各售票窗口应昼夜不间断地发售车票；客运量较小的车站应固定售票时间，并向旅客公告。

（2）市内售票所。市内售票所主要办理预售车票，一般设在市内交通便利，人口集中，商业繁华的地点、市内各大宾馆或专业银行。

（3）临时售票处。在节假日服务于突然增大的客流而深入厂矿、企业、机关、学校临时设置的售票场所，发售当日车票或预售车票，以减轻车站和市内售票所的负担。

（4）铁路互联网售票。点击铁路互联网售票网址 http://www.12306.cn.进入铁路互联网售票首页为用户提供了购票、改签、退票、余票查询，时刻表查询，票价查询，代收点查询，旅程规划，以及正晚点查询等功能。

在已实现计算机联网售票的车站，还能够发售异地票、连程票、电话订票、邮政订票、网上订票，相对来说扩大了车站的售票处。

2. 售票计划的编制

售票处的工作是合理组织客流，实现计划运输的重要环节。为保证旅客迅速、正确地办理乘车手续，售票处必须有周密的售票计划和良好的工作组织。

客运量较大的车站，必须制定客票发售计划，以免造成列车超员或座位虚糜现象。编制售票计划，应根据列车定员、超员率、团体预留票额、中转旅客的规律数以及近期客流的变化情况进行发售票额分配。

（1）始发列车的发售票额分配。应以客调批准的票额总数作为发售票额分配数，减去预计中转换乘人数，余额为始发站的计划售票张数，再减去预售票数量，剩余数即为当日的发售数，然后根据实际情况，分配到车站各窗口进行售票。

（2）过往列车的发售票额分配。有固定票额的列车，按固定票额售票和签证。无固定票额的列车，大站应按日计划向客调提报计划乘车人数（小站应向指定站提供），经客调批准后，按计划售票或签证。同时应结合列车长的预报，发售当日各次列车的车票。

3. 售票作业程序

售票作业过程中，不仅需要解答旅客问询、保证票据票款准确，还要快速地发售车票，减少旅客购票时间，因此售票工作是一项需要耐心的工作，同时要求固定的流程避免出错。

（1）售票作业程序。售票员在售票作业过程中，要按售票"六字法"发售车票。

六字售票法：

问：问清旅客乘车日期、车次、发到站、席别、票种、张数、支付方式等。

输：输入旅客乘车日期、车次、选择发到站、票种、数量及席别。

收：一是收取购票款、乘车人有效身份证件，认真清点、核对，并根据计算机找零显示，正确找零款；二是银行卡购票时，在作业系统中选择银行卡支付功能，在 POS 机上刷卡扣款，旅客在消费凭条上签认。确认扣款成功后，方可进行下一步操作。

做：录入旅客提供的乘车人有效身份证件号码后，打印车票。

核：核对票面信息，产生废票时及时作废处理，注明废票理由并加盖名章。

交：将车票、余款（银行卡、消费凭条第二联）及证件交给旅客，同时唱收唱付。

（2）退票作业程序。在进行退票作业时，售票工作人员要按退票"五字法"作业。

看：看票面日期、车次、发到站、票价、有效期，有无行李戳记及禁退标志，旅客提供的身份证件是否与票面所载一致，有无卡购、网购车票标记，发现问题要问清车票来历、票价及退票原因。

输：选择退票理由，将票面信息输入计算机。

核：确认票面内容和计算机显示一致后，进行退票。

盖：纸质车票人工加盖"退"字章，并将所退车票按序存放。

交：一是按净退款额点清退款，将应退款及退票报销凭证一起交旅客，收回已退车票；二是银行卡购票旅客退票，进行刷卡后，净退款直接返回卡内，将 POS 机凭条第一联由旅客签字后收回，第二联、退票报销凭证、银行卡、有效身份证件一起交旅客。

由于卡购、网购车票的增多，以及实行阶梯式退票，在输入票面信息前，要告知旅客退票的手续费及卡购、网购车票钱退回原购票的银行卡，征得旅客同意后退票。

（3）始发改签作业程序。旅客购票后，如果不能按票面指定的日期、车次乘车时，可在票面指定的日期、车次开车前办理一次提前或推迟乘车签证手续。始发改签要按改签"七字法"作业。

接：接过车票，审核原票是否有效。

问：问清旅客改签的乘车日期、车次、到站、席别。

输：扫描原票，还原票面信息，确认原票无误后，再将改签信息输入计算机。

收：唱收旅客差额票款，认真鉴别清点输入计算机内。如旅客原车票为互联网或使用银行卡购买的车票，按有关规定操作，消费凭条交旅客核对签字后留存一联。

做：按系统提示退还或补收新旧车票票价差额，正确办理银行卡支付业务，并制出新票。

核：一是核对新票票面信息；二是复核票价差额与新票票价之和是否与原票票款相符。

交：将车票及余款（银行卡、持卡人存根联消费凭条）交给旅客，在原票上加盖印章，并将原票（商户存根联）收回放入抽屉归类存放。

（4）废票操作。废票操作时，将原票塞入制票机或者输入原票票号后，仔细核对票面内容和显示内容是否一致，并予以确认。废票时间不得超过车票售出后 30 min。

（5）暂停售票作业。需暂停售票时，将客票系统退回暂停界面，抽屉加锁，对外出示售票暂停提示，交接班及吃饭时间，交替关窗，提前告知旅客，并引导旅客至其他窗口购票。

（6）更换票卷作业。当制票机的票据使用完时，电脑界面将显示"现在请换新票卷，换好后请按换卷按钮！"售票员需打开制票机盖子，取出用完票卷的票筒。在从票柜取出与电脑显示新票卷票符票号一致的票卷，核对票卷与电脑显示的票符票号一致后，装入制票机，点击"换卷"后，等待电脑自动换卷。当电脑显示"票卷已换好"后，点击"确定"。制票第一张，核对上下票符票号一致后交付旅客。

（7）结账作业。售票结账作业时，执行先封包，后结账制度。按照关窗、点款、填表、卸卷、退出、交款、核对、登账程序。

关窗：停止售票，关闭售票窗口，设置关窗提示。

点款：留好备用金，清点票款。打印核对窗口 POS 机汇总单。

填表：将售票款输入计算机，按币种填写结款单。

卸卷：票卷登账交接。不交接的窗口票卷登账，卸下，加锁保管。

退出：退出客票系统。

交款：将票款封好确认盖章。

核对：仔细核对废票，退票，改签车票，POS 机单，清点后封包，随交接单上交。

登账：将窗口日结账单，与售票结款单，POS 机单一并上交，登入账簿，做好交班作业。做到账款相符，交接清楚。

（8）对岗交班。检查售票设备、备品情况、各类物品定位摆放，作业区域环境卫生整洁。票据、现金、设备情况及未了事项，在交接簿上记录签字。班后，要参加班后小结会，汇报当班工作情况，听取值班员对工作的总结。

（9）自助售票机更换票卷和补充零钱流程。自助售票机工作人员要注意对自助使用情况进行监控，及时更换钱箱、票卷和凭条纸卷，做到更换及时，操作正确，确保自助售票机的正常使用。当自助售票机 1 元零找金不足时，售票员按 1 运营操作，按 2 补充硬币，按 "enter" 补充硬币，按 1 补充 1 元硬币，先拉出 1 元硬币箱，并打开，然后将硬币倒入后，上锁。最后将硬币箱退回找零器，按步骤补充完毕后，按 "enter" 键，输入补充硬币的枚数。按 "enter" 键，维护打印机打印补充硬币单据。补充硬币成功。

4. 提高售票速度的措施

在客流量较大的车站或客流高峰期，售票速度影响旅客的平均购票时间。车站可采取下列措施提高售票速度：

（1）售票窗口设揭示牌或显示屏，实时公布售票的车次、开车时刻、票价、有无票额等。

（2）短途列车或城际列车停车站少，旅客购票集中，可设专口售票；寒暑假期间可设立学生票专用窗口。

（3）强化售票员业务培训，提高售票员业务素质和工作效率，使售票员业务达标、作业规范，售票差错率和客票废票率压缩在国铁集团颁布的有关标准之内。

（4）设专口办理订票和送票业务。

5. 售票交接班工作

由于车站售票窗口是昼夜不间断地向旅客发售车票，由售票员轮流工作，因此售票交接班工作就显得尤为重要。电子售票除了能极大地提高售票效率外，还能减轻售票员结账的负担，大大缩短了售票交接班时间。

电子售票的交接班工作主要有以下内容：

交班售票员应确认、合记软票未售起号及窗口票卷、碳带实存数量；清点，留足备用金；输入封款金额、退出售票系统、关闭窗口机电源；整理登记作废软票，按规定手续交款；对电子售票设备进行维护保养，整理工具、备品等。

接班售票员确认软票未售起号，认真登记；接清窗口备用碳带和票卷数量，点清备用金；检查电脑售票设备、资料及工具、备品、签字交接。

6. 电子售票及预定系统简介

全路目前使用的客票发售和预定系统，是一个覆盖全国的铁路计算机售票网络，实现了客票管理和发售工作的现代化，方便旅客购票和旅行，提高了铁路客运运营水平和服务水平。

（1）客票发售和预定系统的目标。

① 实现全国快车营业站计算机联网售票，在任一窗口可以发售任意方向和任意车次的客票，最大限度地为旅客提供方便。

② 系统可预定、预售车票和发售当日车票，具有售返程、联程等异地票的功能。

③ 系统预售期近期为 10 d，远期为 30 d；预订期近期为 2 个月，远期为半年。

④ 实现票额、席位、计价、结账、统计等工作的计算机管理，逐步形成统一的客票信息源，实现信息共享。

⑤ 加强客票信息管理与分析，提高信息利用率，为铁路客运组织与管理工作提供辅助决策。

（2）客票发售和预定系统的总体结构。客票发售和预定系统的总体结构，取决于业务处理、数据流程、系统功能及网络传输能力等因素，关键是席位数据库的规划与配置。

根据我国地域辽阔、铁路点多线广的特点，以及运营管理体制和通信基础设施的实际情况，我国客票发售和预定系统采用集中与分布相结合的结构，其特点是建立一个中央数据库和若干个地区数据库，席位数据按列车始发站分别存储在各地区中心数据库中。综合考虑各地区数据库所覆盖的客运量、列车数、快车营业站的均衡性及合理性，全路共建立了 27 个地区中心数据库。在地区数据库中存储本地区始发列车的座席数据。方案综合了集中式和分布式两种方案的优点，既便于异地购票、座席复用、信息共享，又相对减少了网络的开销，升级更新容易。

联网售票整体思路是在铁路局集团有限公司客票中心和车站分别建立席位数据库，随着网络条件和管理的改善，车站席位库逐步向地区集中。业务管理上分为国铁集团、铁路局集团有限公司、车站三级，铁路局集团有限公司地区中心负责异地购票、席位数据处理和票额计划及调度工作，保留一部分公用的席位数据，将预分给车站的席位数据下载给售票车站，车站发售本地票的席位处理基本上仍在车站本地数据库上解决。

（3）客票发售和预定系统的使用。

① 票额的生成。

票额根据基本计划和临时计划生成，按照国铁集团票额集中上网的管理要求，原则上票额 100% 上网，车站可保留 3%～5% 的票额作为机动使用。这样就产生了两个票据库：中心票库和车站票库。

根据票额用途的不同，中心票库分为局网票额和路网票额。局网票额是分阶段供票额所属站和局管内各联网车站发售，路网票额分阶段供全路（第一阶段本局除外）和本局（第二阶段）发售。

② 客票发售预售期的设置。

客票发售预售期的设置是调整售票布局的重要手段，是发挥联网售票优势的有效方法。

预售期是指定义席位库中客票的最长生成日期。中心席位库中客票的最长生成日期由铁路局集团有限公司客票管理中心根据国铁集团规定统一定义；车站席位库中客票的最长生成日期原则上应与中心席位库同步，但允许车站根据自己的具体情况，经局客票中心同意后自己定义。各站预售期的定义不宜过短，也不宜过长，应确定在一个适中的范围内。这样，既能通过预售期内车票预售情况摸清客流动态，又能在充裕的时间内进行运力调配、人员安排等一系列售票组织工作。

遇特殊情况和军运时，预售期由铁路局集团有限公司研究决定。

③ 预售期内票额的管理。

网上票额分为路网票额和局网票额。路网、局网票额（分车站设置用途），提前 20 d 由局客票中心统一生成；车站机动票额由各车站提前 12 d 生成席位。

车站根据局客票中心统一生成的座席和网上票额范围、用途划分，分时间段组织售票。

路网售票时间段，第一阶段预售 20～11 d 的车票，供非本地区中心各联网车站发售返程票、联程票；第二阶段预售 10 d～当日的路网剩余票额，全部返回路局公共网，供全局联网车站组织发售。

热门车的局网售票时间段，第一阶段预售 20～4 d 的车票，供票额所属车站发售；第二阶段预售 3 d～当日的局网剩余票额，全部返回路局公共网，供全局联网车站组织发售。冷门车车票不分阶段，全部为局网公共网票额供各站发售。

④ 票额用途的设置。

为保证各种用途票额的数量，如军运、学生、团体、公共网、站售等，车站可根据实际需要和日常业务范围对票额用途进行设置。国铁集团规定特等站用途设置不得超过 10 个，一般车站用途设置均为"公共网"和"站售"两种。这样做的目的是使各个售票窗口共享票额，保证"一窗有票、窗窗有票"。网上票额用途由铁路局集团有限公司适当考虑车站的意见进行设置，车站票额由车站进行设置。

⑤ 席位管理。

由于票额分别在车站和网上两个票库生成，铁路局集团有限公司客票中心负责对网上席位进行维护管理，车站对车站机动票额进行维护管理。

遇列车甩车、停运、空调特征变化、欠定员、列车恢复开行等调度命令时，网上席位由铁路局集团有限公司客票中心负责执行，车站进行核对。

二、行包工作组织

行包运输是旅客运输的一个组成部分。组织好行包运输既方便旅客旅行，又充分发挥行包的使用效率，完成工农业急需物资的运输任务。客运行包组织工作要做到按计划承运，及时装车，保证运输安全，并方便旅客托运和领取。客运站行包组织工作分为发送作业、到达作业、中转作业和服务工作。

1. 行包发送作业

行包发送作业包括行包的承运、保管及装车作业。

（1）承运。承运是行包运输的开始，也是铁路承担运输作业的起点。车站必须做好承运工作，为安全、迅速、准确地运输行包创造必要的条件。对承运的行李应随旅客所乘列车装运或提前装运。如承运大批行包时，应事先汇报客调预留行李车容积或组织整车运输。节假日、学生、新、老兵运输及地区型大型会议等，车站可派人上门办理承运，也可设专口办理团体行包。

承运行包时应分轻重缓急，按行李、一、二、三、四类包裹的顺序有计划地承运，按指定日期搬入站内。

在保证行李承运的前提下，包裹承运件数的确定应根据下列公式计算：

$$\text{本次列车应承} \atop \text{运的包裹件数} = \text{本次列车计划} \atop \text{装车的总件数} - \text{本次列车} \atop \text{行李规律数} - \text{中转行李、} \atop \text{包裹件数} - \text{库存待装进} \atop \text{本次列车件数}$$

行包承运作业过程如下：

① 旅客托运行李应提出有效的客票和行李托运单，托运人托运包裹时应提出包裹托运单，经安全检查后将托运物品交过磅处。

② 车站应认真检查品名与托运单填写是否一致，包装是否符合运输包装标准。正确检斤并在托运单内填写重量，在货签上加盖行包票据号码后拴挂于行包的两端。如托运易碎品、流质品等性质特殊需要在运输过程中特别注意的物品时，还应在包装外部粘贴"包装储运图示标志"。

③ 按规定正确、清楚地填写行李票和包裹票，计算并核收运费，将行包票的丙联（领货凭证）和丁联（报销凭证）及剩余款额交给旅客或托运人。

目前，全路各大客运站已开始使用"行包运输管理信息系统"，该系统对发送行包的作业管理主要包括以下内容：

① 采集旅客或托运人发送的行包信息，印制货签。

② 采用电子称重，重量通过电缆和接口直接进入制票微机。

③ 自动查找全路各营业站的里程、营业办理限制及判断经由站名，根据品名自动判别包裹类别，自动计算运杂费，并打印行包票。

④ 接受行包联营点发送的行包票信息。

⑤ 自动结账，打印日报、旬报和月报。

（2）保管与装车：

① 发送行包按方向、区段（到站）或车次划分货位，这样保证行包容易清点、便于装车、不易损坏。一般对行包运量不大的车站，行李按区段堆放，包裹按到站堆放。对大批行包应按票堆放，便于做装车计划。行包运输报单（行包票乙页）必须与行李、包裹同行，以免发生票货分离。

② 车站行李员应掌握各次列车行李车的编挂位置、车型容积、载重及车站计划装车的件数，做好计划运输和均衡运输，并严格按照国铁集团制定的"行李、包裹运输方案"编制各次列车的装车计划，消灭不合理中转，提高行李车的利用效率及行包的送达速度。

行包计划装运数量应于前一日报铁路局集团有限公司客调。客调对各站的装车计划平衡后，按车次编制行包装车计划并下达各站，各站按此计划和列车预报组织装车。

③ 行包装车作业过程

a. 编制行包装卸交接证。计划行李员根据行李、包裹运输方案，按车次配好待装的行李票、包裹票（乙页），装车行李员按票逐项核对现货，无误后按到站顺序编制"行李、包裹装卸交接证"（见表7.3）一式两份，一份交列车行李员，一份经列车行李员盖章签字后留站存查。

b. 编制行包装车站顺单。为便利站车行李员装车点件，提高装车速度，车站行李员装车前再次进行票货核对，确认无误后按先近后远的装车顺序，编制行包装车站顺单（见表7.4），统计装车件数。

表 7.3　行李、包裹装卸交接证

年　　　　月　　　　日

自＿＿＿＿＿＿＿站　　　　　｜　　自第＿＿＿＿＿＿＿＿＿次列车

交第＿＿＿＿＿列车　　　　　｜　　交＿＿＿＿＿＿＿＿＿＿＿＿站

站行李员＿＿＿＿＿　　　　　｜　　列车行李员＿＿＿＿＿＿＿＿

发　站	到　站	行或包	票据号码	件　数	重　量	记　事
预报事项			合　计			

以上件数业经收讫＿＿＿＿＿＿＿印　　　　　　　　　　190 mm×130 mm（420 mm）

（列车行李员或车长行李员）

表 7.4　行包装车站顺单

第　　　次　　　　　　　　　　　　　　　　　　　　　年　　月　　日

顺序	其中自行车	站名	件数	顺序	其中自行车	站名	件数
1				16			
2				17			
3				18			
4				19			
5				20			
6				21			
7				22			
8				23			
9				24			
10				25			
11				26			
12				27			
13				28			
14				29			
15				30			

190 mm×130 mm（290 mm）

　　c. 装车。站车行李员先交换票据，先卸后装，票货核对无误后，双方分别在装卸交接证上盖章签收。车站行李员根据列车行李员的预报，及时正确地将卸车件数、剩余容积向前方站转报，必要时向铁路局集团有限公司客调汇报。同时，将装车、卸车的行李、包裹装卸交接证交计划行李员，以便统计发送、中装、到达的行包件数及流量、流向。

巧装满载是提高行李车利用率的有效措施。因此，必须按轻重配装的原则做好装车计划，实行中转、始发同装，沿途分装，大小套装，分别隔离。装卸工要根据列车行李员指定的货位，分方向、按站顺装车，并做到"大不压小、重不压轻、大件打底、小件放高、堆码整齐、巧装满载、便于清点"。

大型客运站采用的客运行包管理系统，能够对发送货位和中转货位进行配装，自动打印"行包装卸交接证"和"装车站顺单"。

2. 行包到达作业

行包的到达作业包括卸车、仓库保管和交付。

（1）卸车。

① 车站行李员在列车到达前与车站行李计划员联系预报情况，确认卸车站台、预先准备好人力和搬运车辆。

② 列车到达后，车站行李员接受并清点运输报单（行包票乙页）总数，确认与交接证相符后，按票点件卸车。一般采用"边卸、边点、边装搬运车"的货不落地的方法，以缩短行包进库和搬运时间。在中转量较大的车站应根据预报件数组织专人负责分拣行包，根据货签上的到站，分别中转和本站到达，边卸边分方向、分行李、包裹，以免发生卸后再挑货件的重复作业。对立即中转的行包应送至装车站台。卸车后要对所卸行包清点件数，检查包装，无误后在交接证上盖章签收，严禁信用交接。发现件数不附、行包破损有其他异状时，经确认后应在交接证上注明现状，由站、车行李员按规定手续处理。

（2）仓库保管。为保证到达的行包安全和完整，应及时将卸下的行包送至仓库保管。为便于查找对照，应根据作业量的大小和车站设备条件采用不同形式的分区堆放方法。

① 按件分区保管。以票号尾数 0～9 为标准，再按每一尾号分为 1 件区、2 件区、3 件区、……、10 件区，11 件以上的多件区。这种方法适用于行包到达量大、仓库面积也较大的车站。

② 按线分区保管。按线别划分为上行线区、下行线区。车站衔接三条以上线路时，分为×线区或×方向区，并分别以票号尾数 0～9 再划分货位。

③ 按票号尾数分区。不分件数、线别和达到日期，只按票号尾数 0～9 划分货位。

各站对到达的行包应根据具体情况堆放，不宜强求一致。对于容易破损的货件应单独存放，零星小件应存放在明显处。

行包进入仓库后，接车行李员与仓库行李员应办理交接，将到达日期、车次填记在运输报单相应栏内，再按运输报单填写到达登记簿，注明堆放货位。运输报单的整理和保管也应按上述堆放区域划分，分别整理，并在票据专用柜的固定格子里保管以便查找。仓库行李员交接班时，凭交接簿进行票货核对，并严格执行"货动有交接、交接有手续"的安全工作制度。

（3）交付。交付工作是行包运输过程中的最后一道工序，是铁路负责运输全过程的结束，也是全部运输过程的一个重要环节。交付后双方不再承担义务和责任。

① 包裹到达后应用电话、明信片或其他方式通知收货人及时领取，防止包裹到达后长期占用仓库货位。

② 旅客或收货人领取行包时，凭行李票或包裹票的丙页（领货凭证），先到车站行包房

换票处换票。换票处将运输报单所记载的到达日期、车次及通知日期、时间填在行包票丙页相应栏内，并填记交付日期和货位编号，在运输报单上填记交付日期。如超过免费保管期间，应按规定核收保管费。最后将行包票乙页交收货人到仓库领取行李或包裹。

③ 仓库办理交付的行李员对收货人所持行包票和货签记载的票据号码、件数、发站、到站、托运人、收货人、地址核对无误后，在行包票上加盖"交付讫"戳记，将行包票连同行李和包裹交付给旅客或收货人。

大站采用的行包管理系统，通过对达到行包票据信息的录入，实现自动打印催领通知，在换票时计算各项到达作业费用。

3. 行包的中转作业

行包的中转作业是指行包在中转站卸下后，再装入其他旅客列车的行李车内继续运送的作业。中转作业实际也可看成是先卸后装的作业。

为加速行包的运送，在装车时应将行包尽量以直达列车装运。没有直达列车时，应以中转次数最少的列车装运。途中有几个中转次数相同的中转站时，应将行包装到有始发列车接运的车站中转。如途中几个中转站均有始发列车接运时，原则上应由最后一个中转站中转，但其他站也应适量分担。途中几个中转站都没有始发列车时，应在最后一个中转站中转。

为缩短中转时间，站车应加强预报。中转站应按国铁集团规定的"行李、包裹运输方案"做好中转计划，并采用快速中转的作业方法，即指定对站名较熟悉的装卸工根据装卸计划对中转的行包按货签上的到站，边卸边分中装方向，分别卸在搬运车上。对能立即中转的，逐票进行核对，核对无误后送往列车停靠的站台装车。对不能立即中转的，核对票、货相符后，按方向别送中转或始发仓库加以保管。过往列车的行包中转作业应先卸后装，特别注意点件和交接，防止误卸误装。装车后应按中转方向、件数及时向前方站预报。

在中转过程中如发现行包有破损、减量、无货签或有其他异状时，应会同有关人员采取措施进行处理，不给到站或另一中装站造成困难。

4. 行包房的服务工作

（1）行李、包裹的接取和送达。车站应以"人民铁路为人民"为宗旨，全面开展文明服务、礼貌待客，并扩大服务项目，办理行李、包裹的接取送达业务，做到"接货上门、送货到家"。这样可使旅客或托运人、收货人节省办理托运或领取手续的时间，免除自找运输工具的麻烦，同时也为铁路实行计划运输提供了有利的条件，减少行包房的拥挤，提高了行包仓库的使用效率。

行李、包裹的接取和送达根据旅客或托运人、收货人的委托来办理。车站接到旅客或托运人、收货人的委托之后，即行组织接取或送达，但行包托运人必须凭接取证亲自到站办理。送达时应收回行包票，另行填发行李、包裹送达票，交旅客或收货人作为送达后领取的凭证，并按规定核收手续费和搬运费。

办理接取、送达所使用的交通工具，有的车站自行配备，有的则由车站和市内运输部门采取联合运输的方式办理。搬运费根据规定的标准核收。

（2）包装服务。为确保行包在运输过程中的安全、完整，方便旅客和托运人，行包房应设立包装组，为旅客或托运人进行包装服务，真正做到方便托运。

三、客运服务工作

客运服务工作，要树立全心全意为旅客服务的思想，坚持全面服务、重点照顾的原则，做到"三要、四心、五主动"。

"三要"是指对旅客要文明礼貌，纠正违章态度要和蔼，处理问题要实事求是。

"四心"是指接待旅客热心，解答问题耐心，工作认真细心，接受意见虚心。

"五主动"是指主动迎送旅客，主动扶老携幼，主动解决旅客困难，主动介绍旅行常识，主动征求旅客意见。

客运服务工作包括问事处，候车室服务工作，旅客乘降工作，广播宣传工作，小件寄存，车站美化及卫生工作。

1. 问事处服务工作

车站问事处的基本任务是正确、迅速、主动、热情地解答旅客旅行中提出的各种问题，使旅客在购票、托运和领取行李、上车及中装换乘等方面得到便利。问事处应根据客流动态及车站具体情况进行宣传和组织工作，尽可能使旅客在旅行中不发生错误。问事处的工作方式有口头解答和文字解答两种。

（1）口头解答。通过问事处的直接口头、电话、广播解答、口头通告，回答旅客的问题。在大的客运站还设有电视问询设备。

口头解答有很大的灵活性，它可针对当时的实际情况随时解决问题，效果较好。解答问讯要耐心、热情，做到有问必答，答必正确，百问不厌，让旅客满意。

在列车到发前后或列车晚点、满员时旅客询问较多，问事处可用广播来解答旅客中带有普遍性的问题。

为正确及时地解答旅客提出的各种问题，问事处应不断收集和积累各种资料。

（2）文字解答。文字解答是让旅客通过自己的视觉来解决自己的问题。车站应在问事处、售票处、候车室等旅客经常逗留的地方，提供旅客列车时刻表、车票票价表、购票、托运行包应注意的事项说明、铁路营业站示意图、车站所在地市区交通路线图及其他临时公告等图标或文字说明。图标的内容要通俗易懂，版面要鲜明、美观，夜间应有充足的照明。

目前，在大型客运站已开始使用客运站信息查询系统。该系统是以电视问询、电话自动查询、自动应答等形式，为旅客提供大量的旅行信息。系统中包含的信息内容不仅有车次、票价、发车时间、到达时间、停靠站等，尤其可通过双音频电话，询问内容由计算机控制，用合成语音解答，还可向旅客提供与旅行有关的其他信息，如汽车、飞机、轮船以及城市公共交通的接续信息。另外，为满足旅客旅行生活的需要，可提供气象、交通、旅馆、娱乐、餐饮、购物、商业广告等信息。

基于客票发售和预定系统基础上的联网查询系统，能够实现旅客列车到发时刻及晚点信息的实时动态查询、列车车次的动态查询、客票票价查询、客票余额动态查询、铁路客规及重要通告查询、市内售票点查询、传真回复等，系统的信息发布媒体平台是电话网、国际互联网或触摸屏，该系统也已在大型客运站开始使用。

2. 候车室服务工作

候车室是旅客休息和等候乘车的场所，昼夜都有大量的旅客，而且流动性很大，车站必须为旅客创造一个良好的候车环境。候车室一般实行凭票候车的方法，对夜间下车不能回家的旅客也应允许他们在候车室休息。较大的车站可按旅客去向设置候车室或按车次、席别、客流性质设置候车室。

候车室工作人员应保证候车室有良好秩序，要主动、热情、诚恳、周到地为旅客服务。候车室工作包括以下几个方面：

（1）主动迎送旅客，安排旅客座席，坚持"人坐两行，包摆一趟"的方法，既保证旅客安全，又保证旅客休息。

（2）及时通告有关列车到、开和检票进站时间，加强安全、卫生及旅行常识的宣传工作。

（3）搞好清洁卫生，保洁员应做到随脏随扫外，并根据列车开、到时刻，在候车室内旅客较少时进行清扫工作，避免对旅客的干扰。在候车室内应使用空调设备，为旅客创造良好的候车环境。

（4）候车室内应满足旅客饮水、吃饭、洗脸和文娱活动的要求。

3. 旅客乘降工作

为维护乘降秩序，保证旅客安全，防止旅客乘错车，车站对进站人员持用的车票、站台票要检验和加剪。检票前要清理站台，始发列车在开车前 40 min，中间站在列车到站前 20 min 开始检票。剪票时要先重点（老、弱、病、残、孕、带婴儿的旅客）、后团体、再一般。剪票要确认车票的日期、车次、发到站、签证是否正确，认真执行"一看（看日期、车次）、二唱（唱到站）、三剪（加剪）制度。在计算机软纸票或代用票的右上方空白处加剪，定期票、卧铺票不加剪。站台客运员应坚守检票口、天桥口、地道口及进站通路交叉地点，组织旅客上下车，并随时做到扶老携幼、督促购物旅客及时上车，保证旅客安全。

对出站人员的车票、站台票、团体旅客证应收回，但中途下车和换乘旅客的车票不收回。收票时要确认旅客的到站、车次、经由、有效期是否正确。认真执行一看（看日期、到站）、二问（问明车票是否报销）、三收（报销撕角、不报销收回）制。特别注意不要误撕车票。对收回的车票要妥善保管，定期销毁。

对中转换乘的旅客，应组织他们在适当地点候车和换乘。

4. 广播宣传工作

客运站的广播对客运工作人员起着指挥生产的作用，对旅客起着向导作用。通过广播，可将车站的接发车准备、进出站检票、清扫及整顿秩序等工作及时传达给工作人员，以便按照统一的作业过程，有条不紊地完成各项工作。通过广播，将列车的出发、到达时刻以及其他有关事项通知候车室、广场和站台上的旅客，组织旅客及时进出站和上下车。对广播工作的具体要求是：

（1）认真执行党的方针政策，充分发挥广播服务于旅客、宣传于旅客、组织于旅客的作用。

（2）广播员应按照列车到、开顺序和旅客候车规律，编制广播计划，做好安全、服务、卫生和旅行常识的宣传，按时转播中央人民广播电台的新闻，适当播放文娱节目。

（3）转播时要预先确认，认真监听，严防误转错播。直播时要事先熟悉材料，做到发音准确，音量适宜，语言通俗易懂，并要积极收集资料丰富广播内容。

（4）勤与运转室联系，准确掌握列车运行情况，遇有列车晚点及作业变化及时广播通告。

（5）爱护机械设备，熟悉机械性能，精心使用，严格管理，认真执行操作规程。

为了更好地发挥广播系统的能力，减轻播音员的负担，近年来，在大型客运站采用了系统利用语音库，通过计算机语言综合代替播音员的播音系统。该系统能够根据车站调度指挥系统提供的列车运行计划和列车进站压轨信息，自动编排播音程序，选择信息源和播音区，并通过接口机柜发出的信号，控制各项设备按程序运行，从而可以在无人干预的情况下完成全天 24 h 的连续播音。在特殊情况下，该系统还可利用人机对话界面，使操作人员通过键盘输入命令进行干预、修改播音程序，并可利用话筒通道进行人工广播。

5. 小件寄存处工作

寄存处是为旅客临时保管随身携带品的场所，做好寄存工作能给上车前、下车后的旅客创造便利条件。由于寄存物品体积小，重量轻，存取时间集中、紧迫。为安全、正确、迅速地完成寄存工作，应设置带格的物架，对寄存物品实行分区、分堆、分线保管。一般采用寄存票尾号对号保管。对笨重大件或集体旅客寄存的大批物品可堆放在一起分堆保管，易碎品应固定货位存放。大型客运站采用电子技术控制的双控编码锁小件寄存柜，旅客可自己选定号码开柜，既安全又方便，为车站服务人员的管理工作创造了良好条件。

6. 车站美化和卫生工作

客运站是城市的大门，是旅客聚集的地点，做好车站的清洁卫生、站容整顿和绿化工作，即可美化站容、净化空气又为旅客旅行提供良好的环境。

（1）车站站容要求达到庄重整洁，美观大方，设备齐全，标志明显，搞好绿化。栽种树木以常青树为宜，并采取乔木和灌木、花树和花卉相结合的绿化方法，有规划地绿化车站。合理安排站前广场上各种车辆的停靠位置和走行通道，统一布置大型宣传广告和标语。

（2）车站卫生要求达到窗明地净，四壁无尘，内外清洁，消灭四害。为此，要保持车站的卫生，必须建立日常清扫与定期突击相结合的管理制度，按班组划分清洁区，分片包干和专人负责相结合，执行检查评比制度并定期公布。

大型客运站为给旅客创造优美候车环境，还设有以下文化服务设施：

（1）书报阅览室。设置在候车室或广厅内。室内布置整洁、明亮，具有足够数量的桌椅、书报、杂志，并按期及时调换，旅客可借用报刊和文娱用品。

（2）电视厅、电影院。在较大的客运站上设有电视厅、电影院，放映时间应根据车次、客流情况而定。

（3）食堂、茶室。为满足旅客在饮食方面的需要应设置食堂，条件许可的，可增设茶室。在候车室内，应经常保持足够的供旅客饮用的开水。

（4）售货部。站台上应设有售货亭及流动售货车，候车室内应设有小卖部，在大型客运站还可开设商场，供应旅客在旅行生活中所需的商品，从而使车站转变为多功能的服务场所。

第四节　旅客列车乘务工作组织

一、乘务工作的特点及任务

旅客的旅行生活大部分是在列车运行中度过的，因此做好列车乘务工作，对保障旅客安全、便利、舒适地旅行具有十分重要的意义。

旅客列车乘务组是客运部门的基层生产班组，其工作特点是在车内旅客人数多、要求不一，客车条件有限，列车运行和停站时间有严格规定的条件下进行的，并且列车乘务组是在运行过程中，远离领导进行工作，许多问题要及时独立处理。这就决定了旅客列车乘务组要建立相应的组织及一定的工作制度，从实际出发及时解决旅客提出的要求和处理临时发生的各种问题。

乘务组的主要任务是：

（1）保证旅客上下车及旅途中的安全。

（2）及时为旅客安排座席、铺位，保持车内整洁、卫生，维护车内秩序，做好服务工作。

（3）保证行李、包裹安全、准确地到达到站。

（4）充分发挥列车各种设备的效能，爱护车辆设备。

（5）正确掌握车内旅客及行包密度、去向，及时办理预报。

（6）正确报告制度，维护铁路正当收入，做好餐茶供应及文化服务工作。

二、乘务组的组成及分工

旅客列车乘务组由客运人员、公安乘警和车辆乘务员组成。

客运乘务人员包括列车长、列车值班员、列车行李员、广播员、列车员及餐茶供应人员。

车辆乘务人员包括检车长、检车员（含空调检车员）、车电员。

公安乘务员包括乘警长和乘警。

他们分别由客运段（列车段）、车辆段、公安处领导，在一趟旅客列车上共同担当乘务工作。乘务中应在列车长领导下充分发挥"三乘一体"的作用，分工负责，共同搞好乘务工作。

客运乘务人员负责保证旅客、行包的安全，列车清洁卫生和车内设备正常使用，组织列车饮食供应，认真做好计划运输组织工作，正确填写规定的票据、表报，及时办理预报。乘务终了认真填写乘务报告，列车长应亲自向派班室和有关领导汇报工作。

检车、车电乘务人员负责客运车辆运行安全。在较大停车站检查车辆走行部分，运行中按规定的技术作业过程随时巡视，检查车内通风、给水、照明和空调等各项设备的技术状态，发现故障及时处理。

公安乘务人员协助客运乘务人员维持列车秩序，调节旅客纠纷，保证旅客安全。

三、乘务组的乘务形式

旅客列车乘务组的乘务形式，按照既有利于保养车辆又合理使用劳力的原则，根据列车种类和运行距离，分别采用包乘制和轮乘制。

1. 包乘制

包乘制是指按列车行驶区段和车次由固定的列车乘务组包乘。根据车底使用情况不同可分为包车底制和包车次制。

（1）包车底制指乘务组不仅固定区段、车次而且固定包乘某一车底（长途列车乘务组分成两班轮流服务）。这种形式有利于车辆设备及备品的保养，可以熟悉该列车的全程运行情况，掌握沿途乘车旅客的性质和乘降规律，以便更好地安排自己的工作，从而有利于提高服务质量。缺点是长途旅客列车需挂宿营车，乘务工时一般难以保证。我国目前大都执行包车底制，不足工时可采用乘务员套跑短途列车或长途车底套跑短途列车（一车底多车次）。这样可节省车底，也可弥补乘务工时的不足。

（2）包车次制指一个车次（通常叫线路）由几个乘务组包干值乘，但不包车底。其优点是便于管理，可保证服务质量。缺点是交接手续复杂，不利于车底保养。

2. 轮乘制

轮乘制是指在旅客列车密度较大，且列车种类和编组又基本相同的区段，为了紧凑的组织乘务交路和班次，采用乘务组互相套用，不固定乘务组服务于某一列车。其优点是乘务员单班作业，一般在本铁路局集团有限公司内值乘，对线路、客流及交通地理等情况熟悉，联系工作方便，乘务中也不需宿营车，从而节省了运能。缺点是增加了交接手续，影响列车提速，不利于车辆保养，对服务质量有所影响。

四、乘务组及乘务员数量的计算

根据两种不同乘务形式可计算服务于某列车的乘务组数，再根据列车乘务组的编制，计算乘务员的需要数量。

目前我国采用 8 h 工作制，全年 12 个月，全年日历日 365 d，全年周休日 104 d，全年法定节假日合计 11 d。

$$\text{乘务员每月工作小时} = \frac{365-104-11}{12} \times 8 = 166.7 \ (\text{h})$$

根据乘务员每月工作时间计算列车乘务组数。

设每对列车（往返）乘务组的工作时间（不包括在折返站的停站时间）为 $T_{往返}$，则

$$T_{往返} = 2\left(\frac{L}{v_{直}} + t_{接} + t_{交}\right) \tag{7.2}$$

式中　L——列车始发站至终点站间的距离，km；

$v_{直}$——列车直达速度（列车始发站至终点站包括停站时分在内的平均速度），km/h；

$t_{接}$、$t_{交}$——接收和移交列车的时间，h。

由于一个列车乘务组一个月的工作时间为 166.7 h，则一个列车乘务组每月担当的列车值乘回数（往返）K 为：

$$K = \frac{166.7}{T_{往返}} = \frac{166.7}{2\left(\dfrac{L}{v_{直}} + t_{交} + t_{接}\right)}$$

设一个月为 a 日，设每日开行 N 对，则一个月共需要 $a \times N$ 列车回数。所需要的列车乘务组数 B 为：

$$B = \frac{aN}{K}$$

再根据列车编组及乘务组编制可以计算乘务员的需要数。

根据劳动计划岗位人员编制标准，长途客车单程运行 18 h 以上者，旅客列车乘务人员编制和岗位如下：

列车长（正、副）2 人
- 列车值班员每列 2 人
- 列车员（包括宿营车）每车 2 人
- 行李员每列 2 人
- 广播员每列 1 人
- 餐车人员：每日一餐者 7 人，每日两餐者 8 人；每日三餐者 9 人；单程 22 h 以上者 10 人
- 供水人员：每辆茶炉车 1 人（配有电茶炉的列车不设）

根据列车乘务组数乘以该列车乘务人员定员数即为所需乘务员的数量。

目前，各客运（列车）段乘务员需要量的计算，均以实际乘务工时作为计算标准。

乘务工时包括运行中值乘时间（轮班乘务员在车上休息不记工时）、出退勤时间、途中交接班时间（双班作业）、库内清扫和看车时间。

（1）运行中值乘时间。单程运行时间超过 12 h 时，按值乘旅客列车往返一次实际运行时间一半计算（因乘务组在列车单程运行时间超过 12 h 为双班），单程运行 12 h 以下时按实际运行时间计算。

（2）出退勤工时，按表 7.5 计算。

表 7.5　出退勤工时计算标准

出退勤时间	单程运行时间		
	$T_{单程} > 12$ h	$6\ \text{h} \leqslant T_{单程} \leqslant 12$ h	$T_{单程} > 6$ h
本段出勤	90 min	90 min	70 min
外段到达	30 min	30 min	20 min
外段出勤	70 min	65 min	60 min
本段到达	60 min	30 min	20 min

（3）本、外段入库清扫工时，按表 7.6 计算。

表 7.6　本、外段入库清扫工时标准

单程运行时间	$T_{单程}>12\ h$	$6\ h \leqslant T_{单程} \leqslant 12\ h$	$T_{单程}<6\ h$
入库清扫时间	360 min	360 min	180 min
作业人数	2 人作业	1 人作业	1 人作业

为减轻列车乘务人员的工作负担，某些客运段（列车段）采用客车整备所内配备库内清扫组的方法，乘务人员不需入库进行车底清扫工作。

（4）途中双班作业时每人每次按 30 min 计算。

（5）车底在本、外段停留，必需派人看车。

看车人数：软硬卧、软座车每车各 1 人，餐车 2 人，硬座车 1 人（冬季采暖时间，硬座车每 3 辆或不足 3 辆为 1 人）。看车工时，按下列公式计算：

$$看车工时 = \frac{(列车停留时间 - 出退勤时间 - 库内清扫时间) \times 看车人数}{全车班人数}$$

用一次往返乘务工时（$T_{单程}$）除乘务员月标准工时（166.7 h），得每组每月值乘次数，再除以开行列车回数，得所需包乘组数。

再根据列车编组及乘务员编制，确定每组乘务员需要数。用每组乘务员数乘所需包乘组数即得乘务员总数。

五、乘务组的工作制度及工作组织

1. 乘务组的工作制度

（1）出退勤制。列车乘务员在本段出乘时，要按规定时间由列车长带队到客运段派班室报到，听取派班员传达有关事项，列车长并应摘抄有关电报、命令、指示。

每次乘务终了，列车长应召开班组会议，总结工作，表扬好人好事。返回本段后，列车长向派班室汇报往返乘务工作情况并提出书面乘务报告。

（2）趟计划制。列车长每次出乘前应编制趟计划，趟计划在乘务报告中显示，其主要内容有：

① 本次乘务工作中的重点工作安排。

② 对贯彻上级规章、命令、指示、通知的具体措施。

③ 上次乘务工作中的优点及改进措施。

④ 针对接车所发现的问题，应采取的措施。

（3）验票制。为保证旅客安全、准确地旅行，维护铁路运输秩序和运输收入，在列车中应检查车票。验票由列车长负责，乘警、列车员协助，并根据客规规定决定验票次数，检验过的车票应用列车专用票剪加剪（但另有规定者除外）。发现违章乘车时，按规定补收票价。

（4）统一作业制。列车长应根据列车乘务的运行时刻、线路、客流、换班、餐茶等情况编制统一作业过程。

除上述制度外还应建立健全以岗位责任制为中心的各项管理制度，如安全生产，经济核算，票据、现金、备品管理及库内看车，旅客意见处理等项制度。

2. 工作组织

（1）安全工作。安全运送旅客是乘务组的首要任务，必须在保证旅客安全的前提下做好旅客服务工作。

① 列车开、到前后的安全工作。出乘前列车长应向车站客运室联系，了解需要重点照顾的旅客，并在出乘会上通知并指定专人负责安排照顾。

旅客上车前必须对车门、车梯、车厢连接处进行检查，发现有影响行车和人身安全的地方，应及时通知有关部门解决。列车开、到前后做好乘降组织工作。始发站旅客进站时列车长应在入口处、列车员应在车门口观察，重点注意需要照顾的旅客，组织旅客上下车。列车接近站台时，要先试开侧门，待车停稳后再打开，组织旅客先下后上，防止拥挤和混乱。对重点旅客应在到站前先安排到车门，列车停稳后及时下车。列车乘务员要加强车门管理，认真执行"停开、动关、锁、四门检查瞭望"制度，遇临时停车时，应看守车门。到站应及时清除扶手和车梯的冰雪，保证旅客上下车安全。旅客上下完毕，列车员要按前后顺序进行确认和口头联系，由尾部列车员通报运转车长或车站外勤值班员"乘降完毕"。途中停车时，广播员应向旅客通报，除有关人员外乘务员应坚守岗位，防止旅客下车。

② 列车运行中的安全工作。列车运行中，乘务员要做到：

a. 及时通报站名，防止旅客坐过站或下错车。

b. 宣传安全常识，劝阻旅客不要站在车辆连接处，不要手扶门框、风挡，不要将头、手伸出窗外，不要向车外抛物。列车通过大桥、隧道时，应动员旅客关闭车窗并巡视车厢。应加强禁带危险品的宣传，铁路公安人员和客运人员要密切配合，共同做好检查危险品工作。列车员应能通过"看、听、摸、访、嗅"的方法及时发现和处理危险品。

c. 整理好行李架防止压断或行李坠落砸伤旅客；取送开水或到开水时，应有相应安全措施，防止烫伤旅客等。

（2）列车行包运输工作。行包运输工作中列车行李员的工作十分重要。列车行李员必须与车站密切协作，做到巧装满载，同时掌握乘务区段的线路情况、停站时分及行包中转站的范围，接续车次和各停车站的卸装规律，以防止事故，保证列车安全、正点。

① 始发站作业。列车行李员主动到始发站行李房了解情况，掌握行包装车数量、性质及主要到站，并收集附近站预报，做到心中有数，按行包运输方案及行包装卸交接证核对票据，确定堆放位置。始发站至终点站的行包应集中装在行李车两端，到各中间站的行包按站顺序远装里、近装外，并做到大不压小，重不压轻、大件打底、小件放高、堆码整齐、装载平衡、货签朝外，易碎、易污、放射性物品分别隔离，鲜活物品注意通风，列车行李员要认真监装，发现危险品、国家禁止或限制运输的物品及包装不符合标准的货件、款、密件应拒绝装车。发现行包破损或有异状时应在交接证上注明现状。作业时执行"三检、三对"，检查行包票、货签、包装，核对件数、品名、到站。装卸完毕要清理票据、件数、经确认无误后办理签收手续。

② 途中作业。列车从始发站开出后，应按行李、包裹票分别到站登记行李、包裹装卸交接证。款、密件及挂号信件登入公文交接证，并将行包件数、重量填入"行李、包裹运输密度表"（见表 7.7）。到站前做到"三看"，看密度表记载有无要卸的行包、看行包交接证有无卸的货件、看公文交接证有关交接的信件、公文，并及时将车内待卸的行包确认一次，集中到车门附近准备卸车，并将不卸车的行包隔离妥当，防止误卸，到站应先卸后装。列车停稳后向车站行李员移交应卸的行包票据及公文信件，指明卸货位。卸完后站方办理签收手续后再接收待装票据、信件，并指定货位进行装车。列车行李员要认真监装卸，进行票货核对，防止错卸、漏卸、有货无票、混装顶件事故的发生。装卸行包较多的车站，装车时应将车站交给的票据按站顺整理好，分别列出到站、件数、查对到站、件数是否正确、然后按车站交给的装车站顺单确认到站，点件装车，装卸完毕双方签收，开车后再逐票核对。

为了充分利用运能，列车的行包要做到巧装满载，每站卸后及时将剩余运送能力和待卸行包向前站做出预报，预报由车站行李员代报。遇有大批行包或列车晚点时应提早预报，并组织快装、快卸，保证列车正点。

列车运行中，行李员要经常在行李车内巡视，做好防火、防塌、防湿损、防丢失工作。车内货位应悬挂到站显示牌，必要时整理翻装，各站分开，码放整齐，不堵车门，做到一目了然。对押运人要行登记，介绍安全注意事项。发现包装松散时应及时修理。运输途中发生事故或需要说明现状时，应编制客运记录，作为交接凭证和编制事故记录的依据。

表 7.7　列车行李、包裹运输密度表

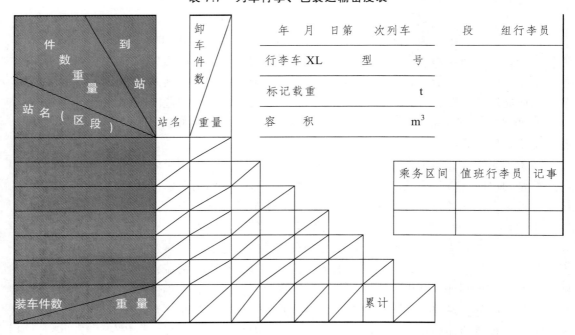

③ 终到作业。列车到达终点站前，行李员应将票据、公文、信件整理清楚，票货核对无误，准备与终点站交接、卸车，并将往返乘务的行包装卸交接证整理装订成册，妥善保管，统计行包件数，将完成任务情况、有关记录、电报事项向列车长汇报。最后搞好行李车的终

到卫生，整理各项备品与接收班组交接。

（3）列车服务工作。旅客大部分时间是在列车上渡过的，做好列车的服务工作，最大限度地满足旅客在旅行中的物质和文化生活的需要是乘务人员的主要任务。服务工作的好坏直接影响到铁路的声誉。因此，乘务员必须树立全心全意为人民服务的思想，讲文明、有礼貌地为旅客服务，

列车服务工作包括以下几项内容：

① 车厢服务工作。始发站剪票前乘务员应做好各种准备工作，坚守车门扶老携幼，迎接旅客看票上车。开车后，乘务员按作业过程进行工作，服务中态度主动、热情、语言文明、表达得体、准确，行动稳重、大方、作风谦虚谨慎，方法机动灵活，处理问题要实事求是。及时通报站名，组织旅客安全乘降。

② 列车广播工作。列车广播的主要任务是介绍铁路安全、旅行常识及沿线的名胜古迹，正确及时地做好站名及中转换乘通告。按时转播中央人民广播电台的新闻和报纸摘要节目以及宣传党的路线、方针、政策；为活跃旅客的旅行生活适当播放一些文娱节目和录像；为保证旅客身体健康做好列车卫生宣传工作。

列车广播员应根据旅客心理及客流特点对乘务中各区段、各区间的播音内容做出详细安排，经列车长审查批准，按计划执行。

③ 列车饮食供应工作。铁路旅客饮食供应业务，是铁路设置的国营零售商业。其基本任务是保证广大旅客在旅行中的饮食需要，保证饮食卫生，不断提高服务质量，为旅客旅行及国际友人友好往来服务。

为加强饮食供应工作，客运（列车）段应成立旅行服务的专业机构，实行专业管理，财务单独核算，并应有一名主要领导负责分管这项工作。

饮食供应工作要认真执行“全面服务、重点照顾”的原则，尊重少数民族和外籍旅客的饮食习惯、禁忌避讳。同时，要认真贯彻执行《食品卫生法》，加强食品采购、保管、加工、销售等环节的管理，严防食物中毒。

餐车应根据列车运行时间，实行一日三餐的供应方法，以具有特色的快餐为主，适当供应单炒菜，有条件可供冷饮、夜宵及兼营其他商品。

总之，列车饮食工作，应面向市场，采取灵活的经营方式，参与市场竞争，以满足不同旅客消费水平的需求，实现良好的社会效益和经济效益。

六、动车组列车乘务组的组成及乘务工作

1. 动车组列车乘务组的组成

动车组列车乘务组由列车长、列车员、乘警和随车机械师组成。列车上餐饮由社会专业公司承担时，其员工视同列车乘务组成员。列车乘务组人员应当各司其职，在为旅客服务上，接受列车长统一领导。

客运乘务组根据交路实际需要采用轮乘制或包乘制。客运乘务组由 1 名列车长和 2 名列车员组成，动车组重联时，按两个乘务组配备。编组 16 辆的动车组按 1 名列车长和 4 名列车

员配备。对以上运行时间较长的动车组可适当增加客运乘务人员。动车组司机：实行单司机值乘制。客车检车员（随车机械师）：按每组 1 人配备。不设运转车长。乘务人员预备率：动车组司机（含地勤司机）16%，其他人员 7%。

2．动车组列车乘务工作

（1）动车车务组职责。客运乘务组承担服务旅客、处理票务、检查列车保洁、餐饮工作质量等工作。发生影响旅客安全问题时，客运乘务组应当立即采取有效措施，保护旅客安全。

（2）动车组列车广播。运行时间在 3 h 以内的列车，一般只播迎送词、服务设备介绍、安全提示、站名和背景音乐。运行时间超过 3 h 的列车，可在不干扰旅客休息的前提下，适当增加播放内容。列车旅客信息服务及影音播放系统播放的内容应由客运部门提供，由车辆部门录入。

京津城际动车组采取中英文广播，动车组列车在始发前 5 min，播放安全提示，始发后 5 min 内播放欢迎词、安全提示及背景音乐，终到站前 5 min 播放终到告别词。广播内容由客运段提供，路局宣传部、客运处审定，车辆部门录入，始发前由随车机械师按规定操作自动广播装置。自动广播发生故障时，由客运人员人工广播。

（3）动车组车门管理。动车组发车前，由列车长确认旅客乘降完毕后，根据不同车型要求通知司机或机械师关闭车门。动车组重联运行时，由两组列车长互相确认旅客乘降情况后，运行前方的第一组列车长负责通知司机或机械师。动车组出动车段（所）到达式发展后，应将车门保持关闭状态。司机或机械师根据列车长的通知开门。列车工作人员不得擅自开关车门。

（4）台账。列车长出乘携带电报、客运记录、处理票务等必要的设备和处理业务资料外，其他纸质资料台账不携带上车。动车组列车运行中，列车长无需向添乘领导汇报工作。

（5）通信设备。客运乘务人员配手持电台。动车组列车始发前，列车长的手持电台均应设置在频道 1（CH_1）与随车机械师、乘警或司机进行通话联络。运行途中，列车长需与列车员通话时，转为各自的专门频道进行通话。通话完毕，应转回频道 1 进行守候。

列车多功能室只能用于照顾伤、病旅客，存放少量服务备品，由客运乘务人员管理，其他人员不得占用或改作他用。

✎ **复习思考题**

1．客运站有哪些主要设备？其具体配置要求是什么？
2．客运站流线分哪几种？流线组织原则是什么？流线疏解方式有哪些？
3．客运站如何提高售票速度？
4．发送行包的保管方法与到达行包的保管方法有什么不同？
5．旅客列车乘务组由哪些成员组成？其领导关系如何？
6．什么是包乘制和轮乘制？各有什么优缺点？
7．如何确定乘务组数及乘务员的需要数？
8．旅客列车乘务组的主要工作制度及其工作组织有哪些？
9．动车组列车乘务组由哪些人员组成？

第八章　线路中断与运输事故的处理

第一节　线路中断的处理

线路中断与运输
事故的处理 PPT

一、线路中断应采取的措施

由于自然灾害，行车事故或者其他原因，致使线路中断，造成列车不能继续运行时，应采取下列应急措施：

（1）站车工作人员应将造成线路中断的灾害原因、事故概况、影响程度等情况调查了解清楚，并立即向上级报告，同时根据上级指示迅速采取措施，确保旅客和行李、包裹的安全。

（2）站车工作人员对掌握的灾害（事故）情况，应通过广播向旅客通报、解释、安抚工作，稳定旅客情绪，维护站车秩序。

（3）列车停运且不能在短时间内恢复运行时，站车应做好服务工作，解决旅客的困难，做好饮食供应工作，必要时，向地方政府报告请求援助。

（4）线路中断预计不能及时修复通车时，灾害（事故）发生局应向国铁集团请求命令后向全路发出停办到达和经过中断区段客运业务的电报。同时，应设法疏解被阻旅客。

二、线路中断时的处理

1. 线路中断后对旅客的安排

线路中断造成列车不能继续运行且不能在短时间内恢复运行时，站车应做好服务工作，解决旅客的困难，做好饮食供应工作。必要时，向地方政府报告请求援助。

线路中断，旅客可要求在原地等候通车、返回发站、中途站退票或按承运人的安排线路运行。

列车停止运行后，应按下列规定安排已购买车票的被阻旅客。

① 在停运站或被阻列车上时，在车票背面注明"原因、日期、返回××站"作为免费返回发站或中途站退票、换车、延长有效期的凭证。如在发站或一个中途站等候继续旅行的，在通车 10 d 内可凭原票重新签证恢复旅行，车站办理签证手续，通票还应根据旅客候车的日数延长通票有效期，卧铺票办理退票。

在返回途中自行下车，运输合同终止。

② 在发站（或返回发站）停止旅行时，退还全部的有效车票票价，包括在列车补购的车票，但手续费、加收部分的票款、携带品超过规定范围补收的费用，以及已使用至到站的车票票价不退。

【例 8.1.1】　某旅客持北京—舒兰的车票一张（北京—吉林为新型空调车硬座客特快下卧票，吉林—舒兰为普通硬座客快票），自北京乘 T271 次新型空调车至吉林换乘 4361 次（非空调）至舒兰。列车运行至亚复站，因前方区段水灾塌方，列车不能继续运行，旅客要求返回发站（北京）办理退票。

已收票价：

① 北京—舒兰 1 214 km，硬座客快联合票票价（全程）　　74.00 元；

② 北京—吉林 1 131 km，新空特快硬客与普快硬客的差价　72.50 元；

③ 北京—吉林 1 131 km，新空硬卧（下）票价　　　　　　120.00 元。

②、③两项不退。已使用至到站的车票不退。

应退票价：74.00 元。

③ 在停止运行站（或中途站）退票时，退还已收票价与发站至停止旅行站间票价的差额，发站至停止旅行站不足起码里程按起码里程计算（铁路责任退还全部票价）。

【例 8.1.2】　按上述例 9.1.1 的已知条件。

（1）旅客要求在停止运行站——亚复站退票

已收票价：

① 北京—舒兰 1 214 km，硬座客快联合票票价（全程）　　74.00 元；

② 北京—吉林 1 131 km，新空特快硬客与普快硬客的差价　72.50 元；

③ 北京—吉林 1 131 km，新空硬卧（下）票价　　　　　　120.00 元。

发站至停止旅行站间票价：

① 北京—亚复 1 161 km，硬座客快联合票票价　　　　　　72.00 元；

② 北京—吉林 1 131 km，新空特快硬客与普快硬客的差价　72.50 元；

③ 北京—吉林 1 131 km，新空硬卧（下）票价　　　　　　120.00 元。

应退票价：74.00 – 72.00 = 2.00（元）。

（2）旅客要求返回中途站——吉林站退票

已收票价：

① 北京—舒兰 1 214 km，硬座客快联合票票价（全程）　　74.00 元；

② 北京—吉林 1 131 km，新空特快硬客与普快硬客的差价　72.50 元；

③ 北京—吉林 1 131 km，新空硬卧（下）票价　　　　　　120.00 元。

发站至停止旅行站间票价：

① 北京—吉林 1 131 km，硬座客快联合票票价　　　　　　69.00 元；

② 北京—吉林 1 131 km，新空特快硬客与普快硬客的差价 72.50 元；

③ 北京—吉林 1 131 km，新空硬卧（下）票价　　　　　120.00 元。

应退票价：74.00 – 69.00 = 5.00（元）。

④ 铁路组织列车绕道运输时，若以原列车组织绕道，原票有效。若换车组织绕道，注明"因××原因绕道××站乘车"，并加盖站名戳。绕道变座、变铺时（铁路责任按铁路原因变座、变铺），需要补价时，补变更区间票价差额，不足起码里程按起码里程计算；需要退时，退还变更区间票价差额，不足起码里程的票价不退。

绕道过程中，旅客中途下车时，合同终止。

旅客自行绕道，按变径办理。

⑤ 线路中断后旅客买票绕道乘车时，按实际径路计算票价。

⑥ 旅客索取线路中断证明时，由车站出具文字证明，加盖站名戳。

2. 线路中断对行李、包裹的安排

① 未装运及由中途运回发站时，收回行李、包裹票，在旅客页和报单页记事栏注明"线路中断、取消托运"，填写"退款证明书"，退还全部运费，并将收回的行李、包裹票附在"退款证明书"报告页上报。

② 已运至到站要求返回发站的行李，运费不退。在行李票报销单加盖"交付讫"戳，记事栏注明"线路中断，已运至到站的行李返回，运费不退"交旅客报销。

③ 在中途站领取时，收回行李、包裹票，填写"退款证明书"，退还已收运费与发站至领取站间运费差额，不足起码里程按起码里程计算。在旅客页、报单页记事栏注明"线路中断，中途提取"附在"退款证明书"报告页上报。

④ 在发站（或中途站）停止旅行，要求行李仍运至原到站，补收全程（或终止旅行站至到站）的行李和包裹的运费差额。

⑤ 包裹变更到站，补收（或退还）已收运费与发站至新到站的运费差额，不收变更手续费。不足起码里程按起码里程计算。在"客杂"（或"退款证明书"）记事栏注明"因××线路中断，变更到站"。

⑥ 鲜活包裹被阻，返回发站或变更到站按上述有关规定处理。要求承运人在中途处理时，退还已收运费与发站至处理站间（不足起码里程按起码里程计算）的运费差额和物品处理所得款。

⑦ 组织行李、包裹绕道运输时，应在行李、包裹记事栏注明"线路中断，绕道运输、被阻×日"并加盖站名戳，原车绕道时加盖列车行李员名章，到站根据实际运输里程加上被阻日数计算运到期限。

⑧ 线路中断后承运包裹，经铁路局集团有限公司批准，按实际径路计算运费。

三、列车发生火灾、爆炸的应急处理

（1）立即停车。列车运行中发生爆炸或火灾，发现火情的列车乘务人员，特别是本车厢或相邻车厢列车员应立即拉下紧急制动阀，迫使列车停在安全地带。

（2）疏散旅客。紧急制动后，列车乘务人员应迅速指挥旅客疏散到邻近车厢，同时向列车长、乘警长报告。

（3）迅速扑救。列车长、乘警长在接到报告后，应立即组织、指挥义务消防队和其他工作人员进行扑救，并通知各车厢乘务员封锁车厢，严禁旅客下车、跳车、串车，防止意外事故发生，为事后查明情况创造条件。

（4）切断火源。停车后，车辆、机车乘务员和运转车长要迅速将起火车厢与列车分离，切断火源，防止火势蔓延。

（5）设置防护。列车分解后，运转车长和机车乘务员要迅速设置防护。

（6）报告救援。列车长、运转车长和乘警长要尽快向行车调度员报告事故情况，请求救援。报告内容要简明扼要，车次、时间、地点、火势情况要报告清楚，并应迅速向当地政府、公安机关和驻军请求支援。

（7）抢救伤员。在疏散旅客、迅速扑救的同时，要积极地抢救伤员。

（8）保护现场。在扑救火灾时，要注意保护好现场。列车乘务人员应采取多种措施做好宣传工作，稳定群众情绪，维持秩序，以免发生混乱。

（9）协助调查。列车长、乘警长要积极协助公安机关了解情况，提供线索，帮助侦破。

（10）认真取证。公安乘务民警应尽可能了解事故情况，索取证据，以利于现场勘察、侦察线索和查明原因。

全体乘务人员在列车发生爆炸、火灾后，必须按照分工坚守岗位，不得擅离职守，要在列车长、乘警长的统一指挥下，根据实际情况灵活果断地采取得力措施，进行紧急处置。

上述 10 条 40 个字是应急方案的要点，在处理突发事件时可根据实际情况同步进行。

第二节　旅客运输事故的处理

一、旅客人身伤害事故种类

1. 旅客人身伤害事故的定义

（1）旅客人身伤害事故是指凡持有效车票的旅客，经检票口验票加剪开始，至到达目的地出站缴销车票时止（中转和中途下车的旅客自出站至进站期间除外），在旅行中遭受到外来、剧烈、明显的意外伤害事故（包括战争所致者在内）以及承运人的过错，致使旅客人身受到伤害以至死亡、残废或者丧失身体机能者，均属旅客人身伤害事故。

（2）铁路旅客运输过程是指旅客自进站检票时起至出站检票时止。

2. 旅客人身伤害事故的种类

（1）轻伤是指伤害程度不及重伤。

（2）重伤是指肢体残废、容貌毁损、视觉、听觉丧失，其他器官损失及功能丧失。具体参照司法部颁发的《人体重伤鉴定标准》。

（3）死亡。

二、旅客伤害事故的现场处理与报告

1. 现场处理

（1）列车、车站发生旅客人身伤害时，站车工作人员应当到场查看旅客伤害情况，报告列车长、站长组织救护，稳定人员情绪，维护现场秩序。

（2）因旅客伤害需交车站处理时，应移交前方县、市所在地车站或者当地具备公共医疗条件的停车站；需要提前报告运行所在铁路局集团有限公司客运调度时，由客运调度通知车站做好救护准备工作。

（3）旅客不同意在前款规定的停车站下车处理时，应当由旅客出具拒绝下车治疗的书面声明，并按照本办法第十一条规定收集两份及以上证人证言。

（4）列车因旅客伤害严重需紧急停车处理或发生 3 人以上疑似食物中毒的，应立即报告运行所在铁路局集团有限公司客运调度。接到报告后，客运调度应当立即根据列车长提出的要求，通知有关车站及值班主任（列车调度员），需要停车处理的停车处理，并报告本铁路局集团有限公司客运处。

（5）列车发现旅客在区间坠车时应当立即停车按照本办法第四条处理，并通知就近车站或将受伤旅客移交就近车站。需要防护时，按有关规定处理。

（6）不具备停车条件或者迟延发现的，列车长应当报告运行所在铁路局集团有限公司客运调度，客运调度员接到报告后立即通知值班主任，值班主任通知相关列车调度员和铁路公安局指挥中心，由列车调度员和铁路公安局指挥中心分别通知邻近车站及车站铁路公安派出所派人寻找。列车运行至前方停车站时，列车长应拍发电报，向发生地和列车担当铁路局集团有限公司主管部门报告。

（7）车站对本站发生的及列车移交的伤害旅客，应当及时联系当地医疗急救机构或送就近医院抢救。

发生医疗费用时，应当根据对责任的初步判断，属于旅客自身责任或第三人责任的，由旅客或第三人支付医疗费用。

暂不能区分责任或者责任人不明、无力承担的，经处理站站长或者车务段段长批准，可用站进款垫付。

动用站进款时，填写或补填"运输进款动支凭证"（财收 – 29），10 日内由核算站或车务段财务拨款归还。

（8）受伤旅客经现场抢救无效死亡，或对站内、区间发现的旅客尸体，经医疗部门或公安机关确认死亡，公安机关现场勘查结束后，车站应当转送殡仪馆存放（在此之前，车站应将尸体转移至适当地点并派人看守），并尽快通知其家属。尸体存放原则上不超过 10 日。

死者身份不清且在地（市）级以上报纸刊登寻人启事后 10 日仍无人认领的，应当根据铁路公安机关书面意见处理尸体；系不法侵害所致的，应当根据铁路公安机关书面意见并商死者家属意见处理尸体。

对死者的车票、衣物、随身携带物品等应当妥善保管，并于善后处理时一并转交其继承人；死者身份不明或者家属拒绝到站处理的，按无法交付的物品处理。

外国人在铁路站车死亡的按照《关于转发〈民政部、外交部、公安部关于外国人在华死亡后处理程序有关问题的实施意见〉的通知》（公法〔2008〕25 号）处理。

（9）发生旅客人身伤害、需要保护现场时，应当及时采取措施保护现场，禁止与救援、调查无关的人员进入。必要时，可请求地方政府协助。

（10）发生旅客人身伤害后，列车长、站长应当及时组织现场查验，全面搜集、梳理相关证据资料，检查旅客所持车票的票种、票号、发到站、车次、有效期及有效身份证件信息等，描绘现场旅客定位图，收集不少于两份同行人或见证人的证言及查验记录、现场照片、录像等其他相关证据，形成比较完整的证据链，能够证明发生的过程和原因，初步明确性质，并妥善保管。

旅客或第三人能够说明事件发生经过或责任的，应当由其出具书面材料，并签字确认。

涉及违法犯罪或者旅客死亡的，由铁路公安机关组织现场勘查。

证人应当具有完全民事行为能力。证人证言中应当记录证人的姓名、性别、年龄、地址、联系方式、有效身份证件信息等内容。有医务工作人员参加救治时，应当由其出具参与救治经过的证言。

证言、证据应当真实，能够反映发生的时间、地点、过程、原因和结果。

（11）列车向车站移交伤害旅客时，车站不得拒绝接收。

办理移交手续时，列车应当编制客运记录和旅客携带物品清单一式两份，一份由列车存查，一份连同车票、证明材料、相关证人或其联系方式等一并移交。客运记录应载明日期、车次，旅客姓名、性别、年龄、国籍、民族、职业、单位、有效身份证件号码、联系方式、住址，车票种类、号码、发站、到站、车厢、席位、受伤地点、受伤原因、受伤部位、处理简况，以及证据材料清单等内容。因时间来不及记明前述内容时，可在客运记录中简要记明日期、车次、下交原因，并必须在3d内向处理单位补交有关材料。特殊情况来不及编制客运记录时，列车长或其指定的专人应随同伤害旅客下车办理交接。涉及第三人时，应将第三人同时交站处理。

对已经控制的违法、犯罪嫌疑人，应当及时移交车站铁路公安派出所。

（12）列车发现精神异常旅客时，应重点关注，并按规定交到站或下车站妥善处理。列车运行途中，旅客有同行成年人的，应要求其同行成年人看护；无同行成年人时，应指派专人看护。必要时，可安排在适当位置看护。

车站发现进站乘车的旅客精神异常时，可不予其进站乘车，并为其办理退票手续。

（13）旅客在法定时限内索赔且能够证明伤害是在铁路旅客运输过程中发生的，受理单位应及时通知发生单位，并本着方便旅客的原则，移交旅客就医所在地车站或旅客发、到站处理，被移交站应当受理。发生单位应当在10d内搜集并向处理单位移交相关证据材料。

（14）在站内或区间线路上发现有坠车旅客时，发现或接到通知的车站应当迅速通报有关列车。有关列车接到通报后，应当立即调查。

发生列车应当按照上述第10、第11的规定收集相关证据材料或旅客携带物品，并向处理单位移交。

2. 事故速报

（1）对下列情形造成的旅客人身伤害应当立即向铁路公安机关报警：

① 杀人、抢劫、抢夺、强奸、爆炸、纵火、绑架、结伙斗殴、寻衅滋事、故意伤害、击打列车、故意损毁、移动站车设备等违法犯罪行为。

② 因散布谣言、谎报险情、疫情、警情、扬言放火、爆炸、投放危险物质，或者非法阻拦行车、堵塞通道等，引起公共秩序混乱的行为。

③ 火灾、爆炸、中毒等治安灾害事故。

④ 精神病人肇事肇祸，醉酒滋事行为。

⑤ 自然灾害。

⑥ 铁路设备、设施故障造成的事故。

（2）发生旅客人身伤害及携带品损失且有下列情形之一的，应当及时通知铁路公安机关：

① 应当控制、约束违法犯罪嫌疑人和扣押相关涉案物品的。

② 应当保护现场、维持秩序、协同救助的。

③ 应当由铁路公安机关介入调查、获取证据、查明原因的。

④ 引发治安纠纷或者酿成群体性事件并影响站车秩序，应当及时处置的。

⑤ 造成旅客死亡的。

（3）事故速报。

车站、列车发生旅客人身伤害时，可用电话向所在单位或上级主管部门报告概况；但发生重伤以上旅客人身伤害时，应在第一时间以短信方式向所属铁路局集团有限公司主管部门报告，随后向有关铁路局集团有限公司主管部门拍发速报，并逐级向上级主管部门和宣传部门报告。

报告（含速报）内容主要包括：

① 发生日期、时间、车次、地点、车站、区间里程。

② 伤亡旅客的姓名、性别、年龄、国籍、民族、职业、单位、有效身份证件号码、联系方式、住址以及车票种类、号码、发站、到站、车厢、席位等基本情况。

③ 发生经过、旅客伤亡及现场处理简况。

三、旅客人身伤害事故赔偿

1. 善后处理

1）成立善后处理小组

发生旅客人身伤害后，发生地车站（车务段）或处理站（车务段）应当组织发生单位、车站铁路公安派出所及相关单位成立善后处理工作组（以下简称工作组）。必要时，由发生地或处理站所在地铁路局集团有限公司组织。

发生旅客轻伤且经旅客或第三人同意现场调解、责任明确的，可由车站会同铁路公安派出所、发生单位、旅客、第三人等共同进行现场处理。

工作组负责如下工作：

（1）办理受伤旅客就医、食宿等事宜。

（2）收集相关资料，建立案卷。案卷中应有：客运记录、证人证言、车票、医院证明、现场照片或图示、寻人启事及铁路公安机关处理尸体意见等材料；铁路公安机关制作有现场勘验笔录、法医鉴定结论的，在不影响案件办理的情况下，可以收集存入案卷。

（3）核查伤亡旅客身份，通知其家属或发布寻人启事。

（4）处理旅客遗留物品或死亡旅客遗体。

（5）向旅客或其继承人、代理人通报有关情况，协商处理善后事宜。

（6）其他与善后处理有关的事宜。

2）调查分析，确定责任主体

在铁路旅客运输过程中（自旅客进站检票时起至出站检票时止）发生的铁路旅客人身伤害及携带品损失，由发生地或处理站所在地的铁路安全监督管理办公室（客运专业管理部门）组织处理站或其上级主管部门、铁路公安派出所或其上级铁路公安机关、相关专业管理部门等开展调查工作，了解相关情况，确定责任主体，提出处理意见。

（1）调查分析。下列情形造成的铁路旅客人身伤害及携带品损失，依据有关法律法规由相关部门组织调查：

① 因铁路交通事故造成铁路旅客人身伤害及携带品损失的，依据《铁路交通事故调查处理规则》（铁道部令第 30 号）由相关部门组织调查。

② 属于铁路公安机关管理职责范围的，由铁路公安机关组织调查。

③ 旅客食品安全事故调查处理由铁路食品安全监督管理办公室负责，并依据有关法规规定程序执行。

发生旅客轻伤且旅客同意现场调解、责任明确的，可由处理站（段）会同铁路公安派出所、发生单位、旅客、第三人或其代理人等共同处理。

在铁路安全监督管理办公室（客运专业管理部门）组织调查过程中，相关单位或人员应当按要求及时提供相关证据资料。

旅客人身伤害及携带品损失可能涉及设施设备、列车运行等原因的，应当通知有关管理单位。被通知单位接到通知后，应当按要求在 5 d 内提交有关证据材料。

（2）责任分类。铁路旅客人身伤害事故的责任分为 3 种：旅客自身责任、铁路运输企业责任、第三人责任和不可抗力责任。

① 旅客自身责任。是指旅客违反铁路安全规定，不听从铁路工作人员引导、劝阻等违法违章行为或其他自身原因造成的伤害。

② 铁路运输企业责任。是指由于铁路运输企业人员的职务行为和设施设备的原因等给旅客造成的伤害。

铁路运输企业责任中客运部门责任分为车站责任和列车责任。

遇下列情形之一的，车站应当承担相关责任：

a. 旅客持票进站后或下车后出站前，因车站组织不当造成人身伤害的。

b. 车站引导标志缺失或不准确，误导旅客造成其人身伤害的。

c. 车站设施设备不良造成旅客人身伤害的。

d. 车站在停止检票后继续检票放行或检票放行时间不足，致使旅客抢上列车造成人身伤害的。

e. 车站组织不当造成旅客上车时发生人身伤害的。

f. 因车站客运工作人员违章作业、过失造成旅客人身伤害的。

g. 有理由认定属于车站责任的。

遇下列情形之一的，列车应当承担相关责任：

a. 车门漏锁致旅客坠车造成人身伤害的。

b. 列车工作人员过错致旅客误下车、背门下车、在不办理乘降的车站（包括区间停车）下车、列车运行中开启车门造成人身伤害的。

c. 列车组织不当或列车工作人员违反作业标准，致旅客乘降时造成人身伤害的。

d. 列车客运工作人员对设备管理不善造成旅客人身伤害的。

e. 列车客运工作人员违章作业、过失造成旅客人身伤害的。

f. 有理由认定属于列车责任的。

③ 第三人责任。是指由于旅客和铁路运输企业合同双方以外的人给旅客造成的伤害。

④ 不可抗力责任。是指在当时的条件下，人力所不能抵抗的破坏力，给旅客造成的伤害，如地震、战争等。

（3）责任确定。在旅客人身伤害及携带品损失调查中，涉及旅客或第三人责任，且旅客、第三人或其代理人没有异议的，应当在有关调查报告中载明，并经其签字确认后，作为善后处理的依据；旅客、第三人或其代理人不予认可的，可告知其协商解决或通过司法途径处理。

铁路安全监督管理办公室（客运专业管理部门）在调查中，对涉及铁路运输企业责任的，应按发生原因、铁路运输企业及其各部门职责等确定责任单位；两个以上单位都负有责任时，可以列两个以上单位的责任。

发生原因基本确定，但由于发生单位或相关设施设备管理部门未及时搜集或未妥善保管相关证据资料，导致不能确定责任主体时，发生单位或相关设施设备管理部门应承担相应责任。

列车需将伤病旅客交站处理，调度部门因信息处置或安排停车不及时，车站因推诿或未及时联系医疗机构影响救治的，可将调度部门、车站与责任单位共同列为责任主体。

对责任划分有争议时，铁路安全监督管理办公室（客运专业管理部门）应将调查报告、案卷、处理意见等有关资料报发生、责任、处理单位共同的上级主管部门或其授权的主管部门裁决。

发现定性不准确或处理不符合规定的，上级主管部门可以责令重新审查或纠正。

确定铁路运输企业责任后，铁路安全监督管理办公室（客运专业管理部门）应当及时出具"铁路旅客人身伤害及携带品损失定责通知书"（见表8.1），交善后处理工作组，并于10 d内寄送责任单位及其上级主管部门。

表 8.1　铁路旅客及携带品损失定责通知书

No

＿＿＿＿＿＿＿＿铁路局集团有限公司： ＿＿＿＿＿＿＿站（段）： 　　关于＿＿＿＿＿年＿＿月＿＿日发生＿＿＿＿＿＿＿＿＿＿＿＿＿＿＿＿旅客人身伤害（携带品损失）经调查处理工作组研究，列＿＿＿＿＿站（段）＿＿＿＿＿＿责任。 　　特此通知 　　　　　　　　　　　　　　　　　　×× 安全监管办公室（公章） 　　　　　　　　　　　　　　　　　　＿＿＿＿＿年＿＿＿＿月＿＿＿＿日

注：本通知一式四份，一份交后处理工作组，一份处理站（段）留存，寄送责任单位及其上级主管部门各一份。

2. 赔　付

受伤旅客临床治疗结束或死亡旅客遗体处理完毕，工作组应当根据铁路安全监督管理办公室对责任确定情况，核实各项费用及授权委托书、亲属关系证明等有关证明后，涉及铁路运输企业责任的，尽快按有关法律规定与旅客或其继承人、代理人协商办理赔付。

医疗费用应根据实际产生或后续治疗需要,凭治疗医院单据或建议核定。旅客需转院治疗时，应与处理单位协商一致，并经治疗医院同意。

残疾赔偿金应根据有关鉴定机构出具的旅客人体损伤残疾程度鉴定意见，或者根据旅客受伤程度，比照有关人体损伤残疾程度鉴定标准所对应的残疾等级，按照有关标准计算。

办理赔付时，编制"铁路旅客人身伤害及携带品损失最终处理协议书"（见表8.2），经各方确认、签字或加盖处理单位公章后，将赔偿金依据法定顺位支付给旅客或其继承人、代理人，同时，处理单位应填写"铁路旅客人身伤害及携带品损失赔付通知书"（见表8.3）通知旅客或继承人、代理人。旅客接到通知后，持本人有效身份证件及本通知与30 d内到处理站领取赔偿款额。如继承人、代理人领取时，应携带领取人有效身份证件以及旅客身份关系证明或授权委托书（以上证件或证明均需原件）。领取后，旅客或其继承人、代理人出具收据交处理单位。

表 8.2　铁路旅客人身伤害事故及携带品损失最终处理协议书

No

一、旅客基本情况：
姓名：_____　身份证件号码：_____
性别：_____　年龄：_____　职业：_____　电话：_____
住址：_____

二、车票情况：
号码：_____　日期：_____
车次：_____　发站：_____　到站：_____　席位：_____

三、发生情况：
日期、时间、车次：_____
地点、车站、区间：_____

四、旅客人身伤害及携带品损失发生经过、救治及善后处理简要情况：
_____
_____

五、处理意见：
_____
_____

六、协议人签字：
旅客签字：_____　　　　处理单位（章）
代理人签字：_____
身份证号码：_____
联系电话：_____
日　　期：____年___月___日　　　　____年___月___日

第三人签字：_____
代理人签字：_____
身份证号码：_____
联系电话：_____
日　　期：____年___月___日

发生（责任）单位代理人签字：_____
职务：_____
联系电话：_____
日　　期：____年___月___日

注：本协议由处理单位填写，一式五份：一份报铁路局集团有限公司主管部门，一份转铁路局集团有限公司财务部门，处理单位、责任（发生）单位、旅客或家属各一份。

表 8.3　铁路旅客人身伤害及携带品损失赔付通知书

_____旅客：

　　对_____年___月___日所发生的旅客人身伤害（携带品损失），依据有关法律规定，经当事各方共同协商同意，赔付旅客共计人民币_____元（大写_____）。

　　请您携带本通知和本人有效身份证，与 30 日内到我站领取，如继承人、代理人领取时，请携带领取人有效身份证件以及与旅客身份关系证明或授权委托书（以上证件或证明均需原件）。

　　特此证明

　　　　　　　　　　　　　　　　　　　　　　　　　处理单位（章）

　　　　　　　　　　　　　　　　　　　　　　_____年____月____日

联系人：_____　　　　电话：_____　　　　单位地址：_____

　　根据责任确定情况，处理旅客人身伤害所发生的赔偿金及其他费用，由责任单位承担；无法确定责任单位的，由发生单位承担。

　　需向责任单位或发生单位转账时，由处理单位所属铁路局集团有限公司财务部门开具"转账通知书"（会凭 7），连同"铁路旅客人身伤害及携带品损失最终处理协议书"转送责任单位或发生单位所属铁路局集团有限公司财务部门。

　　责任单位或发生单位所属铁路局集团有限公司财务部门应当在收到"转账通知书"等材料次日起 30 d 内将费用转拨至处理单位所属铁路局集团有限公司；超过 30 d 的，每超过 1 d，按应付费用的 0.5% 支付滞纳金。

　　旅客人身伤害是旅客自身原因或第三方造成时，铁路运输企业在垫付相关费用后，可向旅客或第三方追偿。

四、调查报告与统计

　　旅客人身伤害处理完毕后，处理单位和发生单位应在 3 d 内逐级向所属铁路局集团有限公司客运主管部门报送"调查处理报告"。

　　铁路局集团有限公司应当在每月 20 日前汇总本局上月处理的旅客人身伤害情况，按要求填写"铁路旅客人身伤害统计表"（见表 8.4）和"安全情况报告"，报运输局。

　　案卷一案一卷，由处理单位保管，保存期为 5 年。

安全情况报告（格式）

　　旅客×××，性别，年龄，籍贯。××××年×月×日持××次××站～××站车票，列车运行至××线××～××间（或在××站），××原因，在××处死亡（或重伤）。

表 8.4　×××× 铁路局集团有限公司旅客人身伤害统计表

责 任	伤害种类			责 任	主要原因							
	死亡	重伤	轻伤		挤伤	摔伤	砸伤	烧烫伤	跳车	石击列车	疾病	其他
铁路企业				铁路企业								
旅客自身				旅客自身								
第三人责任				第三人责任								
不可抗力				不可抗力								
其他				其他								
人数合计				人数合计								
赔偿金合计				赔偿金合计								

【例 8.2.1】　201×年 4 月 22 日 20：30 分，T×× 次列车进入吉×站五站台，由于组织不当，造成旅客挤下站台摔伤，初步诊断为骨折。旅客王某，女，61 岁，家住吉林市昌邑区民主街，身份证号：××（18 位）；持 201×年 4 月 22 日吉林—北京的空调全价客特快票 1 张，票号：W×××××，无同行人，携带旅行包一个，内装衣物，车站如何处理？

处理程序：

（1）吉×站工作人员应当到场查看旅客伤害情况，报告站长组织救护，稳定人员情绪，收集不少于 2 份证明材料。

（2）检查旅客所持车票的票种、票号、发到站、车次、有效期及是否加剪和随身携带品，详细做成记录。

（3）对受伤旅客简单处置后，开具客运记录，介绍信如表 8.5 所示，并排工作人员及时将受伤旅客护送就近医院救治。

表 8.5　介绍信

介绍信
吉×市×医院： 　　兹有我站工作人员到你院联系旅客王某（女，61 岁）受伤抢救治疗一事，所需医药费用由我站垫付，请接收。
吉×站（印） 201×年 4 月 22 日

（4）妥善保管旅客的财务。

（5）旅客人身伤害事故发生后，应立即向上级主管部门及有关路局主管部门拍发事故电报（见表 8.6）（条件允许时应先以短信或电话汇报事故概况）。

（6）查实受害人身份，通知受害人家属。

（7）吉×车务段负责组成由吉×站、车站公安派出所和有关单位参加的善后处理工作组，负责收集事故有关资料，建立档案。

（8）分析定责，提出处理意见。

表 8.6　铁路电报

铁 路 电 报						电报统-1
发报所	电报号码	等级	词数	日	时分	附注

主送：吉×车务段

抄送：沈阳铁路局集团有限公司客运处、客调、吉×铁路公安处

201×年 4 月 22 日 20：30 分，T××次列车进入吉×站五站台，由于组织不当，造成旅客挤下站台摔伤，旅客王某，女，61 岁，家住吉林市昌邑区民主街，身份证号：××（18 位）；持 201×年 4 月 22 日吉林—北京的空调全价客特快票 1 张，票号：W×××××，无同行人，携带旅行包 1 个，内装衣物，我站已将旅客送至吉×市×医院救治，特电告知。

吉×站（印）

201×年 4 月 22 日

第三节　行李、包裹运输事故的处理

一、行李、包裹安全运输

1. 行李、包裹安全运输的意义

行李、包裹运输是铁路客运的重要组成部分，安全、准确、及时、完整地运送行李、包裹，直接关系到人民的切身利益，也关系到铁路的声誉。因此，我们一定要做好行包的运送工作，为人民的旅行需要服务，为工业、农业、国防、科学技术现代化服务。

2. 行李、包裹安全运输的措施

（1）各级领导要切实加强对行李、包裹运输工作的领导，加强安全管理。站、车行李员、装卸员必须严格遵守和执行国家运输政策，以及铁路有关行李、包裹运输的规定，认真贯彻负责运输的原则，牢固树立爱货思想，做到安全、质量良好的完成行李、包裹的运输任务。

（2）发生行李、包裹运输事故要认真调查分析，及时正确处理，明确责任，制定改进措施。对长期坚持安全生产和防止事故的有功人员，应给予表扬或奖励。对违章作业、工作失职造成事故者，应给予行政处分，并追究其经济甚至法律责任。对长期安全不好的或损失严重的单位，要追究其领导者的责任。

二、行李、包裹运输事故的种类和等级

1. 行李、包裹事故的种类

（1）火灾。

（2）被盗（有被盗痕迹的）。

（3）丢失（全部未到或部分短少、无被盗痕迹的）。

（4）损坏（破损、湿损、变形等）。

（5）误交付。

（6）票货分离，票货不符，误装卸或顶件运输时。

（7）其他（污染、腐坏等）。

2. 行李、包裹事故的等级

（1）重大事故：

① 由于承运的行李、包裹发生火灾、爆炸造成人员死亡或重伤达 3 人的。

② 物品损失（包括其他直接损失，下同）价值超过 3 万元的。

③ 尖端保密物品、放射性物品灭失。

（2）大事故：

① 由于承运的行李、包裹发生火灾、爆炸造成人员重伤的。

② 物品损失价值超过 1 万元 ~ 3 万元的。

（3）一般事故：

① 由于承运的行李、包裹发生火灾、爆炸的。

② 物品损失价值超过 200 元 ~ 1 万元的。

（4）事故苗子。在运输行李、包裹过程中（自承运时起至交付完毕时止）造成轻微损失及一般办理差错为事故苗子。事故苗子包括以下几类：

① 损失轻微其价值不超过 200 元（含 200 元）的。

② 被盗在 30 d 内破案并追回原物，损失轻微的。

③ 票货分离、票货不符、误装卸及时发现纠正，未造成损失的。

④ 误交付及时发现并取回，未造成损失的。

⑤ 未按规定办理交接手续的。

⑥ 违反营业办理限制的。

三、行李、包裹事故的立案和调查

1. 行李、包裹事故的立案

行李、包裹发生下列情况之一者，应立案处理：

（1）行李、包裹运输发生火灾、被盗、丢失、损坏、误交付、票货分离、票货不符、误装卸或顶件运输及其他事故时。

（2）行李、包裹超过运到期限 10 d，鲜活包裹超过运到期限没有运到时。

（3）行李、包裹超过运到期限没有运到或发生票货分离、票货不符、误装卸时，车站向发站拍发电报查询行李、包裹的下落，查询无结果时。

事故立案和调查处理由到站办理。行李、包裹在发站装运前全部灭失、毁损时，由发站办理。

事故立案时，车站应会同有关人员编制行李、包裹事故记录（用货运的）一式三份。一份留编制站存查；一份调查用（属于自站责任的留站存）；一份交旅客或货主作为提出赔偿要求的凭证（经查询找到后交付时应收回）。

行李、包裹事故记录是铁路内部调查分析责任和处理事故的基本资料，是旅客或货主向铁路提出赔偿要求的依据。因此，必须严肃认真，详细填写，如实记载事故现状，不得虚构、假想、臆测，用词必须具体、准确、明了，书写应清楚，如有涂改必须由涂改人在改正处盖章，对事故责任无确切依据时不做结论。编制事故记录时应根据事故性质会同有关人员共同编制。如丢失、被盗事故应由车站负责人、公安人员、有关行李员及装卸人员共同编制。行李、包裹在发站或运输途中，发生行包事故时，有关站、车应编制客运记录一式两份。一份存查、一份随行李、包裹递送到站，作为站、车交接的凭证和到站编制事故记录的依据。如在途中全部丢失、被盗、毁损时，应将客运记录和运送票据车递挂号寄送到站。

2. 行李、包裹事故的调查

行李、包裹超过运到期限没有运到或发生票货分离时，到站必须立即向发站拍发电报查询并抄有关铁路局集团有限公司。

（1）发站接到查询电报后，应立即查找核对，如不属于本站责任，应将装车日期、车次、签收情况电复到站，并抄知接收的列车主管段。列车主管段接到电报后，如不属于本段责任，应将卸车站和卸车日期、签收情况电复到站，并抄知卸车站。有关站、段按此顺序进行查找。

对用事故记录调查的，接收站、段应将调查结果电复到站，同时应填写事故复查书（用货运的）附在记录上，转送接收的站、段继续查找。如系本站、段责任，则直接填写事故复查书随同事故记录寄送到站。

查询电报或事故记录（包裹复电和查复书）如发、收双方在同一铁路局集团有限公司的，应抄送主管铁路局集团有限公司；跨局时，应抄送有关各铁路局集团有限公司。

（2）站、段在接到查询电报或事故记录后，车站必须在 3 d 内，段必须在 15 d 内答复到站，不得拖延。否则，由拖延站、段承担事故责任。但对用事故记录调查的，如逾期不答复，到站可再次电报催问，受调查站、段自接到催问电报日起，再超过 5 d 不答复时，即视作责任单位。

（3）发生火灾、被盗事故时，应及时向公安部门报案，并会同调查。

（4）发生和发现重大事故的车站及列车，应立即向国铁集团、铁路局集团有限公司拍发事故速报，并抄知有关单位。

行李、包裹未到的查询、调查程序如图 8.1 所示。

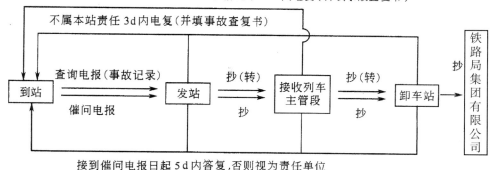

图 8.1　行李、包裹未到时查询、调查程序图

四、行李、包裹事故的责任划分

1. 铁路与旅客、托运人、收货人责任的划分

行李、包裹从承运时至交付时止，铁路担负安全运输的责任，如发生灭失、损坏、短少、变质、污染时铁路应负责赔偿，并在规定的运到期限内运至到站。由于下列原因造成的灭失或损坏，铁路不负赔偿责任：

（1）不可抗力，如水害、风灾、冰雹、地震、泥石流等。

（2）物品本身的自然属性或合理损耗，如枯萎、死亡、水分蒸发而产生的减量，化学制品的老化干裂，放射性同位素和短寿命生物疫苗的失效等。

（3）包装方法或容器质量不良，但从外部又不能观察发现或无规定的安全标志时。

（4）在行李、包裹中夹带有规定不能按行李、包裹托运的物品。

（5）托运人自己押运或带运的物品。

（6）旅客和托运人、收货人的过错。

由于旅客和托运人、收货人的责任给铁路造成财产损失时，应负赔偿责任。

2. 承运人内部站、车责任的划分

铁路运输行李、包裹过程中，涉及铁路内部的发送站、中转站及各次列车等单位、为了判明造成行李、包裹事故的责任者，以便追究赔偿责任，也必须进行责任划分。

（1）直接发生事故的车站和列车，应主动承担责任。

（2）在查询过程中，未按规定期限答复时(队已查明直接者外)事故责任列逾期答复站、段。

（3）由于违章承运行李、包裹造成事故时，事故责任列承运站。如承运不符合规定的包装技术条件的行李、包裹时；应派人押运的包裹无押运人时，或规章允许可不派人押运的包裹。但未按规定在包裹票和托运单上由托运人自行签注"包装完好、内部破损、铁路免责"字样等。

（4）中途站对包装破损未加整修继续运送，造成事故时，事故责任列应整修而未整修的车站。对符合规定包装要求的行李、包裹，能够证明直接造成包装破损站、车的发生地，事故责任列直接造成的站、段。

（5）站、车交接时，接收方不盖规定名章或印章不清无法确认，以及接收方应签收而未签收或虽已签收但对件数、包装等情况站、车双方有异议时，而在开车后 3 h 内(如区间列车运行超过 3 h 不停时，为前方停车站)又未拍发电报确认的，发生事故时，责任列接收站、段。

（6）列车到达终点站后，超过 1 h 不签收或虽未超过 1 h 而列车入库、行李、包裹未卸完，发生事故时，列终点站责任。

（7）车站对无法运送的无主行李、包裹，逾期积压不报或顶件运送，应承担事故责任。

（8）由于装卸责任造成事故时，责任列装卸部门，但装卸与客运同属一个单位的除外。

（9）事故赔偿又找到原来的行李、包裹，而旅客或收货人又不愿领取时(确有欺诈行为除外)，事故责任仍定原单位。

（10）由于行车事故造成的行李、包裹事故，由行车安全监察确定的责任单位负责。

（11）由于下列原因造成的行李、包裹事故，责任单位列入"其他"：

① 由于列车紧急制动，造成行李、包裹损失时。

② 由于托运人、收货人的责任给第三者的行李、包裹造成损失时。

③ 其他无法判明责任单位的事故。

（12）事故处理站在核定事故责任单位时，如发生站、车各方意见不一致，可将事故记录连同附件逐级上报，由上级机关仲裁核定。若站、车属一个铁路局集团有限公司管辖的，报铁路局集团有限公司；跨铁路局集团有限公司的，报国铁集团。

五、行李、包裹事故赔偿

1. 赔偿标准

（1）实际损失的赔偿。实际损失是指因灭失、短少、变质、污染、损坏导致行李、包裹实际价值的损失。按照损失赔偿时，对灭失、短少的行李、包裹按照其价值变质、污染、损坏降低价值的行李、包裹，可按照其受损前、后实际价值的差额或者加工、修复费用赔偿。

（2）保价运输的赔偿。保价运输的行李、包裹在运输中发生损失，无论托运人在办理保价运输时，保价额是否与行李、包裹的实际价值相符，均应在保价额内按照损失部分的实际价值赔偿，实际损失超过保价额的部分不予赔偿。如果损失是因铁路运输企业的故意 或重大过失造成的，不受保价金额的限制，按照实际损失赔偿。

行李、包裹灭失、损坏时的赔偿标准如表 8.7 所示。

表 8.7　行李、包裹事故赔偿价格一览表

项　　目	保价物品	不保价物品	附　记
全部灭失	按照实际赔偿，但最高不超过保价额	按照实际损失赔偿，最高不超过国铁集团规定的赔偿限额，但由于铁路运输企业的故意或重大过失造成的，不受此限制	退还全部运费
部分灭失	按实际损失的比例赔偿	按照实际损失赔偿，最高不超过国铁集团规定的赔偿限额，但由于铁路运输企业的故意或重大过失造成的，不受此限制	退还灭失货件重量的运费
分件保价时	按所灭失的货件实际损失赔偿，最高不超过货件保价额		退还灭失货件重量的运费
证明声明价格超过实际价格时	按照实际价格赔偿		多交的保价费不退

注：国铁集团规定的赔偿限额为每公斤 15 元（含包装）。

2. 赔偿手续

（1）行李、包裹灭失、损失或超过运到期限 30 d 尚未运到的，旅客和托运人、收货人有权向铁路提出赔偿。

（2）旅客和托运人、收货人要求赔偿时，应在有效期内提出赔偿要求书（用货运的），

并附下列证件：

    ① 行李、包裹事故记录。

    ② 行李票或包裹票。

    ③ 证明物品内容和价格的凭证。

（3）行李、包裹事故经过调查，只要能够证明是铁路责任的，不论其具体事故单位是否确定、事故站均应先行办理赔偿。对需要查找下落的行李、包裹事故，其赔偿期限，从旅客或收货人提出赔偿要求书之日起，最迟不得超过 30 d。

（4）车站在受理赔偿要求时，需审核要求人的要求权利、有效期限、赔偿要求书及有关证明文件。接受赔偿要求后，应在赔偿要求书收据上加盖站名戳记和经办人规定名章，交给赔偿要求人。如经铁路审核确定责任不属于铁路不予赔偿时，处理单位应用正式文件，说明理由和依据，连同全部赔偿资料(赔偿要求除外)退给赔偿要求人，并抄知有关单位。

赔偿要求人向法院提出的诉讼案，由诉状中所列的被告出庭答辩。

3. 赔偿时限

铁路与旅客、托运人、收货人相互间要求赔偿或退补费用的有效期限为 365 d。有效期限由下列日期起算：

（1）全部灭失为运到期限终了的次日。

（2）部分灭失或损坏为交付的次日。

（3）给铁路造成损失时，为发生事故的次日。

（4）多收或少收运输费用，为核收该项费用的次日。

责任者自接到赔偿要求书的次日起，必须在 30 d 内办完赔偿手续。

4. 赔偿款额清算

（1）赔款不超过 200 元(含 200 元)的，互不清算，由处理所属铁路局集团有限公司列销。

（2）赔款超过 200 元的，处理站与责任站跨铁路局集团有限公司的由铁路局集团有限公司相互间清算。

（3）责任局接到赔款通知之日起，必须在 10 d 内办完付款手续，逾期付款每日增加 0.5% 的资金占用费。未按规定及时付款时，铁路局集团有限公司管内由铁路局集团有限公司、跨局由国铁集团按季强行划拨。

（4）列其他的责任赔款，由处理局列支。

（5）行李、包裹事故赔款，不论行李、包裹是否保价，均由保价周转金支付。

六、行李、包裹事故的统计

（1）事故件数以一批为 1 件，但在同一车站或同一列车内，同时，同一原因发生的多批事故视为一批，应按 1 件统计。其事故等级按损失款额的总和确定。

（2）一件事故由几个单位共同承担时，事故件数由主要责任单位统计。无主要责任单位时，按发到站间的站顺，由第一个责任单位统计上报。列其他责任的，由单位统计上报。

（3）事故一律按结案日期统计。对报经上级仲裁的事故，按接到批复的当月统计。

（4）行李、包裹事故处理结案后，应按时逐级上报。每月填报"旅客伤亡及行李、包裹事故报告"（即客报—7）时，行李、包裹事故情况各栏增加斜线。斜线上方填写保价行包内容，斜线下方填写未保价行包内容。

七、行李、包裹事故案卷的保管

行李、包裹事故结案后，对行包的案卷应整理清楚，一案一卷登记入册。事故案卷材料应包括：

（1）行李票或包裹票。

（2）行李、包裹事故记录。

（3）赔偿要求书。

（4）证明物品内容和价格的凭证。

（5）查询电报（包括复电、答复书）和有关客运记录。

（6）其他有关附件。

事故案卷应由处理单位保管。其保管期限：赔偿案卷 3 年；诉讼案卷 4 年；事故记录 2 年；客运记录 2 年；行包交接证 1 年；查询电报 1 年复电、查复书 1 年。

其他不随事故案卷保管的资料 也要保管一定时间以备查用。

✎ 复习思考题

1. 旅客安全运输的意义何在？保证旅客安全运输的措施有哪些？

2. 什么叫运输阻碍？运输阻碍的种类及造成原因有哪些？发生运输阻碍因如何处理？

3. 旅客在候车期间或在列车上发生急病、死亡应如何处理？

4. 旅客人身伤害事故的种类与等级如何划分？旅客发生人身伤害事故应如何处理？

5. 行李、包裹安全运输的意义何在？保证行李、包裹安全运输的措施有哪些？

6. 行李、包裹事故种类和等级如何划分？行李、包裹事故如何立案、调查及处理？

第九章　铁路客运记录及电报

第一节　铁路客运记录

铁路客运记录及
电报PPT

客运记录是指在旅客或行李、包裹运输过程中因特殊情况，承运人与旅客、托运人、收货人之间需记载某种事项或车站与列车之间办理业务交接的文字凭证。

一、铁路客运记录的填写原则

编写客运记录时一式两份，一份交接收人，一份由接收人签字后留存。

填写客运记录时，应遵守下列原则：

（1）必须如实填写，不得虚构、臆测，项目填写齐全。

（2）简明扼要，说明问题。

（3）涉及旅客车票时，应填写车票号码、发到站；涉及行李、包裹票时，应有发到站、品名，重量，件数，发收货人的姓名、单位、地址。

（4）用字规范，有简称时使用规范的简称，字迹清楚，整洁美观。

（5）按照"客运运价里程表"规定的站名填写。

二、铁路客运记录的编写范围

1. 车站编写客运记录范围

（1）发生误售、误购车票时，在中途站、原票到站应退还票价时。

（2）将旅客遗失物品向查找站转送时。

（3）旅客在车站发生意外时。

（4）车站向铁路局集团有限公司收入部门寄送因违章乘车所查扣的铁路乘车票证时。

（5）行李、包裹票货分离，需补送行李、包裹或票据时。

（6）行李、包裹票货分离，部分按时到达交付，部分逾期时。

（7）行李、包裹装运后，旅客或托运人要求运回发站取消托运时。

（8）行包所在站接到行包变更运输的电报时。

（9）车站发现伪报品名的行李、包裹损坏其他行李、包裹时。

（10）在中途站、原票到站处理因误售、误购车票而误运的行李时。

（11）线路中断，列车停止运行后，鲜活包裹在途中被阻，托运人要求被阻站处理时。

（12）在发站或中途站，行李、包裹发生事故或需要说明物品现状时。

（13）行李未到，办理转运手续后，逾期到达时。

2. 列车编写客运记录范围

（1）在列车上发生因承运人责任使旅客不能按票面记载的日期、车次、座别、铺别乘车时。

（2）发生车票误售、误购，应退还票价时。

（3）旅客误乘列车或坐过了站，列车交前方停车站免费送回时。

（4）旅客丢失车票，另行购票或补票后又找到原票时。

（5）对无票乘车而又拒绝补票的人列车长责令其下车交站处理时。

（6）在列车上，旅客因病在中途站办理退票，退还票价差额时。

（7）因铁路责任，致使旅客在中途站办理退票，退还票价差额时。

（8）发现旅客携带国家禁止或限制运输的物品、危险品乘车，移交最近前方停车站或有关车站处理时。

（9）旅客携带品超过规定范围（危险品除外），无钱或拒绝补交运费，移交旅客到站或换车站处理时。

（10）向查找站或列车终到站转送旅客遗失物品，与车站办理遗失物品交接手续时。

（11）旅客在列车内发生因病死亡，移交县、市所在地或较大车站处理时。

（12）列车内发现无人护送的精神病患者，移交到站或换车站时。

（13）因意外伤害（包括区间坠车），招致旅客伤亡，移交有关车站处理时。

（14）发现违章使用铁路职工乘车证，上报局收入检查室处理时。

（15）列车接到行李、包裹托运人要求在发站取消托运，将行李、包裹运回发站时。

（16）列车接到发站行李、包裹变更运输（包括行李误运）电报时或旅客在列车上要求变更时。

（17）列车上发现装载的行李、包裹品名不符，或实际重量与票面记载的重量不符，移交到站或前方停车站处理时。

（18）列车对已装运的无票运输行李、包裹，交到站处理时。

（19）列车内发现旅客因误售、误购车票而误运行李时，如其托运的行李在本列车装运，交前方营业站或中转站向正当到站转运时。

（20）行李、包裹在运输途中发生事故，移交到站处理时。

（21）其他应与车站办理的交接事项。

（22）卧铺发票号，列车应尽量安排同等级席别的其他铺位，没有空位时，应编制客运记录交旅客，由到站退还卧铺票价，不收退票费。

（23）持挂失补车票乘车的旅客，经列车确认该席位使用正常的，应编制客运记录交旅客至到站办理退票。

（24）旅客持实名制车票，车票在列车上丢失时，列车对查到购票信息，到站前核验席位使用正常的，编制客运记录交旅客出站验收；对未查到购票信息的补票旅客，开具客运记录交旅客至到站核验处理。

三、列车客运记录模板

1. 正常到站的挂失补车票

客运记录

第×号

记录事由：挂失补到站退款

××站（旅客车票到站）：

　××年×月×日，××列车，××站上车旅客×××，身份证号码××××××××××××××××，持××站至××站的挂失补票×车×号（铺），票号××××××，经确认席位使用正常，可以办理退票，现移交你站，请按章办理。

2. 越站乘车的挂失补票

客运记录

第×号

记录事由：挂失补越站到站退款

××站（后补车票到站）：

　××年×月×日，××列车，××站上车旅客×××，身份证号码××××××××××××××××，持××站至××站的挂失补票×车×号（铺），票号××××××，自××站至××站区间席位使用正常，可以办理退票，自××站至××站区间越站乘车，车票号××××××，现移交你站，请按章办理。

3. 中途下车的挂失补票

客运记录

第×号

记录事由：挂失补中途下车到站退款

××站（中途下车站）：

　××年×月×日，××列车，××站上车旅客×××，身份证号码××××××××××××××××，持××站至××站的挂失补票×车×号（铺），票号××××××，要求在你站下车，经确认席位使用正常，可以办理退票。现移交你站，请按章办理。

4. 在列车上丢失实名制车票查到购票信息

> **客运记录**
>
> 第×号
>
> 记录事由：车票丢失
>
> ××站：
>
> ×年×月×日，××次列车乘坐在×车×号座（铺）位旅客（姓名：×××性别：×，年龄：××，身份证号：×××××××××××××××××，）持××站至××站车票在列车上不慎丢失，经列车查验其本人购票时所使用的有效身份证原件、购票信息一致，核收贰元手续费，"挂失补"车票票号：××××××，现交贵站，请按章办理。

5. 在列车上丢失实名制车票未查到购票信息

> **客运记录**
>
> 第×号
>
> 记录事由：车票丢失
>
> ××站：
>
> ×年×月×日，××次列车乘坐在×车×号座（铺）位旅客（姓名：×××，性别：×，年龄：××，身份证号：×××××××××××××××××，）持××站至××站车票在列车上不慎丢失，列车未查询到购票信息，按规定正常补票，车补票号：××××××，旅客到站前，经列车核实该席（铺）位未重复使用，现交贵站，请按章办理。

6. 无票人员乘车拒绝补票

> **客运记录**
>
> 第×号
>
> 记录事由：移交无票人员
>
> ××站：
>
> ××年×月×日，××列车，××站开车后验票，在×车×号座席发现一无票人员，自述从××站上车，但拒绝补票，现移交你站，请按章办理。

7. 移交误乘旅客

> **客运记录**
>
> 第×号
>
> 记录事由：移交误乘旅客
>
> ××站：
>
> ××年×月 ×日，××列车，××站开车后发现旅客×××，身份证号码××××××××××××××××，持当日××次××站至××站的车票，票号××××××，误乘本次列车，现移交你站，请按章办理。

8. 移交过站旅客

客运记录

第×号

记录事由：移交过站旅客

××站：

　　××年×月×日，××列车，××站开车后发现旅客×××，身份证号码××××××××××××××××，持××站至××站的车票，票号×××××××，找到列车长称坐过了站，拒绝补票，现移交你站，请按章办理。

9. 移交列车晚点中转换乘旅客

客运记录

第×号

记录事由：移交列车晚点中转换乘旅客

××站：

　　××年×月×日，××列车到达××站晚点××分，旅客×××，身份证号码××××××××××××××××，持××站至××站的车票，票号×××××××，因列车晚点无法正常中转换乘××次列车，持××站至××站的车票，×车×号（铺），现移交你站，请按章办理。

10. 移交急病旅客

客运记录

第×号

记录事由：移交急病旅客

××站：

　　××年×月 ×日，××列车××站开车后，旅客×××，身份证号码××××××××××××××××，持××站至××站的车票，票号×××××××，突发疾病，列车已进行简单救治（根据列车实际情况），该旅客要求下车治疗，现移交你站，请按章办理。

11. 丢失车票，补票后又找到原票旅客

客运记录

第×号

记录事由：丢失车票，补票后又找到原票到站退款

××站：

　　××年×月 ×日，××列车××站开车后，旅客×××，身份证号码××××××××××××××××，旅客自在××站购买的车票丢失，列车按规定补××站至××站的车票（票号×××××××），××站开车后该旅客又找到原票（××站至××站的车票，票号×××××××），现移交你站，请按章办理。

12. 移交精神异常旅客

客运记录

第×号

记录事由：移交精神异常旅客

××站：

　　××年×月　×日，××列车运行至××站至××站间，旅客×××，身份证号码×××××××××××××××××，××市××镇××村，持××站至××站的车票×车×号（铺），票号××××××，突然精神异常，现移交你站，请按章办理。

（有同行人时，注明同行人的车票、票号，无同行人时，附上旅客车票及物品清单）

---

13. 移交遗失物品

客运记录

第×号

记录事由：移交遗失物品

××站：

　　××年×月×日，××次列车到达××站后，列车员在×车×号座（铺）下，拾到旅行包××个，经会同乘警共同清点，现移交你站，请按章办理。

　　附物品清单一份（清单中物品的数量用大写的"壹""贰"等填记）

---

14. 移交中途下车旅客遗失物品

客运记录

第×号

记录事由：移交遗失物品

××站：

　　××年×月　×日，××次列车到达××站后，据××站客运值班员的通知，旅客××将物品遗忘在列车上，经会同乘警共同查找，在×车××号座（铺）下找到，并进行清点。现移交你站，请协助返还××站，请按章办理。

　　附物品清单一份

---

15. 移交危险品

客运记录

第×号

记录事由：移交危险品

××站（车站无派出所）：

　　××年×月×日，××列车××站开车后，发现×车厢有一旅客×××，身份证号码××××××××××××××××××，持××站至××站的车票，票号××××××，携带××，列车已加倍补收四类包裹运费，现移交你站，请按章办理。

---

16. 误售、误购车票到站退款

客运记录

第×号

记录事由：误售、误购到站退款

××站：

　　××年×月×日，××列车，××站开车后，旅客×××，身份证号码×××××××××××××××，持××站至××站的硬座车票，票号×××××××，找到列车长称自己在车站误购了车票，其实际到站为××站，现移交你站，请按章办理。

17. 移交烫伤旅客

客运记录

第×号

记录事由：移交烫伤旅客

××站：

　　××年×月×日，××列车，××站开车后，旅客×××，身份证号码××××××××××××××××××，持××站至××站的车票×车×号（铺），票号×××××××，在泡面时，不慎弄翻，将××旅客（旅客×××，身份证号码××××××××××××××××××，持××站至××站的硬座车票，票号×××××××）××处烫伤，列车已进行简单包扎处理，该旅客要求下车治疗，现移交你站，请按章办理。

　　附旁证材料两份

18. 处理车轮严重擦伤已甩车退票旅客

客运记录

第×号

记录事由：车辆故障到站退款

××站：

　　××年×月×日，××列车运行至××站，×车（车号×××××××××）定员×××人，由于车轮严重擦伤已甩车，旅客×××，身份证号码×××××××××××××××，持××站至××站的车票×车×号（铺）下，票号×××××××，列车无能力安排，该旅客乘硬座至到站，现移交你站，请按章办理。

19. 移交被不明物体击碎玻璃受伤旅客

客运记录

第×号

记录事由：移交不明物体击伤旅客

××站：

　　××年×月×日，××列车将要运行至××站时，运行至方向左侧机次第×位第×个车窗外层玻璃被不明物体击碎，将旅客×××，身份证号码××××××××××××××××，持××站至××站的车票×车×号（铺）下，票号×××××××，××击伤，大约有×cm的口子，血流不止，列车已进行简单包扎处理，该旅客要求下车治疗，现移交你站，请按章办理。

　　附旁证材料两份

20. 移交紧急制动天棚盖脱落砸伤旅客

客运记录

第×号

记录事由：移交砸伤旅客

××站：

　　××年×月×日，××列车将要运行至××站至××站间，因××列车紧急制动，撞成×车×位通过台天棚盖脱落，将旅客×××，身份证号码××××××××××××××××，男（女）××岁，××市××县人，持××站至××站的车票×车×号（铺）下，票号××××××，××部砸伤，伤口约×cm。列车已进行简单包扎处理，该旅客要求下车治疗，现移交你站，请按章办理。

　　附旁证材料两份

21. 移交挤手旅客

客运记录

第×号

记录事由：移交挤手旅客

××站：

　　××年×月××日，××次列车××站到站前，×号硬座车厢一名旅客×××，身份证号码××××××××××××××××，持××站至××站的车票×车×号（铺），票号××××××，上厕所关门时不慎将旅客×××，身份证号码××××××××××××××××的左手中指夹破，列车已进行简单包扎处理，该旅客要求下车治疗，现移交你站，请按章办理。

　　附旁证材料两份

22. 有货无票

客运记录

第×号

记录事由：有货无票

××站：

　　××年×月××日，××次列车××站开车后经核对，××站发至××站××件，重××，品名××，票号××××××，有货无票，现移交你站，请按章办理。

23. 行包未装卸完毕列车已开动

客运记录

第×号

记录事由：票货分离

××站行李房：

　　××年×月×日，××站发××站票号××××××，××件，重××，因停站时间短，××站未卸，现移交你站，请返运××站。

24. 货物破损外溢污损其他物品

客运记录

第×号

记录事由：污损货物

××站行李房：

　　××站（旅客）发你站的行李票号××××××，×件行李中夹带的×××破损外溢，将××站发××站票号××××××，×件××污损，请你站按章与××站联系赔偿事宜。

四、车站客运记录模板

1. 车票误售误购，乘车至正当到站

客运记录

第×号

记录事由：车票误售误购，乘车至正当到站

××站：

××年×月×日，我站发现一名中转旅客×××，身份证号码××××××××××××××××，持××站至××站的硬座通票，票号××××××，系属误售误购，其正当到站为××站，特编制客运记录附原票乘车至你站，请按章办理。

2. 误购车票，以至误运行李向正当到站转运

客运记录

第×号

记录事由：误购车票，以至误运行李向正当到站转运

××站：

××年×月×日，我站发现旅客×××，身份证号码××××××××××××××××，在××站误购去××站的硬座通票，其正当到站为××站，并误运了行李×件，重××kg，行李票号×××××××，该旅客我站已编客运记录赴正当到站，先将在我站中转的该件行李转运你站，请按章办理。

第二节 铁路电报

铁路电报是铁路部门之间处理铁路紧急公务的通信工具。

一、铁路电报的拍发规定

1. 铁路电报的等级

铁路电报的等级按性质和急缓程度分为以下六种：

（1）特急电报（T），指紧急的命令、指示，处理重大、大事故、人身伤亡事故、重大灾害及敌情的电报。

（2）急报（J），指国铁集团及部属公司、铁路局集团有限公司的紧急命令指示、时间紧迫的会议通知、列车改点、变更到站和收货人、车辆甩挂、超限货物运行及行车设备施工、停用、开通、限速的电报、国际公务电报及其他时间紧迫的电报。

（3）限时电报（X），指限定时间到达的电报。根据需要与可能，由用户与电报所商定，在附注栏内填记送交收报单位的时间，如限时 10：30，应写"XS10：30"。

（4）列车电报（L），指处理列车业务，必须在列车到达以前或在列车到达当时送交用户的电报。

（5）银行汇款电报（K），指银行办理汇款业务，按急报处理。

（6）普通电报（P），指上述 5 种以外的电报。

2. 发报权限

下列铁路单位和单位负责人（包括同级政工部门）有权拍发电报：

（1）部、部属公司、局及其他部属单位。

（2）基层单位的站、段、厂、场、院、校、队、所及同级单位和国铁集团、铁路局集团有限公司的驻在单位。

（3）出差和执行各项列车乘务工作的负责人。

（4）与运输有直接关系的基层单位所属部门需要拍发电报时，由铁路局集团有限公司批准。

3. 发报范围

拍发电报只能向全路有线电报通信网能够到达的范围。

（1）国铁集团（包括部内各局级单位）及直属单位发报范围不限。

（2）部属单位可发至全路各同级单位，但不得发全路各站段。

（3）其他单位只能发至本局和外局有关单位。

（4）基层单位不得向所属车间、工区、班组拍发电报，特殊情况需拍发时，应由铁路局集团有限公司批准。

（5）发给路外单位和铁路出差、乘务人员的电报，必须指定能够代其负责收转的铁路单位，但不得指定电报所。

4. 不得拍发电报的情况

（1）处理个人私事的电报。

（2）已经有文电的重复通知。

（3）挑战书、应战书、倡议书、感谢信的电报。

（4）公用乘车证丢失声明的电报。

（5）由于工作不协调，互相申告（执行列车乘务工作的负责人，在列车运行中向上级领导汇报列车运行中发生的问题不在此限）的电报。

（6）报捷、祝贺、吊唁（局及以上单位或负责人不在此限）的电报。

（7）推销产品、书刊及广告类的电报。

（8）执行列车乘务工作的负责人在同一区段内，不得重复拍发同一内容的电报。

5. 发报注意事项

（1）拍发电报必须使用规定的铁路电报纸，应使用规定的文字、符号、记号（即汉字及标点符号、阿拉伯数字、规定有电报符号的记号等），收电单位明确，电文通顺，标点符号完整，字体清晰，填写拟稿人姓名和电话号码。

（2）发报单位的公章和单位负责人的名章或签字应事先向电报所办理印鉴登记，否则不能发电报。

（3）各级检察、稽查、乘务和出差人员拍发电报时，需提出工作证和出差证（乘务证、检察证、稽查证），在原稿空白处填记证件号码。

（4）执行列车乘务工作的负责人，在同一区段内不得重复拍发电报，临时列车乘务工作的负责人拍发电报时，应写明经由区间，并在附注栏内注明本次列车在发报站的开车时间。

二、铁路电报的拍发范围

在处理业务中，车站的车间主任（客运行车、售票）主管站长有权决定电报的拍发，但必须加盖单位公章。

列车电报的拍发权限属列车长，但须加盖列车长名章。

1. 列车拍发电报

遇有下列情况，列车长应拍发电报：

（1）列车超过规定的超员率，通知有关部门和前方各停车站停止售票和剪票时。

（2）列车行李车满载，通知前方停车站停止装运行包时。

（3）列车运行中因发生意外伤害，招致旅客重伤、死亡应立即向国铁集团、铁路局集团有限公司及有关单位拍发事故速报时。

（4）列车上发生或发现行李、包裹重大事故后，应立即向国铁集团、有关铁路局集团有限公司拍发事故速报时。

（5）因误售、误购车票而误运行李时。（行李未在本列车行车装运）

（6）站车之间办理行李、包裹交接，接受方不盖规定的名章或印章不清无法辨认，以及接受方应签收而未签收但对件数、包装等情况有异议时。

（7）列车发生火灾爆炸等重大刑事案件突发事件，需迅速报告上级部门处理时。

（8）列车在运行途中因车辆故障发生甩车时。

（9）列车广播设备发生故障，通知前方广播工区派人处理。

（10）列车内发生运输收入现金、票据丢失、被盗、短少等运输收入事故，向路局收入部门和公安部门报案，通知有关单位协助查扣时。

（11）专运列车在运行途中需要补煤（或油）时，通知前方客运段。

（12）餐车电冰箱发生故障，通知前方客运（列车）段或车站协助加冰时。

（13）列车上发生旅客食物中毒，向所属铁路局集团有限公司或前方铁路卫生防疫部门（疾病预防控制中心）报告时。

（14）遇有特殊情况列车途中发生餐料不足，通知前方客运段补充餐料时。

（15）遇其他紧急情况需要迅速报告时。

2. 车站拍发电报

（1）车站发现少收票款时。

（2）到站发现少收票款时。

（3）线路中断列车停止运行时。

（4）发生旅客意外伤害，应立即向国铁集团、铁路局集团有限公司及有关单位拍发事故速报时。

（5）行李、包裹发生票货分离、顶件运输时。

（6）行李、包裹装运后，托运人要求变更到站时。

（7）行李、包裹装运后，托运人要求运回发站取消托运时。

（8）中途站发现行李、包裹中有国家禁止运输或限制运输物品时。

（9）站车交接时，对行李、包裹包装、件数有异议时。

（10）到站查询逾期的行李、包裹时。

（11）到站对查询逾期行李、包裹电报的复电时。

（12）到站发现行李、包裹重量不符补退运费差额后，发报通知发站和主管铁路局集团有限公司时。

（13）到站发现伪报一般货物品名时。

（14）列车遇特殊情况在中途站向车站借票时，列车长应与车站办理借票手续，出借票据的车站应发电报向有关收入管理部门、站段报告借票情况时。

（15）发站复核发现客运票据计算错误及时办理补退手续后，应发电报通知所属铁路局集团有限公司收入部门和到站时。

（16）发站向到站通报笨重货件装运及组织卸车的电报时。

三、业务电报的拟稿要求及主要模板

1. 拟稿要求

铁路业务电报首先要明确主送、抄送单位，继而在拟稿时要做到语言简练、内容准确。

主要单位是指具体受理单位或主办单位，无论单位大小，主要收受的单位要写在最前。

抄送单位是指需要其知道，并需要其协办、督办的单位或需要其备案、仲裁单位等。抄送单位较多时，其排列顺序按上下级或与该事项有关的主次进行排列，归属段排在最后。

2. 电报模板

（1）发生重大事故、大事故。

① 主送：发生事故所在地的分局，该局的车务处、公安处、车辆处、安监室等业务主要部门、调度中心、乘警队、车辆段及本段。

② 抄送：发生事故所在地的路局及本局的车务、公安、车辆、安监等业务主管部门、调度中心。事故较大的报部客管处、调度中心、安监委、公安局、车辆局。

③ 速报的内容包括：事故种类；发生日期、时间、车次；发生地点、车站、区间公里；伤亡旅客姓名、性别、年龄、职业、单位、住址；客票发到站；事故简要情况等。

（2）列车超员电报。

① 主送：控制售票的有关各站。

② 抄送：跨局直通列车抄送铁总客管处、调度中心；有关局车务处、营销处、调度中心；本段。

（3）空调故障，要求停售空调车票的电报。

① 主送：控制售票的有关停车站。

② 抄送：有关局车务处、营销处、调度中心；本局车务处、营销处、车辆处；车底所属车辆段、本段。

（4）食物中毒电报。

① 主送：防疫站、医院（前方有关停车站）。

② 抄送：铁总运输局客管处（人员较多、病情严重时）；有关局车务处、及有关车站、本段。

（5）途中餐料不足，请求补充的电报。

① 主送：负责补料的段或站。

② 抄送：有关局车务处、本段。

（6）行车车满载电报。

① 主送：要求停装的有关车站。

② 抄送：有关局车务处、调度中心，本段。

（7）广播和故障、请求修理电报。

① 主送：××广播工区。

② 抄送：有关局电务处、车务处、电务段；所属广播工区、电务段、本段。

（8）飞石击打列车伤害旅客的电报。

① 主送：发生石击列车的就近车站、公安派出所、车务段。

② 抄送：有关局客运处、公安处、安监室；本局车务处、车辆段、本段。

第三节 铁路客运记录编写及电报拍发实例

一、铁路客运记录的编写实例

【例 9.3.1】 ××年 6 月 16 日，秦皇岛站接到唐山站电话，查找 6 月 14 日 K609 次列车旅客刘珊遗失在列车上的物品：黑色皮箱一个，内装白色衬衣 2 件，毛涤西服 1 套，内衣裤 2 套，科技书 12 本，人民币 500 元。经秦皇岛站查找核对，该遗失品系 6 月 14 日 K609 次列车移交，箱内所装物品与所查找遗失品内容相符，秦皇岛站按规定向唐山站转送时，编制客运记录如下表。

北　京　铁路局　　　　　　　客统—1

● 客 运 记 录

第 103 号

记录事由：转送旅客遗失物品
唐山站： 　接你站客运室××同志电话，查找 6 月 14 日 K609 次列车上的遗失物品，经查找，该遗失品系 6 月 14 日 K609 次列车移交，箱内物品与你站所查内容相符，现编制此记录移交你站，请按章处理。

注：

1. 站、车要编制记录时均适用。　　　　秦皇岛站编制人员　印（印）

2. 本记录不能作为乘车凭证。　　　　　　　　段签收人员　　（印）

××年 6 月 17 日编制

【例 9.3.2】 ××年 6 月 8 日 1527 次（北京西—信阳）列车进入许昌站二站台 2 股道，下车旅客××（女，36 岁，许昌电信局职工），持北京西—许昌硬座普快票，票号 C007006，她为了省时、省力，慌张的横跨线路时，摔倒在 1 股道钢轨上，前额破口 5 厘米，流血不止，并已昏迷。经简单包扎抢救后，送××医院治疗。许昌站编制客运记录如下表。

<table>
<tr><td colspan="2" align="center">郑 州 铁路局</td><td>客统—1</td></tr>
<tr><td colspan="3" align="center">● 客 运 记 录</td></tr>
<tr><td colspan="3" align="right">第 104 号</td></tr>
</table>

记录事由：移交受伤旅客

　　许昌××医院：

　　　6 月 8 日 1527 次列车正点进入我站二站台 2 股道，下车旅客××（女，36 岁，持北京西至许昌硬座普快票，票号 C007006），横跨线路时，摔倒在 1 股道钢轨上，前额破口 5 厘米，流血不止，并昏迷。我站进行了简单包扎后，现送你院予以治疗。治疗费用由我站垫付。

注：

1. 站、车要编制记录时均适用。　　　许昌　站段　编制人员　印（印）

2. 本记录不能作为乘车凭证。　　　　　　站段　签收人员　　（印）

××年 6 月 8 日编制

【例 9.3.3】××年 6 月 8 日，在石家庄北站，收货人持 6 月 5 日南阳—石家庄北站包裹（糖果样品）5 件，共重 150 千克，包裹票号 C006005。其中 3 件按时到达，另 2 件逾期未到，收货人要求提取。石家庄北站应编制客运记录，交收货人作为领取逾期货件的凭证。如下表所示。

北 京 铁路局　　　　　　客统—1

● 客 运 记 录

第 107 号

记录事由：缺件交件

　　6 月 5 日，南阳承运至石家庄北站包裹一批（糖果样品）5 件，共重 150 千克，包裹票号 C006005。其中 3 件按时到达，6 月 8 日收货人凭包裹票已领取，包裹票已收回，另 2 件逾期未到，待到达后，凭此记录领取。

注：

1. 站、车要编制记录时均适用。　　石家庄北站　编制人员 印 （印）

2. 本记录不能作为乘车凭证。　　　　　　　　　签收人员 　 （印）

××年 6 月 8 日编制

【例 9.3.4】 ××年 7 月 18 日，大同列车段值乘的大同开往北京东 1638 次列车由张家口南站开出后，一名女旅客突发急病休克。列车广播找医生诊治后未见好转，移交宣化站送医院抢救。该旅客身份不明，其上衣装有人民币 260 元及大同至北京东 A001008 号硬座客快票，携带约 2 周岁男孩一名，提包一个。编制客运记录如下表。

北　京　铁路局　　　　　　　客统—1

● 客 运 记 录

第 126 号

记录事由：**移交急病旅客**

　　宣化站：

　　7 月 18 日我车由张家口南站开车后，该旅客突发急病休克。经找医生诊治未见好转，现移交你站，请按章送

医院抢救。

　　该旅客姓名、住址等不详，携带约二周岁男孩壹名，人民币贰佰陆拾元整，提包 1 个（内装衣服五件及食品），并持大同至北京东有效硬座客快票一张票号 A001008 号。

注：

1. 站、车要编制记录时均适用。大同 站段 编制人员 1638 次列车长（印）

2. 本记录不能作为乘车凭证。 站段 签收人员 　（印）

××年 7 月 18 日编制

二、铁路电报的编写实例

【例 9.3.5】 ××年 9 月 18 日，太原客运段值乘的太原经由石家庄、德州开往上海 K474 次到石家庄北站前，列车长验票时发现旅客×××在阳泉站误购车票。其正当到站为集宁南，误购了去济宁的车票，并误托运行李 1 件，重 35 千克，票号 B020406。经查找，该行李未在本列车装运，列车长于石家庄北站拍发电报通知济宁、阳泉站，向集宁南站转运，如下表。

铁 路 电 报						
发报所	电报号码	等级	词数	日	时分	附注

收报：济宁、阳泉站

抄报：集宁南、太原客运段

　　9 月 18 日，我车验票时发现旅客×××正当到站为集宁南，误购了阳泉至济宁的车票，并误托运行李 1 件，重 35 千克，票号 B020406。其车票我车已按章作了处理，该旅客在石家庄北站下车转车去集宁南，请接电后将误运

的行李转送到集宁南。

太沪三组（2003）第 301 号

K474 次列车长（印）

××年 9 月 18 日于石家庄北站

【例 9.3.6】　石家庄客运段值乘的由长春经由天津、霸州开往石家庄的 1514 次/1511 次列车，硬座实际定员为 1 062 人。××年 1 月 20 日，该列车过大虎山站时有大批民工乘车去清河城（在京九线衡水以南），致使列车严重超员。硬座各车厢人数合计 1 850 人，超员率达 75%。列车长于该站拍发超员电报。如下表。

铁 路 电 报						
发报所	电报号码	等级	词数	日	时分	附注

收报：锦州至任丘间 1514 次/1511 次各停车站

抄报：铁路总公司运输局，沈阳、北京局客运营销处，石家庄客运段

　　1 月 20 日过大虎山 1514 次列车超员严重，硬座实际定员 1062 人，车内现有人数 1 850 人，超员 75%。请各站严格控制票额，已确保列车安全正点。

石长四组（2002）第 401 号

1514 次/1511 次列车长（印）

××年 1 月 20 日于大虎山站

【例 9.3.7】 ××年 3 月 22 日，A 客运段值乘的长沙开往广州 B 次列车在株洲站停车时，8 号车厢 YZ20851 因旅客张伯桥携带的打火纸被挤撞后发生爆炸起火，火势迅速蔓延。经站、车工作人员和当地消防部门奋力扑救，40 分钟后大火才被扑灭。造成 8 号车厢被烧毁，旅客死亡 22 人，受伤 30 人的重大事故。车站和当地政府迅速将受伤旅客送往株洲市各医院组织抢救。列车长当即拍发速报。如下表。

铁 路 电 报						
发报所	电报号码	等级	词数	日	时分	附注

收报：A 局客运营销处、客调、安监室、公安局、客运段、乘警队

抄报：铁路总公司运输局、安监司、公安局

　　3 月 22 日×时×分，长沙开往广州 B 次列车在株洲站停车时，8 号硬座车 YZ20851 突然爆炸起火，虽经我车乘务人员、车站工作人员和当地消防部门全力扑救，但因火势蔓延迅速、车内严重超员，40 分钟后才把大火扑灭，造成该车辆被烧毁，旅客 22 人当场死亡，受伤 30 人的重大事故。受伤旅客已被车站、当地政府送往株洲市各医院抢救治疗。经初步调查，肇事原因系在 C 站上车一名无票旅客违章携带爆炸物所致。特电告知。

长广一组（2000）第 103 号

B 次列车长（印）

2000 年 3 月 22 日于株洲站

✎ 复习思考题

1. 铁路客运记录的用途是什么？
2. 铁路电报的用途是什么？
3. 编制客运记录应遵守哪些原则？
4. 铁路电报的等级有哪些？
5. 哪些情况下，站、车应编制客运记录？

第十章　铁路国际旅客联运

第一节　概　　述

铁路国际旅客
联运 PPT

　　凡两个国家或两个以上国家铁路间按国际联运票据办理的旅客、行李和包裹的运送，即为国际旅客联运。参加旅客、行李和包裹联运的铁路间，负有相应的责任。为了做好国际铁路旅客、行李和包裹的直通联运，明确规定各国铁路的利益和责任，参加国际联运的各国铁路中央机关，缔结了《国际旅客联运协定》（简称《国际客协》）。

　　国际铁路旅客联运是指发到站不在同一国内的旅客、行李和包裹铁路运输，包括海铁联运。下列情况不属于国际联运：

　　（1）发、到站都在同一国内。

　　（2）发、到站都在同一国内，只是用发送国的列车、车厢过境另一国运送。

　　（3）两国车站间，用发送国或到达国铁路列车、车厢过境未参加国际客协的第三国运送。

一、参加国际联运的国家

　　目前，采用《国际客运运价规程》（简称《国际客价》）的国家铁路有下列国家的铁路：

- 白俄罗斯共和国铁路　　BC　　（白铁）；
- 越南社会主义共和国铁路　　DSVN　　（越铁）；
- 哈萨克斯坦共和国铁路　　KZH　　（哈铁）；
- 中华人民共和国铁路　　KZD　　（中铁）；
- 朝鲜民主主义人民共和国铁路　　ZC　　（朝铁）；
- 拉脱维亚共和国铁路　　LDZ　　（拉铁）；
- 立陶宛共和国铁路　　LG　　（立铁）；
- 蒙古铁路　　MTZ　　（蒙铁）；
- 俄罗斯联邦共和国铁路　　RZD　　（俄铁）；

- 吉尔吉斯斯坦共和国铁路　KRG　（吉铁）；
- 土库曼斯坦铁路　TRK　（土铁）；
- 塔吉克斯坦共和国铁路　TDZ　（塔铁）；
- 爱沙尼亚共和国铁路　EVR　（爱铁）；
- 乌兹别克斯坦铁路　UTI　[乌（兹）铁]；
- 乌克兰铁路　UZ　[乌（克）铁]

二、我国铁路的旅客联运站

《国际铁路客运运价规程》中规定的办理国际旅客联运的车站叫作联运站。

我国铁路现有 30 个旅客联运站：北京、北京西、大同、天津、衡阳、长沙、汉口、郑州、呼和浩特、集宁、二连、沈阳、长春、丹东、哈尔滨、牡丹江、满洲里、绥芬河、桂林、南宁、凭祥、乌鲁木齐、阿拉山口、昆明北、河口、山海关、开远、宜良、昂昂溪、崇左。

我国铁路国际旅客联运示意图如图 10.1 所示。

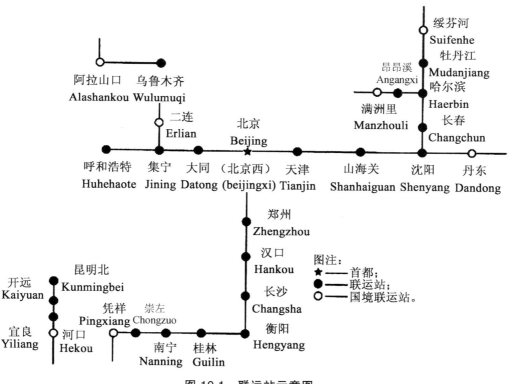

图 10.1　联运站示意图

三、国境站及国际列车

国与国之间邻接的车站称之为国境站，我国现有国际旅客联运的国境站如表 10.1 所示。

表 10.1　国境站站名

文别／路别	中文	拉丁字母	文别／路别	中文	拉丁字母
中铁 朝铁	丹　东	DANDONG	中铁 俄铁	满洲里	MANZHOULI/MANTCJURIJA
	新义州	SINYDJU		绥芬河	SUIFENHE
中铁 越铁	凭　祥	PINGXIANG		后贝加尔	ZABAIKALSK
	河　口	HEKOU		格罗迭科沃	GRODEKOWO
	同　登	DONGDANG	中铁 蒙铁	二　连	ERLIAN
	老　街	LAOKAI		扎门乌德	DZAMYN-UDE
中铁 哈铁	阿拉山口	ALASHANKOU			
	多斯特克	DOSOYK			

我国铁路与其他铁路间现有国际旅客列车如表 10.2 所示。

表 10.2　国际旅客列车

路　别	车　次	开行次数	经　由
中、蒙、俄	K3/K4	每周一次	北京—乌兰巴托—莫斯科
中、俄	K19/K20	每周一次	北京—满洲里—莫斯科
中、朝	K27/K28	每周四次	北京—丹东—平壤
中、蒙	K23/K24	每周一次	北京—二连—乌兰巴托
	4652/4653 4654/4651	每周二次	呼和浩特—二连—乌兰巴托
中、哈	K9795/K9796	每周二次	乌鲁木齐—阿拉山口—阿拉木图
中、越	Z5/Z6	每周二次	北京西—凭祥—河内
	T8701/T8702	每日开行	南宁—凭祥—嘉林

第二节　旅客运送

一、乘车票据

国际联运中规定的乘车票据包括：客票、卧铺票和补加费收据。乘车票据的样式分为两种：一种是人工票（是传统的乘车票据，主要在没有实现电子计算机联网的国家铁路发售）；另一种是电子票（是同西欧国家铁路样式基本统一的乘车票据，主要在独联体成员国波罗的海 3 国铁路发售）。我国铁路目前只发售前一种乘车票据，但同时承认其他国家发售的电子票。

册页票本，由票皮和相应的乘车票据（册页客票、卧铺票、补加费收据）组成，并按客票、卧铺票和补加费收据的顺序订入票皮后，即成为册页票本。册页票本中必须有票皮和客票，如缺少票皮或客票，视为无效，发现后铁路应予没收。

1. 客 票

客票是证明铁路同旅客间缔结运输合同的基本票据。《国际客协》的客票为册页客票，如果有个别国家铁路间有单独协议，也可采用卡片客票（尺寸 31 mm×57 mm，一等印成绿色，二等印成褐色）。

客票颜色、尺寸、种类：客票按填写方法分为固定册页客票（浅粉色底纹特种水印白纸印制，105 mm×148 mm）和补充册页客票（用粉色底纹水印白纸印制，192 mm×86 mm，手写式补充册页客票的尺寸为 105 mm×148 mm）；按等级分为软席车（1 等）票和硬席车（2 等）票；按乘车方向分为单程客票和往返客票；按乘车人数分为散客票和团体客票。

册页票本票皮（见图 10.2）和册页客票，用发送国文字以及中文、德文和俄文中的两种文字印制，卡片客票可只用发送国和到达国文字印制。

客票上应载有下列主要事项：

（1）发站和到站名称。

（2）印制的客票号码。

（3）经路。

（4）车厢等级。

（5）客票票价。

图 10.2　册页票本票皮（封面）（中国铁路票样）

（6）客票有效期。

（7）客票发售日期。

（8）发售客票的铁路名称。

2. 卧铺票

旅客乘坐卧车和座卧车时，除客票外，还应有占用相应铺位的卧铺票。

卧铺票的尺寸、颜色、种类：卧铺票的种类与客票相同，按办理方式还可以分为签认和未签认票（即"OPEN"票）。卧铺票的尺寸为 105 mm×148 mm，卧铺票用浅绿色底纹特种水印白纸印制，卧铺票收据用浅绿色底纹不带水印的白纸印制，卧铺票存根用不带底纹和水印的白纸印制。用电子方法办理的卧铺票用淡褐色底纹白纸印制，尺寸为 192 mm×86 mm。

旅客凭卧铺票，不论夜间或白天，均有权使用卧铺；但对持座卧车时，仅限在夜间（21：00～次日 7：00）有权使用卧铺，并免费提供卧具，每套卧具的使用时间为 5 昼夜。

卧铺票任何情况下均没有减成。

卧铺票上应载明下列主要事项：

（1）"MC"字母和铁路代号（用电子方法办理的卧铺票为"MC"字母、发售卧铺票铁路的代码和代号）。

（2）发站和到站名称。

（3）经路。

（4）发车日期和时分、车次、车厢号和铺位号。

（5）车厢等级和铺位种类。

（6）人数。

（7）卧铺票票价。

（8）发售卧铺票的铁路名称。

（9）卧铺票发售日期。

（10）发售卧铺票的车厢所属路名称。

卧铺票样式如图 10.3 所示。

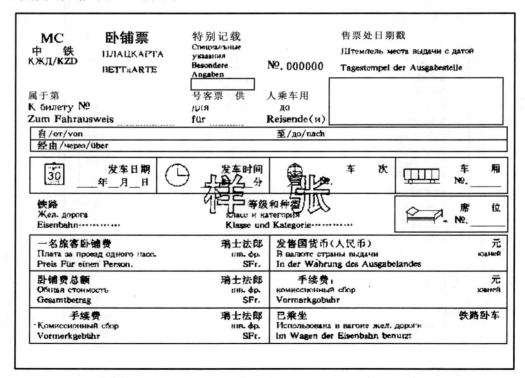

图 10.3　卧铺票（中国铁路票样）

3. 补加费收据

当变更经路、等级以同一经路上分乘不同等级车厢等情况下，需开具补加费收据。客票和卧铺票差价应分别单独开具补加费收据，其他项目可开具同一张补加费收据。

补加费收据尺寸为 105 mm×148 mm，由两联组成：白纸印制的存根和浅蓝色底纹特种水印白纸印制的补加费收据。用电子方法办理的补加费收据为一张，用绿色底纹白纸印制，尺寸为 192 mm×86 mm。

4. 免费乘车证

国际联运中允许使用的免费乘车证有：铁组公用免费乘车证、铁组一次性私用免费乘车证、国际旅客列车（车通客车）国内段免费乘车证 3 种乘车证乘车。

二、列车中席位的提供

（1）车内席位提供，按照各铁路国内规章并根据旅客所持的客票办理，乘坐卧车和座卧车时，还应根据所持卧票办理。

每名旅客一般只有权占用 1 个铺位。但是根据旅客请求，且当有空闲席位时，铁路可以在办理往程乘车手续时，为旅客在卧车内提供单独包房。此时，旅客应按包房中实际铺位数支付客票费和卧铺费。

在运行途中由铁路工作人员向其他人员提供实际未占用但已购买的席位，只有征得所购乘车票据享用单独包房的旅客同意才能办理。在这种情况下，该旅客有权领回至到站剩余里程的乘车票价，但旅客旅行全程实际占用席位的客票票价和卧铺票费除外。在乘车票据上由车长做相应记载。

（2）如由于车厢在发站或运行途中被摘下，或由于席位售重，不能给旅客提供符合其客票和卧铺票的等级和种类的席位时，旅客可拒绝乘车或拒绝占用较低等级和种类的席位。

铁路可向旅客提供较高等级和种类的席位。在这种情况下，不核收客票和卧铺票的票价差额。

如列车中不能为旅客提供席位，则铁路必须将旅客及其行李安置到按同一经路或其他经路开往同一到站的另一列车上，而不核收票价差额，并协助旅客尽可能少耽误时间抵达到站。

三、国际旅客联运票据的发售和填写

乘车票据的填发：

乘车票据由铁路售票处和代售点发售。

填写乘车票据时，应使用圆珠笔或打字机（如不违反国内规章）以俄文拉丁字母填写（按俄文发音用拉丁字母填写）。根据某些铁路间的协议，也可用俄文填写。在车票上不得做任何记号、涂改和修改。修改和涂抹的乘车票据，应沿对角线划销，并随报表作为废票提出。

延长客票的有效期时，站长应在册页客票、卧铺票或卡片客票背面记载下列车事项或加盖下列内容的戳记："客票的有效期延长至……"。此项记载应签字并加盖车站戳记证明。

1. 册页客票

册页客票的发站、到站、等级、经由均已印就，用于客流大的各站间一名旅客的乘车。发售往返乘车用的固定册页客票时，在票皮内定入两份册页客票，在用于往返乘车的册页客票上，划掉"返"字，在用于返程乘车的册页客票上，划掉"往"字。如果旅客享受减成，在"减成率"栏填写减成百分比，在"理由"栏按照《国际客协办事细则》附件第 3 号的相应内容填写。客票右下部为票价栏，在条状线内分别用阿拉伯数字填写瑞士法郎和人民币款额数。最后在"售票处日期戳"方格内加盖售票日期戳，并在客票背面加盖出发日期和车次戳记。

固定册页客票没有存根，根据号码编制报表和进行清算。

固定册页客票的样式，如图 10.4 所示。

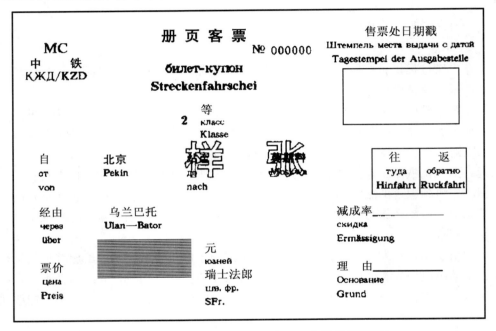

图 10.4　全部事项印就的册页客票（中国铁路票样）

补充册页客票分为单程补充册页客票和往返补充册页客票两种。

补充册页客票上的旅客人数、发站、到站、经由、票价等栏，均为空白，售票时复写填发，适用于国际联运各站间一名或数名旅客的乘车。

单程和往返乘车用的补充册页客票均由两联组成。第一联即存根，留在客票发售处所，以便随同客票报告提出，第二联订入册页客票本票皮内交给旅客。发售往返乘车用的补充册页客票只供单程乘车使用时，不适用的相反方向各栏用斜线划销。

补充册页客票复写填写：

（1）旅客人数以阿拉伯数字和中文大写填写。

（2）到站名称填入应乘车厢等级栏内，不乘用的车厢等级栏，用沿对角线划。

（3）票价栏填写以运价货币和发售国货币表示的一名旅客的全程客票票价和票价总额。

（4）发售儿童乘车用补充册页客票时，在"减成率"栏注明减成数额，在"理由"栏填写"REBENOK"字样。

（5）发售有组织的团体旅客乘车用补充册页客票时，在"减成率"栏注明减成数额，在"理由"栏填写"GRUPA/PA"（团体）字样。

（6）发售盲人陪同（人或狗）补充册页客票时，在"减成率"栏注明减成数额，在"理由"栏填写"陪同"（PROVOUNIK）字样。

（7）发售散客（人数少于6人）往返补充册页客票时，在"减成率"栏注明减成数额，在"理由"栏填写"TUDAIOBRATNO"（往返）字样。

（8）铁路在办理团体和散客往返客票时，每一方向均使用单独的册页客票，在返乘客票的上部注明往程册页客票的号码。补充册页客票的样式，如图10.5所示。

（9）在采用电子方法和打字机办理的补充册页客票上填写下列事项：

客票有效期的开始和结束日期。

人数、其他特别记载。

客票发售车站的名称、发售客票的日期和时间、售票处号码、在中部记载的旅客人数。

往程的发、到站；返程的发到站（如果只办理单程乘车，则上述部分之一不填写并划销）；乘车经路。

记载规定的减成数额及其代号，或用本国货币记载票价总额。

（10）如旅客希望在某些区段乘坐不同等级的车厢，可按乘坐较低等级车厢向其发售全程册页客票，乘坐较高等级车厢的票价差额，用补加费收据另行核收。

（11）对在始发站只购买返程客票的旅客，发售单程乘车用的册页客票。

（12）对乘坐不同运输工具的旅客，册页客票票皮中应订入在铁路各相应区段乘车用的单独的补充册页客票。客票票价按该册页客票上记载的每一区段单独计算。

（13）如旅客要在某一区段乘车两次，则应在发售的补充册页客票中，将重复乘车区段的最后站名填写两次。客票票价按实际行经里程计算。不按册页客票上两次注明的地点分段计算运价。

（14）如发售的补充册页客票系供乘坐专列、包车或专用内燃动车，则应在存根和补充册页客票的背面，尽可能地用戳记记载下列事项：

乘坐专列时——专列、车次；

乘坐专用内燃动车时——专用内燃动车、席位数；

乘坐包车时——车厢等级、铺位种类及二、三、四轴车的辆数。

如对乘坐专列、专用内燃动车和包车的旅客，随团体客票一起还发售若干属于团体客票的单人客票，应将单人客票的号码记入团体客票内。

（15）如本路国内规定，售票处还应在册页票存根的背面，注明经路和以运价货币表示的一名旅客分别在每一国家铁路乘车的票价及以运价货币表示的票价总额，铁路名称用规定代号表示。

（16）发售补充册页客票时，应在右上角加盖客票发售部门的戳记，并注明发售日期。

（17）旅客在乘车时，应在册页客票和卧铺票上扎针孔或盖戳记以注明车次和发车日期。

2. 卡片客票

对年满4周岁至12周岁的儿童发售卡片客票时，应顺客票的切断线将儿童票截角剪下，留存在客票发售处，以便随同售票报告表提出。

发售卡片客票时，应用针孔机或胶皮戳打出客票发售日期。

对于返程乘车，可发售往程卡片客票，并在背面加盖"返程乘车用，四个月内有效"字样的戳记。

在两相邻站间直通联运中，也可发售返程有效的卡片客票。

第二联

MC 中铁 КЖД/KZD	册页客票 Билет-купон Streckenfahrschein	№ 000000	售票处日期戳 Штемпель места выдачи с датой Tagesstempel der Ausgabestelle

供……………………人乘车用
для …………………… человек
für …………………… Reisende(n)

自 от/von			站
至 до nach	1 等 кл./kl.	样张	站
	2 等 кл./kl.		站

经　由
через/über ……………………………………

减成率 Скидка ______ % Ermäßigung	理由 основание ______ Grund	一名旅客客票票价 Плата за проезд одного пассажира/Preis je Person		瑞士法郎 шв. фр. SFr.
团体旅客证 Контрольные купоны/Kontrollkarten 自 第………号 至 第………号 с/von Nr　до/bis Nr		客票票价总额 Общая стоимость Gesamtbetrag		元 юаней
				瑞士法郎 шв. фр. SFr.

图 10.5（a） 补充册页客票（单程）（中国铁路票样）

第二联

MC 中铁 КЖД/KZD	册页客票 Билет-купон Streckenfahrschein	№ 000000	售票处日期戳 Штемпель места выдачи с датой Tagesstempel der Ausgabestelle

供……………………人乘车用
для …………………… человек
für …………………… Reisende(n)

		往程 туда/hinfahrt	返程 обратно/ruckrahrt
自 от/von		站	站
至 до nach	1 等 кл./kl.	样 站	张 站
	2 等 кл./kl.	站	站

经　由
через/über ……………………………………

减成率 Скидка ______ % Ermäßigung	理由 основание ______ Grund	一名旅客客票票价 Плата за проезд одного пассажира/Preis je Person		瑞士法郎 шв. фр. SFr.
团体旅客证 Контрольные купоны/Kontrollkarten 自 第………号 至 第………号 с/von Nr　до/bis Nr		客票票价总额 Общая стоимость Gesamtbetrag		元 юаней
				瑞士法郎 шв. фр. SFr.

图 10.5（b） 补充册页客票（往返）（中国铁路票样）

3. 卧铺票

乘卧车和座卧车时，发售卧铺票。我国铁路的卧铺票目前为两联，复写填发。第一联为白色的存根，留在发售部门，随当月报表报送清算部门。第二联为浅绿色底纹水印纸，填好后订入票皮交给旅客。当旅客凭此乘坐卧车时，由卧车乘务员收回并提交本国清算部门。

　　卧铺票的办理方法如下：

　　（1）购买卧铺票的旅客人数、客票号、车次、车厢号、铺位号、一名旅客卧铺费、核收的卧铺费总额、手续费、发售日期和列车发车时间、卧铺所属路名称，以及补充卧铺票上的到发站名称、乘车经路、车厢等级、铺位种类和票价等项，均用手工填写。"特别记载"栏根据铁路国内规章填写。如果乘坐卧车的旅客使用数夜卧铺，则给该旅客只发售一张全程卧铺票。在"一名旅客卧铺费"栏内用括号注明该卧铺的夜数和一名旅客的全程卧铺费，以瑞士法郎表示，右侧填写折算的人民币。

　　（2）卧铺票上的车厢等级和铺位种类，按下列方法填写：

　　2/0——开放式硬卧；

　　2/4——4人包房式硬卧；

　　2/3——3人包房式硬卧；

　　2/2——2人包房式硬卧；

　　BC_4——4人包房座卧车；

　　BC_6——4人包房座卧车；

　　1/4——4人包房式软卧；

　　1/2——2人包房式软卧；

　　1/1——1人包房式软卧。

　　（3）填写卧铺时，应以旅客乘坐同一车厢不换乘的发、到站作为发、到站。

　　（4）卧铺票上应加盖售票处的戳记并注明日期。

　　（5）发售卡片客票和卧铺票或只发售卧铺票时，卧铺票订入册页票本票皮中，在这种情况下，在票皮的"票价总额"栏内记载卧铺票价。同卡片客票一起发售卧铺票时，就根据卡片客票有效期，划去票皮上的"2"或"4"个月的有效期。如只发售卧铺票时，在册页票本票皮上不注明有效期。

　　（6）准许发售不记载车次、车厢号、铺位号、发车日期和时间的卧铺票（"OPEN"卧铺票）。在卧铺票上扎针孔（预定铺位）时，将未填的各栏填上，扎针孔时，应提出有效的册页票本或卡片客票和"OPEN"卧铺票。

　　（7）如旅客将所持的乘坐一国铁路车厢用的卧铺票，更换为乘坐另一国铁路车厢的卧铺票，在向旅客收回的卧铺票和卧铺票收据（如旅客有这种收据）上应记载："本卧铺票更换为乘坐……铁路卧车的第……号卧铺票"。此项记载应有签字，并注明日期。

　　一名旅客乘坐卧车单独占用包房时，应发售注明该包房的实际铺位数和支付全部费用的客票和卧铺票。当乘坐双人包房时，应发售给旅客一张1等客票和一张"单人"或"1/1"卧铺票。在乘车票据上记载"一名旅客乘车"。

　　（8）如旅客乘坐的不是卧铺票上记载的铁路车厢，各铁路间的清算应根据列车员收回的卧铺票上所做的记载办理。

　　（9）售给团体旅客的每张卧铺票，只能供该团体乘同一车厢使用。卧铺票包括的旅客人数，不得超过一节车厢的铺位总数。

　　（10）用电子方法办理的卧铺：

卧铺票使用淡褐色底纹白纸印制，尺寸为 192 mm × 86 mm。

在卧铺票左上角注明发售卧铺票的铁路编码和代号。所有这些内容均为印制。

在上中部打印特别记载。

在右上角——办理卧铺票的售票处的戳记内容（填写方法类似客票）。在戳记的下一行加注车厢所属铁路代号。

在卧铺票中部注明：

——预定席位的数量；

——提供席位所在的车厢种类；

——发、到站名称；

——发车日期和时间；

——车次；

——车厢号和等级；

——席位号。

车厢种类的记载方式如下：

"卧车 WLB"——硬席（2 等）卧铺车厢；

"卧车 WLA"——4 人或 2 人包房软席（1 等）卧铺车厢；

"座席车 B"——（2 等）座席车。

在"包房"字样下面注明席位种类：

"SINGLE"——单人包房软席（1 等）卧铺车厢；

"DOUBLE"——2 人包房软席（1 等）卧铺车厢；

"T4"——4 人包房软席（1 等）［硬席（2 等）］卧铺车厢；

"T3"——3 人包房硬席（2 等）卧铺车厢；

"T6"——6 人包房硬席（2 等）座卧车；

"开放式包房"——硬席（2 等）开放式卧铺车厢。

在右下部注明用本国货币表示的卧铺费总额。

4．补加费收据

补加费收据复写填发。第一联（存根）留存在发售部门，并随同收款报告表提出，第二联交给旅客。

补加费收据的填写方法如下：

（1）客票票价差额和其他运送费用单在一张补加费收据上，卧铺票差额另开一张补加费收据上。

（2）补加费收据，按每一方向分别填发。使用往返册页客票时，补加费收据也按每一方向分别填发。在"属于第……号客票"栏内填写册页客票号码和代号"TO"。

（3）在关于卧铺费差额的补加费收据内，应记载变更内容。

（4）专列中挂运的行李车、货车、餐车在办理运送手续时，应在补加费收据的空栏内填写车数和轴数。办理卧车空车走行费时，应在补加费收据的空栏内填写车/公里数。

（5）在办理狗的运送手续时，应在右侧最上 1 个空栏内填写"SOBAKA"字样。

（6）补加费收据不用的各栏，沿对角线方向打叉划销。

（7）如本路国内规章有此要求，则在补加费收据存根背面注明有关事项。

（8）用电子方法办理的补加费收据用绿色底纹白纸印制，尺寸为 192 mm × 86 mm。补加费收据的样式如图 10.6 所示。

第二联

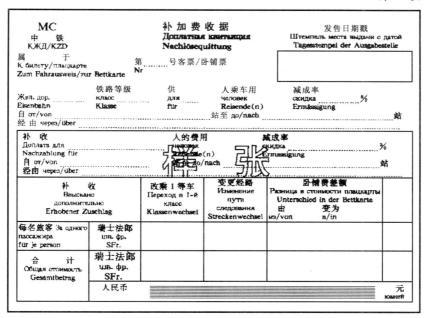

图 10.6　补加费收据（中国铁路票样）

客票、卧铺票和补加费收据填好后按顺序订入票皮，其中卧铺票和补加费收据应订在其所属的客票后面。然后，将每张客票、卧铺票和补加费收据上的人民币款额数相加，总数以阿拉伯数字填入"票价总额"栏条状线内。往程票将"有效期"栏内"4"字划销，返程票或往返票将"2"字划销，在售票处日期戳方格内加盖本售票处日期戳，在票皮右上角填写旅客本人护照号。

5. 团体旅客证

团体旅客证发给 6 人和 6 人以上的乘车团体的每一旅客，但领队除外，领队乘车使用团体旅客乘车用的册页客票。

团体旅客证应在填好册页客票号码和车厢等级栏之后，发给旅客。对于往返乘车的团体旅客的每个成员，发给一张团体旅客证。在该团体证的背面加盖"往返"戳记。

团体旅客证的样式如图 10.7 所示。

图 10.7　团体旅客证（中国铁路票样）

四、乘车条件

1. 客票的有效条件

旅客凭册页票本和卡片客票，有权在票面所载的有效期内乘车。客票有效期规定如下：

往程册页票本和往程卡片客票——2个月；

在原发站发售的返程册页票本和返程卡片客票——4个月；

带有"往返"册页客票的册页票本——4个月。

有效期自发售日起算，到2个或4个月后的发售日同日24：00时止。如有效期终止的月份没有该日，则客票有效期算至该月最后一天24：00时止。发售日期应由发售处在册页票本的票皮、册页客票上、卡片客票和订入册页票本的其他票据上注明。如旅客在列车出发6小时前向售票处声明不能乘车，则旅客有权在客票有效期内变更出发日期。售票处应在客票有效期内变更出发日期。售票处应在客票上划销原有针孔或戳记，并在有空闲席位的情况下，重新扎孔或盖戳。重新轧孔不得超过1次。

如旅客未赶上列车，自列车出发时起3 h以内，有权向发售车票的机构申明此事并改乘下次列车，但卧铺票除外。

如旅客由于不得已的原因，不能在规定的客票有效期内结束乘车，在客票有效期终了以前并提出有关证明文件的条件下，有权请铁路延长客票的有效期。一张客票的有效期延长不得超过2次，同时，每次延长不得超过2个月。

2. 旅行变更

（1）变更席位。当车内有空闲席位，并根据所适用的运价规程的规定补交票价差额时，旅客可以改乘高于其票面所载等级或种类的席位或车厢。客票票价差额由旅客向铁路售票处、代售点、国际直通联运列车长或卧车列车员补交。向旅客开具补加费收据。

（2）变更径路：

① 旅客要求变更径路。如旅客在乘车开始前要求变更乘车经路，则按退票的有关规定办理。对新经路，旅客应重新购票。

如在运行途中适用的运价规程所载的某一车站变更经路，应向旅客核收原经路和新经路的票价差额并开具补加费收据。如新经路里程短于原票所载里程，则应在客票背面记载实际运行经路，也发给补加费收据。在补价费收据上注明按新经路经由的铁路。

如果在适用的运价规程未列载的车站上变更乘车经路，且变更经路只涉及接受变更申请的铁路，则按该路国内规章的规定核收票价差额。

② 铁路责任造成旅客变更经路。如因列车晚点、停运等原因，造成旅客错过乘车票据中所载的接续列车，旅客仍要求继续乘车时，铁路应尽可能安排旅客及其行李乘坐的列车，不核收补加费。必要时，铁路应在客票上签注：列车晚点或停运，因铁路过失延误旅客的时间、延长客票有效期；并注明：客票在同一经路乘坐高等级和种类的车厢有效。原卧铺免费更换为新票。

3. 中途下车

在护照和行政当局的规定允许的情况下，旅客有权在客票有效期内在途中某站下车，不限次数和时间。但中途下车不延长客票的有效期。

旅客中途下车后，应在列车到达时起 3 h 内向车站提出票据，以便做出相应记载。

中途下车后，在客票有效期内，旅客可以在中途下车站或从客票所载乘车经路上更接近到站的任何车站，继续乘车。应向车站提出自己的客票以便轧针孔。

如旅客自愿仅从中途某站占用卧铺，则未乘坐卧车区段的卧铺票不予退还。旅客在中途下车时，卧铺票即失去效力，未乘坐区间费用不退，卧铺票由卧车列车员留下。

中途下车后，旅客从非联运站继续乘车，则应按国内规章和运送票据将期行李承运至该国某一联运站；如继续乘坐卧车，则应按该国国内规章和运价规程购买至该国内某一联运站的卧铺票，并支付卧具使用费。

4. 儿童乘车条件

（1）儿童乘车条件：

① 不满 4 周岁的儿童：不单独占用席位时，每名成人旅客可免费携带 1 名；超过 1 名时，其他儿童应购买儿童客票。单独占用席位时，每名儿童均应购买儿童客票；单独占用卧铺时，还应购买卧铺票。儿童客票的卧铺票价与成人旅客相同。

② 年满 4 周岁但不超过 12 周岁的儿童：无论是否单独占用席位，每名儿童均应购买儿童客票；单独占用卧铺时，还应购买卧铺票。

③ 12 周岁以上儿童乘车条件与成人相同。

儿童年龄以乘车开始之日护照所载为准。

（2）各种减成的规定。为照顾儿童、学生和残疾人乘车，国际旅客联运中对儿童、学生、盲人陪同、旅行团体和往返乘车旅客，在购买客票时给予一定的优惠（卧铺票一律不予减成），具体规定如下：

① 儿童减成：儿童客票的票价为成人票价的 50%。

② 对于团体，单程乘车时，客票减成 25%；往返乘车时，减成 50%。团体旅客中，不计算持各种免费乘车证的旅客。

③ 对往返乘车，非团体旅客往返乘车时，客票减成 20%。

④ 对盲人的 1 名陪同（可以是人或经过训练的狗）在陪同盲人乘车时，免付客票费。

以上各种减成，旅客只能享受其中最高的一种。

5. 拒绝运输和终止运输合同

下列人员不准乘车，一旦上车可责令其中途下车：

（1）不遵守适用于旅客的国内法令和规章的人员。不退还运送费用，并在乘车票据上做相应记载。

（2）处于疾病状态并经医务部门诊断对其他旅客有危害性，而事先没有或无法预订单独包房人员。对于途中得病的人，无论如何，均应送到能够治疗的最近车站。票价和行李运费，扣除已乘车里程应付的部分后，应根据《国际客协》第 30 条规定办理。

6. 退　票

（1）团体旅客，在发车 5 d 前可办退票，车发前 5 d 不予退票。

（2）散客，发车 3 d 前可以办理退票，发车前 3～6 h 前可办理退票，但需扣除卧票 80%
退票费，发车前 6～3 h 内，卧铺票作废，只退客票。

五、客票的查验

（1）在每一铁路上检查国际列车乘车票据，应根据该路的国内规章进行。

（2）旅客应依照列车员或有关检查机构代表的要求出示客票，必要时，还应出示卧铺票
和乘坐所乘车厢所必需的其他票据。

铁路工作人员检票时，应在旅客没有结束乘车以前，勿使册页客票同册页票本分离。对
有怀疑的乘车票据，以及被无权更改的人做了更改的乘车票据，应由工作人员按规定办法收
回。对凭团体旅客乘车用的册页票本乘车的旅客人数，按册页票中记载的团体乘车人数和旅
客手中的团体旅客证相对照的方法确定。

在国际直通联运卧车内，旅客的所有乘车票据在乘车开始时都交给列车员，在旅客乘车
期间由列车员保管。乘车结束时，列车员一般应将乘车票据退还给旅客。乘坐卧车时，卧铺
票留在卧车列车员处。

（3）不能出示所乘列车和车厢的有效客票的旅客，应根据发现无票乘车旅客所在的铁路
国内规章计算并核收罚款和已乘车里程的票价，旅客如要求继续乘车，应购买客票。如旅客
拒绝交付上述费用，应根据铁路国内规章处理。

六、携带品的规定

旅客在不违反规定的前提下，有权免费携带轻便物品（携带品）。携带品应放置列车内
规定的地方。

1. 携带品的范围

（1）免费携带品的总重量：成人旅客每人不得超过 35 kg，未满 12 周岁的儿童每人不得超
过 15 kg。折叠式儿童手推车或残疾人轮椅如属于乘车的儿童或残疾人，不计算在免费重量以内。

在外交信使占用的单独包房内，允许运送 200 kg 以内的外交邮件和行李。这种情况下，
应按包房内的铺位数支付客票和卧铺费。超过免费运送携带品标准的外交邮件，按手提行李
办理，交付行李运费。

（2）国际直通联运车厢内，禁止旅客随身携带动物，但室内动物（狗、猫、禽鸟等）除
外。但只准在硬席（2 等）车厢内运送，且一个包房不得超过 2 只，并必须按包房内的铺位
数支付客票票价和卧铺费［狗、猴每只按硬席（2 等）车票价的半价核收运费］。在铁路不能
提供单独包房运送动物的情况下，不准许以上述方法运送。

旅客应看管好随身携带的动物，对违反卫生要求负完全责任，并须适当地清扫车厢，承
担因违反运送规定造成的一切损失。

2. 下列物品禁止按携带品运送

（1）可能损坏或弄脏车厢和其他旅客或其携带品的物品。

（2）易燃品、易发火品、自燃品、爆炸品、放射性物质、腐蚀性和毒害性的物品。

（3）装有弹药的武器。

（4）能引起感染或具有恶臭气味的物品。

（5）海关和其规定禁止运送的物品。

（6）长、宽、高三个方向长度总和超过 200 cm 的大件物品。

3. 旅客不遵守规定的携带品运送规定时，铁路可拒绝运送旅客

铁路如怀疑有旅客违犯了携带品运送规定时，有权检查携带品的内容，检查时，旅客应在场。对查出的违禁品，应按发现违章行为的铁路国内规章的法令的规定承担责任；如铁路受到损失，还应赔偿铁路的损失。

第三节　行李、包裹运送条件

国际铁路旅客联运，系指我国同其他国家铁路间办理的行李、包裹和旅客运输，其中关于行李、包裹的运输必须符合《国际客协》的有关规定。

一、行李、包裹的运送

1. 可按行李办理的物品

（1）活动的单人沙发、折椅、轮椅（包括自动轮椅）。

（2）婴儿车。

（3）装入包装的轻便乐器。

（4）容易装入行李车的舞台道具。

（5）长度不超过 3 m 的测量用具和装入包装的工具。

（6）普通自行车、机械脚踏车、无斗摩托车（油箱必须排空）。

（7）长度不超过 3 m 的滑雪板和其他体育用品。

（8）收音机、电视机、电唱机、录音机。

2. 禁止按行李运送的物品

（1）一切易燃品、自燃品、爆炸品、放射性物品、腐蚀性和毒蚀性和毒害性物品，枪支、弹药和能使其他旅客的行李或铁路设备受到损害的物品。

（2）能引起感染或具有强烈刺激性异味的物品。

（3）金、银、白金及其制品、有价证券、硬币和纸币、天然珍珠、宝石和其他贵重物品、艺术品（画、雕塑品、各种艺术制品等）。

（4）动物。但检疫规章不禁止的装在笼子或其他相应容器里的宠物（狗、猫和禽鸟）除外。托运动物时，动物的喂食和饮水由旅客负责。

（5）属于参加运送的铁路任何一国邮政专运的物品。

（6）易腐产品。

3. 准许按包裹运输的物品

凡准许按行李运送的物品，均可按包裹运送。此外，下列物品当遵守规定条件时，也可按包裹承运：

（1）冰箱、洗衣机、缝纫机、小型生活用具、属于旅客的家具及其他零星货物。

（2）艺术品（如字画、雕塑等）。对这类物品，必要时车站可要求发送人押运。押运人与旅客相同，乘坐客车。

（3）放射性物质。这类物质必须符合《国际铁路货物联运协定》（《国际货协》）附件第2号、《危险货物运送规则》（《危规》）规定的包装和运送条件。

（4）不需制冷、通风、加温或照管的食品。这类物品只有经参加运送的各国铁路中央机关商定后，车站才能承运。承运的食品一旦发生腐坏变质，铁路概不负责。

4. 禁止按包裹运送的物品

凡禁止按行李运送的物品，除以上所列的以外，均不得按包裹运送。

二、行李和包裹的承运

1. 行李承运

行李应预先托运。《国际客协》规定托运行李最迟不得晚于所乘列车开车前 30 min。在中国铁路，国际联运行李不得晚于发车前 1 日托运。

承运的行李一般应随旅客所乘列车发送。如无此可能，则应随最近的列车发送。

旅客托运行李后，如行李经过国境站时旅客本人不能到场，则该旅客应编写一份行李检查委托书交给国境站站长或客运主任，通过国境站行李房交海关查验。

（1）行李的包装和标记。

旅客托运的行李必须具有坚固的包装，能保证在运送途中不致毁损，否则铁路不予承运。如果托运的行李包装虽然不良，但在运送途中不致使本身及其他旅客的行李毁损，则发站可以在行李票正面"发站关于包装不良或行李状态的记载"栏注明包装不良的情况，然后予以承运。

可按行李托运的物品，除有特殊要求外，可以不加包装托运。承运这些物品时，应在"发站关于包装不良或行李状态的记载"栏填写物品特征，如：男式自行车、女式自行车、儿童自行车等。如有号码，还应填写号码。承运这类物品如发现有明显损伤，应在本栏内详细注明损伤部位和程度。

旅客托运行李时，应将行李上的一切旧有标记、标签等清除，并需在每件行李上拴挂"飞子"。飞子可用纸板、塑料或布制成，尺寸为 150 mm×80 mm，上面用发送国文字清楚地书写如下内容并附俄文或德文或中文译文（同中国、朝鲜、越南铁路间运送时，飞子上的内容应用发送国文字和俄文书写）：

行李所属人（姓名）_____

发　　站 _____

到　　站 _____

旅客地址 _____

上述飞子由铁路提供时，铁路可收取相应的费用。

发站承运行李后，应在每件行李上牢固地粘贴统一样式的铁路标签。标签的样式如图10.8所示。

MC 　　　　行李标签
行李票号码
发站和发送路名称
到站和到达路名称
经由（国境站）
本批行李件数

图 10.8　行李标签

（2）声明价格。

旅客托运行李时，为确保其利益不受损失，可以声明价格。是否声明价格由旅客本人决定。

旅客不希望声明价格时，承运的车站必须在行李票"声明价格"栏填写"本人不声明价格"字样，并由旅客签字确认。

旅客可以分别声明每件行李的价格，也可以只声明全部行李的总价格。

声明价格时，用旅客发送国货币提出，承运的车站应按本国主管部门公布的折算率，将全部行李的总价格折算为瑞士法郎，连同每件的价格一并记入行李票。

发站在承运行李时有权检查声明价格是否与物品本身价值相符。如果不符而旅客又不同意进行修正，则这批行李只能按不声明价格托运。

（3）行李票的填写方法。

铁路承运行李，应填写行李票然后交旅客核对。旅客在收到行李票时，应该核对票面记载同其所提要求是否相符。

行李票的尺寸为 280 mm×210 mm，一式三联。第一联为行李票，填好后交给旅客，旅客凭此在到站领取行李；第二联为行李运行报单，随同行李运至到站；第三联为行李票存根，由发站留存并随当月报表报送上级机关。行李票和行李运行报单用绿色底纹白纸印制，行李票存根用白纸印制。

行李票用发送国文字复写填写，填写时可使用钢笔或圆珠笔，也可以用打印机打印。由《国境铁路协定》指定的国境站翻译成相应的国家文字。

旅客交运行李时发站工作人员应首先准确确定行李的件数、单件重量及总重（kg）和包装状态。然后计算经由的每一铁路的运费和杂费（声明价格等）并填写行李票。填写时要注意：

① 按多名旅客乘车的册页票本托运行李时，在行李"提出的客票号码"栏内应记载"册

页客票第___号，供____人乘车用"。

②承运外交人员行李时，应在行李票"关于行李的记载栏"填写"外交人员行李"。

③如外交信使要求占用单独包房运送重量在 200 kg 以内的外交邮件，则应在其行李票上记载"手提行李"。该运行报单交列车行李员，在国境站与其他行李运行报单等同看待，编制交接单交邻国铁路。行李票存根由发站留存。

④旅客声明价格时，如按每件声明，应在行李票上"每件的声明价格"栏用阿拉伯数字填写每件的声明价格款额，以发送国货币表示；然后在"声明价格"栏用大写和阿拉伯数字填写总计声明价格数，以瑞士法郎表示，并分别加括弧。如按批声明价格，则只需填写"声明价格"一栏即可。

⑤编制行李票后，应在行李票规定位置加盖发站日期戳，并需有司磅员签字。有包装不良等记载时，做记载的车站还应在规定位置"车站戳记"栏处加盖本站戳记。

⑥行李票不允许有任何修改或更正。

发站在行李票上填写的所有事项，均应相应记入行李运行报单和行李票存根。

填好行李票后，应在旅客的客票背面加盖"行李"字样的戳记。如果行李不是托运到客票所载的到站，而是某一中途站，还应在"行李"戳记旁边注明"行李托运至××站"。

2. 包裹承运

在保证旅客行李运送的前提下，如行李车中有空闲货位，发站可以承运包裹。

（1）包裹的包装和标记。包裹的包装要求与行李相同。

发送人托运包裹时，应将包裹上的一切旧有标记、标签等清除，并须在每件包裹上拴挂飞子。飞子可用纸板、塑料或布制成，尺寸为 150 mm × 80 mm，上面用发送国文字清楚地书写如下内容并附俄文或德文或中文译文（同中国、朝鲜、蒙古、越南铁路间运送时，飞子上的内容应用发送国文字和俄文书写）：

发送人及其地址_____

领收人及其地址_____

发站和发送路_____

到站和到达路_____

上述飞子由铁路提供时，铁路可收取相应的费用。

发站承运包裹后，应在每件包裹上牢固地粘贴统一样式的铁路标签。标签的样式如图 10.9 所示。

MC
包裹标签
包裹票号码
发站和发送路名称
到站和到达路名称
经由（国境站）
本批包裹件数

图 10.9　包裹标签

（2）声明价格。发送人托运包裹时，必须声明价格。包裹声明价格的方法与行李相同。

发站在承运包裹时有权检查声明价格是否与物品本身价值相符。如果不符而发送人又不同意进行修正，则发站不得承运。

旅客声明价格时，铁路应按《国际客价》的规定收取声明价格费。

（3）包裹票的填写方法。发送人要求托运包裹，应首先向车站提出书面申请，写明下列主要事项：

① 发送路、发站和到达路、到站名称。

② 发送人和收领人及其地址。

③ 运送经路（即包裹应经由的国境站）。

④ 货物名称、件数、每件的重量和包装的种类。

⑤ 声明价格款额。

⑥ 货物出口许可证号码及填发日期，并注明许可证与何时寄往哪国的哪一个海关。如果出口许可证仍在发送人手中，则发送人应该将该证附在申请书上。运送家庭用品时，如发送国国内法令允许，可不要许可证。

车站在收到申请后，应进行核对。如果缺少出口许可证或发送人不能说明许可证寄往的海关，或者出口许可证记载的国境站与发送人提出的经由国境站不符，发站应拒绝承运。对于发送人提出的其他添附文件是否正确、齐备，发站不予负责。

车站同意承运时，给发送人开具包裹票交发送人核对，并在申请书上注明承运日期和包裹票号码。包裹的承运日期以包裹票上加盖的日期戳为准。申请书由发站留存。

旅客在收到包裹票时，应核对票面记载同其所提申请书的要求是否相符。

包裹票的尺寸为 280 mm × 210 mm，一式三联。第一联为包裹票，填好后交给旅客；第二联为包裹运行报单，随同包裹运至到站；第三联为包裹票存根，由发站留存并随当日报表报送上级机关。包裹票和包裹运行报单用粉色底纹白纸印制，包裹票存根用白纸印制。

包裹票用发送国文字附写填写，填写时可使用钢笔或圆珠笔，也可用打印机打印，由《国境铁路协定》规定的国境站翻译成相应国家文字。

发送人交运包裹时，发站工作人员应首先准确确定包裹的件数、单件重量及总重（kg）和包装状态。然后计算经由每一铁路的运费和杂费（声明价格费等），并填写包裹单。填写时应注意：

（1）承运属于旅客的包裹时，应在包裹票填写运送费用的空栏内记载"包裹属于持第__号客票的旅客"字样。此外，还要在旅客的客票背面加盖"包裹"字样的戳记。

（2）关于包裹出口许可证寄往哪国哪一海关的记载，应在包裹运行报单背面"其他记载"栏注明。

（3）发站应将发送人提出的全部添附文件牢固粘贴在包裹运行报单上，并在文件上加盖车站日期戳，在运行票据上列载全部添附文件的名称。

填写包裹票的其他办法和注意事项与行李票相同。

三、行李、包裹的托运重量

1. 行李的重量

一件行李的重量不得少于 5 kg，也不得超过 75 kg，体积和形状应不妨碍装车和卸车。

除外交人员托运行李重量不受限制外，其他旅客凭1张客票托运的行李，总重量不得超过100 kg。数名旅客凭1本册页票本乘车时，上述重量标准按客票上的人数相应增加。一名旅客托运行李超过100 kg时，如车内有空闲货位，车站可以按包裹办理承运。

2. 包裹的重量

一件包裹的重量不得少于5 kg，也不得超过165 kg，体积和形状应不妨碍装车和卸车。

四、行李、包裹的到达和交付

1. 行李的交付

（1）正常交付的手续。行李一般在行李票所载的到站交付。特殊情况下，旅客可以要求在发站或中途站领取行李，但必须提前征得铁路和海关等部门的许可。在中途站交付行李后，行李员应在旅客所持的客票背面"行李"戳记下面记载"行李已在××站交付"字样。

行李到达后，到站应在行李运行报单背面"关于行李到达的记载"栏填写到达日期和车次，在"行李到达簿顺序号码"栏记录行李到达簿顺号，然后在方框内加盖车站日期戳。

旅客凭行李票领取行李。

铁路交付行李时，应将行李票同行李运行报单进行核对，无误后收回行李票。交付行李后，在行李票和行李运行报单背面"关于交付行李的记载"栏填写"已交付"字样，并在方框内加盖车站日期戳。铁路没有义务核查提出行李票的旅客是否确是行李的所有者。

车站交付行李后，将收回的行李票和行李运行报单造表上报上级主管部门。

（2）特殊情况的交付：

① 行李未到。旅客要求领取行李，但行李未到时，车站应在旅客提出的行李票背面记载"行李未到"并加盖车站日期戳。

② 重量多出。交付行李时发现重量多出，应编制商务记录，但不向旅客补收多出重量部分的运费。这项费用将通过本国铁路中央机关向过磅错误的国家铁路核收。

③ 行李票丢失。按本国铁路国内规章处理。

2. 包裹的交付

包裹应在包裹票上记载的到站交付。

包裹到达后，到站应在包裹运行报单的背面"关于包裹到达的记载"栏填写到达日期和车次，在"包裹到达簿顺序号码"栏记录包裹到达簿顺号，然后在方框内加盖车站日期戳。到站应在包裹到达16 h内，按到达国铁路国内规章规定的办法通知领货人。

包裹应交付包裹运行报单所载的领收人，也可以交付给持有领收人委托书的其他人，但其所持的委托书必须符合到达地现行国内规章的规定。领收人或其委托人不必提出包裹票，但需出示本人有效身份证件，如身份证、护照。

到站交付包裹时，应由领收人核收途中和到站发生的一切费用，由领收人在包裹运行报单背面签字。车站将领收人身份证件的号码等有关事项记入包裹运行报单背面相应栏内。凭委托书领取包裹时，车站还应填写委托书号码等有关事项，然后在包裹运行报单背面"关于包裹交付的记载"栏填写"已交付"字样，并在方框内加盖车站日期戳。

五、凭免费乘车证托运行李

免费乘车证分为铁组公用免费乘车证、铁组一次性私用免费乘车证和国际旅客列车（直通客车）国内段免费乘车证3种，其中凭铁组公用免费乘车证和铁组一次性私用免费乘车证可免费运送35 kg以内的行李。

第四节　国际联运运送费用

在国际旅客联运中，运送费用的概念包括运费和杂费。运费指的是客票费、卧铺费、行李运费以及包裹运费。杂费包括售票手续费、签票费、行包声明价格费等。

国际旅客联运的运价货币是瑞士法郎。

一、运送费用的计算

国际旅客联运的运费按《国际客运运价规程〈国际客价〉》计算，《国际客价》由运送费用构成原则，里程表和票价表等部分组成。

在《国际客价》中，运送费用构成的基本原则是：

（1）客票费、行包费以及声明价格费要按国际联运车厢经过的每一国家铁路里程分段，依照各国铁路分别公布的票价表计算（声明价格费按统一的费率表计算），然后加总核收。在哪一国家铁路段的客票费、行包费以及声明价格费，即归该国铁路所有。

（2）卧铺费按照提供车厢并担当乘务的国家公布的票价表，对每一不换乘区段分别计算，全程加总核收，不需按各国铁路里程分段。卧铺费全部归提供车厢并担当乘务的铁路所有。

（3）一般情况下，运费和杂费都在发站核收，然后由参加运送的国家铁路中央机关之间进行清算。

在《国际客价》中，里程表由各国分别公布。每一国铁路的里程表应包括两部分，即：

（1）一个国境线至另一个国境线里程，用于计算过境运送时的运送费用。

（2）国境线至各联运站里程，用于计算始发、终到以及换乘运送时的运送费用。

在《国际客价》中，运费表包括以下内容：

（1）每一国铁路公布的本国铁路段客票票价表和本国铁路担当卧铺车的卧铺票票价表。

（2）每一国铁路公布的本国铁路段行包运费表。

（3）统一的行包声明价格费率表。

1. 客票费

计算国际联运客票费时，先根据旅客要求的乘车经路，在《国际客价》里程表中查出经由的每一国家铁路里程，然后按照旅客提出的车厢等级（1 等车或 2 等车），查出各国铁路公布的相应里程和等级的客票票价，最后将各国铁路段客票加总。多名旅客乘车时，乘以旅客人数。旅客享受减成时，扣除减成数额。

例：一名旅客乘硬卧车（2 等）从北京经乌兰巴托到莫斯科，计算步骤如下：

① 确定旅客乘车径路为：北京—二连—乌兰巴托—苏赫巴托—莫斯科

② 从里程表中查出里程为：

中国铁路（中国铁路里程表第二部分，二连国境线项下）北京—二连/扎门乌德国境线 847 km；

蒙古铁路（蒙古铁路里程表第一部分，俄罗斯同中华人民共和国之间）—扎门乌德/二连国境线—苏赫巴托/纳乌什基国境线 1 110 km；

俄罗斯铁路（俄罗斯铁路里程表第二部分，纳乌什基国境线项下）—纳乌什基/苏赫巴托国境线—莫斯科 5 910 km。

③ 从票价表中查出各国铁路段 2 等车厢客票票价分别为：

中国铁路（847 km）—28.56 瑞士法郎；

蒙古铁路（1 110 km）—37.13 瑞士法郎；

俄罗斯铁路（5 910 km）—114.08 瑞士法郎。

④ 将各国铁路段客票票价加总，算出全程客票合计：

28.56 + 37.13 + 114.08 = 179.77（瑞士法郎）。

计算客票费时应注意以下几点：

（1）计算客票票价时，各国铁路里程均应从国境线起算，而不是从国境站算起。

（2）在查找里程前，一定要准确确定经路、同一车站距国境线的里程，有可能因经路不同而不同。

例：以俄罗斯铁路为例，扎维列日耶（俄铁）/叶泽里谢（白铁）国境线至加里宁站即有两条经路：

① 扎维列日耶—彼得堡—莫斯科—加里宁，里程为 1 323 km；

② 扎维列日耶—彼得堡—加里宁，里程 989 km。

仍以俄罗斯铁路为例，从中国经绥芬河到白俄罗斯，过境俄罗斯可以有两条经路：

① 格罗迭科沃（俄铁）/绥芬河（中铁）国境线—乌苏里斯克—新西伯利亚—莫斯科—里拧格勒—扎维列日耶（俄铁）/叶泽里谢（白铁）国境线，过境里程为 10 461 km。

② 格罗迭科沃（俄铁）/绥芬河（中铁）国境线—乌苏里斯克—新西伯利亚—莫斯科—斯摩棱斯克—克拉斯诺耶（俄铁）/奥西诺夫卡（白铁），过境里程为 9 795 km。

③ 在同一国内乘车需换乘时，客票费按总里程计算，不需分段。

例：从北京乘车到乌兰巴托，在乌兰巴托换乘其他列车再前往莫斯科，在北京购票时，蒙古铁路段客票费仍按 1 110 km 里程计算，而不是分别计算所门乌德—乌兰巴托和乌兰巴托—苏赫巴托的客票票价再加总。

又如：在平壤购票到郑州，旅客需在北京换乘，这时中国铁路段的客票票价应按丹东国境线—郑州的里程计算，而不是分别计算丹东—北京和北京—郑州的票价再加总。

④ 在计算国际联运客票票价时，只能使用《国际客价》公布的里程表，而不能使用以

其他方式公布的里程表，如各国的国内客运里程表等。

⑤ 在对于《国际客价》里程表中没有列载，但位于国际列车运行经路上，而且可以办理旅客乘降的车站（非国际旅客联运站），旅客要求在这些车站下车时，只能发售给旅客到前方最近的一个联运站的车票，并按此计算票价。

2. 卧铺票

旅客乘坐卧铺车时，需购买卧铺票，计算卧铺费时，先要明确旅客所乘的车次和经路，途中是否必须进行换乘以及换乘地点，每一并不换乘区段担当车厢的铁路以及车厢的等级等，然后在里程表中查出每一不换乘区段的里程，在票价表中查出相应铁路担当卧铺车的卧铺票票价，最后将各不换乘区段卧铺费加总。多名旅客乘车时，乘以旅客人数。

例：以一名旅客从北京乘5次经凭祥/同登前往河内为例。假设该铁路在中国铁路段乘软卧车（1/4），在同登站换乘越南铁路硬卧车（2/4），计算步骤如下：

① 首先确定旅客换乘区段。由于中越两国铁路轨距不同，国境站又没有换轮条件，根据《中越国境铁路协定》规定，旅客必须在同登站（越铁）换乘。

② 在里程表中查出每一不换乘区段里程：

北京—同登 2 799 km（北京—凭祥/同登国境线）+ 5 km 同登/凭祥国境线—同登站）= 2 804 km；

同登—河内 162 km。

③ 从票价表中查出每一不换乘区段担当卧车（1/4）卧铺费：

北京—同登（2 804 km）中国铁路软卧车（1/4）卧铺费 40.00 瑞士法郎；

同登—河内（162 km）越南铁路硬卧车（2/4）卧铺费 4.00 瑞士法郎。

④ 将各不换乘区段卧铺费加总，算出全程卧铺费：

40.60 + 4.00 = 44.60 瑞士法郎

计算卧铺费时应注意：

（1）计算卧铺费的里程按每一不换乘区段分段，而不按国境线分段。

（2）卧铺费没有减成。

例：从北京乘中国铁路担当的 3 次国际旅客列车前往莫斯科，计算卧铺费的里程为 847 + 1 110 + 5 910 = 7 867（km）。在中国铁路票价表中查出卧铺费为 55.30（2/4）、72.10（1/4）和 144.20（1/2）瑞士法郎

3. 行李、包裹运费

计算国际联运行李、包裹运费时，先根据发送人提出的经路和到站，在《国际客价》里程表中查出经由的每一国家铁路里程，然后从各国铁路公布的行李、包裹运费表中查出相应里程下每 10 kg 行李或包裹的运费，再乘以该批行李或包裹总重量的 10 kg 倍数，最后将各国铁路段运费加总。

例：发送人要求从北京托运一批包裹到平壤，总重量为 800 kg，计算步骤如下：

① 确定该批包裹的运送经路为北京—丹东（中铁）/新义州（朝铁）—平壤。

② 从里程表中查出里程为：

中国铁路（中国铁路里程表第二部分，丹东国境线下）—北京—丹东国境线 1 120 km；

朝鲜铁路（朝鲜铁路里程表新义州国境线项下）—新义州国境线—平壤 227 km。

③ 从行李、包裹运费表中查出中、朝两国铁路段包裹每 10 kg 运价率，乘以包裹总重量 10 kg 的倍数，算出运费分别为：

中国铁路（1 120 km）—4.88 × 80 = 390.4（瑞士法郎）；

朝鲜铁路（227 km）—0.87 × 80 = 69.6（瑞士法郎）；

④ 将两国铁路段运费加总，算出全程运费合计：

390.4 + 39.6 = 460.0（瑞士法郎）。

计算行李、包裹运费时，应注意以下几点：

（1）对 1 000 kg 以内的包裹和任何重量的行李，重量尾数不足 10 kg 的部分，一律进整为 10 kg；对重量超过 1 000 kg 的包裹，重量尾数不足 100 kg 的部分，进整 100 kg。

例：票据记载包裹实际重量 842 kg，记费重量应为 850 kg；票据记载行李实际重量 72 kg，计费重量应为 80 kg；票据记载包裹实际重量为 2 480 kg，计费重量应为 2 500 kg。

（2）每批包裹在每一国家铁路段的运费，不应低于 0.6 瑞士法郎，不足 0.6 瑞士法郎时，按 0.6 瑞士法郎计算。

（3）一名旅客托运的行李（包括外交人员行李）总重量超过 400 kg 时，全部物品应按包裹办理并按包裹计算运费。

（4）对下列特殊物品，有包装时，按实际重量收费；无包装时，按以下重量标准计算运费：

① 一副滑雪板（含滑雪杖），按 10 kg 计算；一捆若干副滑雪板，按每副 10 kg 计算；

② 自行车、儿童手推车、自摇式或手推式轮椅、转动圈椅、折椅、自动小车和长度不超过 3 m 的体育用具，按每件 20 kg 计算；

③ 装有发动机的自行车和轻便摩托车——按每件 20 kg 计算；

④ 小型摩托脚踏车——按每辆 80 kg 计算；

⑤ 无斗摩托车——按每辆 150 kg 计算；

⑥ 带斗摩托车——按每辆 200 kg 计算。

4. 杂 费

在国际旅客联运中，除运费外，有时还产生杂费。杂费主要包括售票手续费、签票费和声名价格等。

（1）售票手续费。售票手续费包括两部分：客票中统一包含的部分和各国铁路各自规定的部分。

《国际旅客联运和国际铁路货物联运清算规则》统一规定，将客票费的 5% 作为售票处的收入。各售票处向上级机关缴款以及各国铁路中央机关相互清算时，将这一部分扣除。

除此之外，各国铁路还可以在规定的票价之外加收一定的手续费，以抵补售票处，特别是代理发售铁路车票的旅行社售票处的支出。如我国国铁集团和国家计委批准的旅行社代理售票手续费标准为国际列车 50 元/人，国际列车国内段乘车 25 元/人。

（2）签票费。售票处在办理中转、返程票和往返票签证手续时，可以收取签票费。签票费标准由各国铁路确定。我国铁路还规定对持铁组一次性私用免费乘车证的旅客，在办理签票时要收取签票费 200 元/人。

（3）声明价格费。国际旅客联运中，行包不办理保价运输，只办理声明价格。行包发送人声明价格时，应支付声明价格费。声明价格费取决于运送里程和行包的声明价格款额，其标准在《国际客价》中统一规定。

声明价格费对经由的每一国家铁路分段计算。因此在计算声明价格费时，首先要确定经由的每一国家铁路里程。声明价格不足 150 瑞士法郎，可以根据每一国家铁路的运送里程直接在声明价格费率表中查找；声明价格超过 150 瑞士法郎时，先要将声明价格为 150 瑞士法郎的费率，乘以声明价格款额中所包含的 150 瑞士法郎的整倍数，然后再加上余数的费率。

例：一批行李（或包裹）从乌鲁木齐托运到阿拉木图，声明价格为 150 瑞士法郎，计算步骤如下：

① 确定该批行李（包裹）的运送径路为：乌鲁木齐—阿拉山口（中铁）/德鲁日巴（哈铁）—阿拉木图。

② 从里程表中查出里程为：中国铁路（中国铁路里程表第二部分，阿拉山口国境线项下）—乌鲁木齐—阿拉山口国境线 481 km。

哈萨克斯坦铁路（哈萨克斯坦铁路里程表第二部分，德鲁日巴国境线项下）—德鲁日巴国境线—阿拉木图 861 km；

③ 将声明价格款额分解成 150 瑞士法郎的整倍数和余数：$500 = 150 \times 3 + 50$。

④ 查出中、哈两国铁路段声明价格费：

中国铁路（481 km）——$3 \times 0.23 + 0.09 = 0.78$（瑞士法郎）；

哈萨克斯坦铁路（861 km）——$3 \times 0.41 + 0.17 = 1.40$（瑞士法郎）；

全程声明价格合计：$0.78 + 1.40 = 2.18$（瑞士法郎）。

计算声明价格时应注意：每批行李或包裹在每一国家铁路段的声明价格费，不应低于 0.03 瑞士法郎，不足 0.03 瑞士法郎时，进整至 0.03 瑞士法郎。

二、运送费的核收

办理国际旅客联运的车站和售票处，必须向旅客公布运价规程的基本内容，包括票价和运、杂费收费标准等。遇到率费调整时，票价和运费按购票承运当日的现行费率计算。

铁路在制定和公布运价规程时，应对所有旅客一视同仁。

国际旅客联运的运送费用，一般在发站一次性核收，然后由有关铁路中央机关之间进行清算分配。

国际联运的计价货币为瑞士法郎。计算以瑞士法郎计价的客票票价、行包运费和杂费时，得出的每一国家铁路的总款额保留小数点后两位，第三位四舍五入。

车站和售票处收取费用时，应将以瑞士法郎计价的全部运送费用，按照付款当地当日的折算率折算成发送国货币，向旅客核收。我国铁路执行由国铁集团财务司不定期公布的折算率，折算成人民币时，先将每张票据上的一名旅客的票价折算成人民币，再乘以人数，得出每张票据款额，最后将所有票据款额加总，向旅客核收。国际联运客票和卧铺票的款额以元为单位，不足 1 元的尾数一律进整至元；行包运费和杂费的款额以角为单位，角以下四舍五入。

我国铁路担当的国际旅客列车和直通客车在运行途中补收费用时，按《国际客价》计算并收取瑞士法郎。旅客支付其他可兑换外币时按发车前一日中国银行公布的现钞买入价将瑞士法郎折算成人民币，然后再折算成旅客所支付的外币核收。

✎ **复习思考题**

1. 什么是国际旅客联运？哪些情况不属于国际联运？
2. 我国铁路目前经国家正式批准开通的铁路客运边境口岸有哪几个？
3. 国际联运中杂费主要包括哪些方面的费用，其收费标准是什么？
4. 国际联运中客票的有效期是如何规定的？
5. 国际联运中旅行变更的主要内容是什么？
6. 国际联运中儿童乘车的乘车条件是什么？
7. 国际联运中的通用货币是什么？在计算使用时有何特殊规定？

第十一章　路内运输

第一节　铁路职工乘车证

路内运输 PPT

铁路职工根据生产、工作和生活的需要，外出乘坐火车时，可使用铁路乘车证。

一、乘车证的种类

乘车证的种类

乘车证共分为 10 个票种，均为单页两联存根式，每组 90 万张，票号从 0000001 至 0900000，用印刷体汉语拼音小写字母标出字头，从 a 开始按字母顺序排列、组合使用。

（1）硬席全年定期乘车证。

（2）软席全年定期乘车证。

（3）硬席临时定期乘车证。

（4）软席乘车证（单程、往返、临时定期）。

（5）硬席乘车证（单程、往返）。

（6）通勤乘车证（定期、通学）。

（7）就医乘车证（往返、临时定期、全年定期）。

（8）便乘证。

（9）探亲乘车证（单程、往返）。

（10）购粮乘车证。

二、乘车席别的规定

1. 准乘软席的人员范围

（1）正副局长和相当职级的人员。

（2）提高待遇的高级专业技术职务人员。

（3）经国家和部批准的"有突出贡献的专家"。

（4）年满 50 周岁的正、副处长和相当职级的人员。

（5）年满 50 周岁的副教授和相当专业技术职务的人员。

（6）年满 50 周岁的高级技师。

（7）受处分降低职务、工资级别的人员，应按降低后的职务、工资级别确定其能否享受乘坐软席。

2. 准乘硬席的人员范围

除第一款规定以外的其他铁路职工和符合本细则规定的其他人员准乘硬席。

三、乘车证使用范围

1. 软、硬席全年定期乘车证

凡因工作需要，必须经常在所管辖区段内铁路沿线往返乘车的铁路职工，可使用所管辖区段内的全年定期乘车证。

全年定期乘车证的乘车区间，如管辖区段的最末一站不是快车停车站，可填到管辖区段的前方一个"快车"停车站。

2. 临时定期乘车证

因工作需要短期内须在一定区段内连续往返乘车或一次出差到几个地点又不顺路的，可使用一定区段内的临时定期乘车证。

（1）临时定期乘车证的到站，不能填"全国各站"，除局机关外，也不能填"局管内各站"，应根据本次出差的实际需要填写。

（2）一次出差到一条线的几个站，可填到最远站；一次出差到几条线又不顺路者，可按线填最远到站，但不能超过 3 个到站。

3. 软席、硬席乘车证

因工作需要一次性的外出乘车，可使用软席、硬席乘车证，乘车区段及期间按实际需要填发，单程或往返一次有效，除转乘外，中途下车无效。

（1）在职职工经组织批准入大（中）专、技工学校脱产学习时，由职工所在单位填发 1 张工作地（或居住地，下同）至学校所在地的单程乘车证；寒暑假由职工所在单位填发学校至原工作地的往返乘车证或单程乘车证，填发期间应严格按入校、出校和放假的实际时间掌握，使用别填"学习"。

（2）铁路在职职工经组织批准考入铁路院校的函授生，脱产参加教学计划规定的集中面授、考试等教学活动时，所在单位凭学校的通知书，填发工作地至参加教学活动地点的往返乘车证。

（3）职工调转、搬家只能使用单程乘车证。职工调转后接家属到工作地的，职工本人填发一次往返乘车证，其家属填发单程搬家乘车证（必须持有转移户口的证明）。家属持用往返搬家乘车证，视为无效。

（4）退休人员搬家可比照在职职工使用乘车证。离职、辞职职工及其调出路外的职工赴任或搬家，不予填发乘车证。

（5）铁路职工调动工作，其配偶属非使用乘车证范围的，随同调动时，不能使用乘车证。

（6）职工调转搬家，家属与职工同行时，可与职工同等席别。

（7）部组织的专家休假，符合使用乘车证条件的家属（限 1 人）与职工同行时，可与专家同等席别。

4. 定期通勤乘车

符合享受 1 年 1 次探亲待遇条件的职工，其工作地至家属居住地在 600 km 以内，能利用节假日或休班时间回家的，在不享受国家规定的探亲假的前提下，可填发定期通勤乘车证，有效期为 1 个历年。（铁路局集团有限公司工程、大修部门流动施工的职工，在局管范围内的可不受 600 km 的限制）

5. 通勤（学）乘车证

（1）通勤乘车证。

① 职工工作地至家属居住地在 300 km 以内，上下班有适当列车可乘，不影响出勤、工作和休息的，需通勤时，可使用通勤乘车证，有效期为 1 个历年。

② 铁路局集团有限公司工程、大修部门流动施工的职工，符合使用通勤乘车证条件的可不受 300 km 的限制，其通勤乘车证可填写施工区段至家属居住地，但不能超出局管辖范围。

③ 铁路职工到其他单位驻勤，符合通勤条件的，可按规定使用通勤乘车证。

④ 职工家属居住地在工作地（夫妻同居一地），其父、母、子、女在外地，不能填发到父、母、子、女所在地的通勤、定期通勤乘车证。

⑤ 铁路职工入 1 年以内短训班、进修班，符合通勤条件的，可按规定使用通勤乘车证。

（2）通学乘车证。

① 沿线职工供养的子、女、弟、妹，由居住地至中、小学校在 50 km 以内，需要乘车通学时，可使用通学乘车证。

② 当地设有同等学校，原则上应就地入学。但按招生计划考入外地中、小学就学的，居住地至学校在 200 km 以内的可使用通学乘车证。

③ 经组织选派到专业性业余学校（如业余体校、业余艺术学校）或入聋哑学校学习的中、小学生，如职工居住地至学校的距离符合通学条件的，可填发通学乘车证。

④ 通学乘车证的有效期间为 1 个学年，于每年新学年开始之日起 1 个月内换发，在此期间新旧乘车证可交替使用。

6. 就医乘车证

（1）在沿线居住的职工及其供养的直系亲属，如当地无定点医疗医院，须赴负责本医疗区段的定点医疗医院就医时，可使用定期就医乘车证。具体填发方法如下：

将就医乘车证粘在就医乘车卡片上，按要求填写后，在骑缝处加盖单位公章。

定期就医乘车证 1 年填发 1 次，有效期间为 1 个历年。

定期就医乘车证的到发站，有效期间一律用戳记加盖。

（2）铁路职工及其供养的直系亲属患病在本医疗区段的定点医疗医院不能医治，需转往本医疗区段定点医院医治时，由该职工单位填发一次往返就医乘车证。需连续医疗时，凭医院证明，可填发临时定期就医乘车证，有效期间均不得超过3个月。

（3）患者病重或幼儿需要护送者，护送人（符合使用乘车证条件人员）与患者填发同一张就医乘车证，注明护送人。此乘车证在医疗完毕后，交回原填发单位。

（4）就医乘车证填发原则是就近填发，就医乘车证不能跨定点医疗区段，更不能跨局。

7. 购粮乘车证

（1）沿线居住地无购粮点，需乘车到就近购粮点购粮时，铁路职工及其同居的供养直系亲属可使用定期购粮乘车证。随身携带的粮食重量以不超过客运规定重量为限。定期购粮乘车证用定期就医乘车证代用，"使用别"栏注明"购粮"字样。具体填发方法如下：

① 将定期购粮乘车证粘在购粮乘车证卡片上，按要求填写后，在骑缝处加盖单位公章。

② 定期购粮乘车证1年填发1次，有效期间为1个历年。

③ 定期购粮乘车证的到发站、有效期间一律用戳记加盖。

职工及供养的直系亲属就医、购粮在同一方向的，填最远到站；在不同方向的，填两个到站。

8. 乘务便乘证

机车乘务员、运转车长在规定担当乘务的区段内便乘时（不包括调车机车、小运转及出入厂取送机车），可由段、折返段乘务室、驻在所（站）值班员填发便乘证，按指定日期、车次一次乘车有效。便乘到达目的地后，应由值班员收回便乘证，予以注销，月末集中交回填发单位。

机车车辆在中途发生故障，机务段、车辆段检修工人去修理，应填发一次硬席乘车证，不能使用便乘证。

9. 调度命令乘车

事故救援与抢险救灾，由于时间紧迫来不及填发乘车证时，可凭调度命令乘车，一次乘车有效。

装卸工（包括外委装卸）到外站装卸车，可按货运有关部门规定使用铁路局集团有限公司调度命令乘车。

10. 探亲乘车证

探亲乘车证是铁路职工及其供养的直系亲属探亲乘车凭证。探亲乘车证准乘各种旅客列车（国际、旅游列车除外），但不能乘坐软席和免费使用卧铺。符合使用卧铺条件的探亲职工，按有关规定办理。

探亲乘车证的使用规定：

（1）符合1年1次探亲条件的职工，经本人申请，领导批准，可填发其本人工作地至探亲地点的探亲乘车证，经领导批准探亲假分两次使用的职工，第二次探亲时也可填发探亲乘车证。

如因工作需要当年不能探望父母的，经单位领导批准，其供养的父母可以使用一张探亲乘车证。

（2）未婚职工利用探望父母的假期到未婚夫（妻）或他（她）们的父母所在地结婚，经领导批准，可填发其本人至结婚地点的探亲乘车证。

（3）符合享受探望配偶的职工，在不享受探亲假的前提下，经本人申请，领导批准，其供养的配偶到职工工作地探望职工的，可填发其配偶居住地至职工工作地的探亲乘车证。

（4）符合4年1次探亲条件的职工探亲乘车：

① 职工探望父母时，必须以父母户口所在地为准。

② 职工供养的配偶、子女与其同行，可共同使用一张探亲乘车证，但其配偶、子女不得单独使用。

③ 职工在不享受探亲假和不影响正常生产（工作）的前提下，可每年使用一张探亲乘车证。其供养的配偶，子女同行时，可共同使用。如本人不用时，配偶、子女不得单独使用，也不能积存到次年使用两张。

④ 职工在不享受探亲假，4年中也未使用每年1张探亲乘车证的前提下，经领导批准，其供养的父母可使用1张其居住地至职工工作地的探亲乘车证。

⑤ 在不探望父母的前提下，探望配偶的父母时，经领导批准，可填发本人工作地至探亲地点的探亲乘车证。

⑥ 职工的父母或父母一方与职工的配偶同居一地时，其父母不能与职工的配偶共同填发1张探亲乘车证去探望职工，更不能单独填发使用去探望职工。

（5）职工供养的未满18周岁的子女随同职工或职工供养的配偶、父母探亲时，可共同使用1张探亲乘车证，但职工子女不能单独使用。

（6）符合探望父母条件的职工，父母双亡后，其祖父母由职工供养，与职工分居，又不能利用公休假日团聚的，经本人申请，领导批准，可填发职工本人或与职工供养的配偶、子女共同使用的一次探亲乘车证。

（7）离、退休人员符合探亲规定条件的，可使用探亲乘车证。此种乘车证只限离、退休人员本人4年使用1次，不能与在职职工一样，在不享受探亲假的条件下，每年使用1张探亲乘车证。

（8）职工供养的配偶或父母、子女，符合本细则第四十八条规定条件的，经单位领导批准后，填入探亲乘车登记卡片，当职工供养的条件改变时，应及时改填卡片。职工需用探亲乘车证时，填发部门凭据单位领导批准的申请书，登记卡片后填发乘车证。职工在路内调转时，其探亲乘车证卡片由人事部门随同人事档案一并转给调入单位。

（9）符合出境探亲的职工乘车：

① 铁路职工中符合（82）侨政会第011号、劳人险（1983）16号、（86）侨政会字第006号文件规定出境探亲条件的归侨、侨眷、台胞、台属、港澳同胞，其探亲在国内乘坐火车时，可填发其工作地至出境口岸站的探亲乘车证。

② 上述人员中符合会亲条件的职工可填发其工作地至会亲地点的探亲乘车证。

③ 铁路职工中符合（82）侨政会字第011号文件规定改探条件的归侨、侨眷，可填发其工作地至改探人居住地的探亲乘车证。

四、乘车证的填发和使用

1. 填发乘车证的规定

（1）乘车证的申请。

① 职工、家属使用乘车证必须提出书面申请。临时定期、软席、硬席、探亲乘车证应先填写"乘车证申请书"；全年定期、定期通勤、通勤、通学、定期就医、购粮乘车证统一填写"××乘车证申请名册"。

② 申请书和申请名册各项内容要填写详细、清楚，不得涂改，填发人员对涂改后的申请书（申请名册）不予填发乘车证。

③ 申请书应与填发的乘车证相对应，内容必须一致并按顺序装订成册，按规定交付的有关证明应附在申请书后一并装订备查。

2. 乘车证的审批

（1）职工、家属使用乘车证必须经单位主管领导批准。单位领导审核同意后在乘车证申请书和申请名册上签字。

（2）单位主管领导在审批乘车证时，必须验看规定应附带的有关证明，如审批探亲乘车证时需要验看探亲证明；审批陪护用乘车证时需验看医疗单位出具的陪护证明等。

（3）在审批有两个及以上到站的乘车证时，单位领导应在申请书上批签同意所赴的到站名称。

（4）单位领导必须在规定的范围内履行审批职责，任何组织或个人都无权超出国铁集团的规定特批各种乘车证。

3. 乘车证的填发

（1）严禁填发使用涂改的乘车证。

（2）各种乘车证（全年、临时定期乘车证除外）每张只限填发 1 个到站。由始发站至到达站有直达列车，一般应乘直达列车；因签证原因不能乘直达列车的，可继续乘车至到达站。

（3）填发乘车证时，乘车人员的姓名、性别、年龄、职务、工作证号码均应填写清楚，并要求乘车证（全年定期乘车证除外）的有效时间和出差证明、探亲证明等的外出时间一致。

（4）乘车证上的"使用别"栏须根据外出任务或用途按下述项目填写，即：出差、驻勤、调转、搬家、入学、休养、转院、学习、实习、施工等，乘车证上备用而不用的项目均应抹销。

（5）填发全年定期、定期通勤、通勤、通学乘车证均粘贴使用人近期 1 寸半身免冠相片，并加盖填发单位钢印。"填发单位"栏盖单位名称横戳。

（6）其他乘车证的"填发单位"栏应加盖填发单位"乘车证专用章"。

（7）各种乘车证在乘车证"计×人"上或相片下端加盖填发人名章。

（8）职工 1 人不准同时填发、使用两张及以上乘车证。

（9）软席、硬席乘车证的始发站填写职工工作地；定期通勤、通勤、通学、定期就医、购粮乘车证的始发站填写职工、家属的居住地；便乘证的始发站填写职工工作地或退乘地。

（10）本年度的全年定期、定期通勤、通勤、定期就医、定期购粮乘车证，可延期使用到次年的 1 月 15 日止。

（11）临时定期、软席、硬席、探亲乘车证的有效期间为 3 个月，可跨年填发。填发时应据实填写，不要一律都填 3 个月。

（12）各单位在填写软席乘车证时，必须填写符合准乘软席的职名，否则视为无效。

（13）为助勤人员填写乘车证，单位一栏应填写原工作单位，同时在出差证明上加以注明。

（14）实行 1 人 1 票制。除探亲、就医乘车证外，其他各种乘车证每张限填发 1 人使用。

五、乘车证使用的规定

乘车证限乘车证上所填写的持用人在有效期间和区间使用。

1. 准乘列车的规定

（1）持用全年定期、临时定期、软席、硬席乘车证和便乘证，在正式或临时营业铁路上准乘各种旅客列车（国际列车除外）。

（2）持用探亲乘车证准乘除国际、旅游列车以外的各种旅客列车。

（3）持用通勤、定期通勤乘车证，准乘各种旅客列车（国际列车除外）。

（4）持用通学、就医、购粮乘车证准乘快车和普通旅客列车。

（5）持用铁路全年定期、临时定期、软席、硬席乘车证均可乘坐空调可躺式客车。

2. 乘车证明的规定

（1）持用铁路各种乘车证的职工出入车站及在列车内须与旅客同样经过检验手续，同时交验工作证、学生证、离休证、退休证、家属证。任何证明均不能代替上述证件。职工持用探亲乘车证，需同时持贴有本人照片的工作证和探亲证明；职工配偶或父母、子女持贴有本人照片的家属证和探亲证明。任何代替工作证或家属证的证件均无效。3 证俱全方为有效。

（2）出差、探亲、驻勤、开会、调转赴任、搬家还必须交验相应的证明，如职工出差证明书、人事调转命令、户口迁移证明等；医疗转院或疗养必须交验医疗机构的转院、疗养证明；机车乘务员便乘时，必须携带机务段填发的司机报单；机械保温车乘务员去外地换班乘坐旅客列车时，应交验交、接班证明。

3. 其他规定

（1）持用定期通勤、通勤、通学、定期就医、就医、购粮乘车证，除换乘外，中途下车无效。

（2）定期通勤乘车证 1 个月只限使用 1 次，不能提前或移作下月使用。如节假日适逢月初或月末，乘车证的往返日期可跨及上月末或下月初，但起止时间不超过 1 周。如有特殊情况，可根据批准假期天数填发。

4. 免费使用卧铺的规定

职工（含路外符合使用乘车证的人员）出差、驻勤、开会、调转赴任、医疗转院（含职工供养的直系亲属）、疗养、护送，以本人开始乘坐本次列车时刻计算，从 20 时至次日 7 时之间，在车上过夜 6 h（含 6 h）或连续乘车超过 12 h（含 12 h）以上的，准予免费使用卧铺。

5. 签证及登记卧铺的规定

（1）持用全年定期、临时定期、定期通勤乘车证，应同时附有乘车证使用卡片，卡片由乘车证填发单位发给。在填发乘车证同时填发卡片，并在乘车证背面和卡片上（骑缝）加盖乘车证专用章。卡片用完后可更换新卡片。

（2）持用临时定期、软席、硬席、探亲乘车证时，须由车站签证。车站对要求签证的人员应查验有关证件，临时定期乘车证在卡片上签证，软席、硬席乘车证在背面签证，对号列车应发给座位号。持用全年定期、定期通勤、通勤、通学、定期就医、购粮乘车证可免于签证。如要座位号时，可凭乘车证由车站发给座位号。

（3）符合使用卧铺规定的人员登记卧铺时，车站或指定的代办部门应验有关证件，对有卡片的乘车证在卡片上登记；对无卡片的乘车证在乘车证背面登记；并发给卧铺号；在列车上登记卧铺时，由列车长按上述方法同样办理。

（4）登记卧铺后不能按时乘车，应将卧铺号及时退回车站，车站将登记事项注销并加盖注销章。

（5）使用卧铺中途不应下车。如必须下车，不足夜间乘车 6 h 或连续乘车 12 h 的，列车长应按章核收已乘区间的卧铺票价。

（6）持乘车证到列车上使用卧铺时，应将出差证明、卡片连同乘车证交列车员保管，并办理签证。持用全年定期乘车证，可不交乘车证。

6. 托运行李的规定

持用铁路各种乘车证，均不能免费托运行李、搬家物品等。

六、乘车证使用过程中的查验

（1）站、车客运人员必须熟知乘车证使用的有关规定，认真查验乘车证填载项目和必须携带的有关证件和证明，并打剪标记。如有不符，视为无效，并有权扣留所持乘车证，按有关规定处理。

（2）对持用的全年、临时定期、通勤、定期通勤、通学、全年定期就医（购粮）和临时定期就医乘车证免打查验标记；其他乘车证均须于始乘站和返乘站予以剪口，列车内查验时应打查验标记，否则按客运有关规定办理。

（3）铁路各部门特定的在列车上工作的各种证件（如铁路运输收入稽查证、客运监察证、铁路乘车证监察证等），只能作为工作凭证，均不能作为乘车的凭证。

七、丢失乘车证的处理

对丢失乘车证者，除本人作出检查外，要按下列标准进行罚款：
（1）全年定期乘车证每张罚款 200 元。

（2）临时定期乘车证每张罚款 150 元。

（3）其他乘车证每张罚款 100 元。

丢失定期通勤、通勤、通学、全年定期就医乘车证的，罚款后方予补发。

八、违章使用乘车证的处理

（1）违章使用乘车证，如：在票面上加添、涂改、转借、超过有效期限或有效区间乘车，未持规定的有关证明、证件或持伪造证明、证件的均按无票处理，要查扣其乘车证及有关证件。此外，单位还应追究其行政责任。对持用伪造乘车证者，一经发现，应立即查扣，并移交公安机关依法处理。超出规定条件使用乘车证者，也按违章使用处理。

（2）违章使用乘车证均要按所乘列车的等级、席别、铺别、区间（单程或往返）及票面填写人数按照《铁路旅客运输规程》的规定补收和加收票款，下列乘车证还应按票面记载的席别、区间，按照下列计算方法加收罚款：

① 定期通勤乘车证，按票面填写乘车区间，自有效月份起至发现违章月份止，按每月 1 次往返的里程计算。

② 全年定期乘车证、临时定期乘车证、通勤（学）乘车证。从有效日期（过期的从有效期终了的次日）至发现违章日期止，票面填写的乘车区间在 1 个铁路局集团有限公司内的，按每日乘车 50 km 计算票价；乘车区间跨铁路局集团有限公司的，按每日乘车 100 km 计算票价，计算后低于 50 元的按 50 元核收。

③ 发现其他违章行为的，均按《客规》的规定相应处理。

（3）乘车证使用过程中发现的违章事项，当时处理不了的，由站、车编制客运记录，连同查扣的乘车证及有关证件报路局，由路局依据规定向违章职工单位发函并追补应收票款和罚款；违章职工单位接到函件，要查证落实严肃处理，并将应补票款和处理结果于 30 日内报送局收入处。如违章者单位未按来函要求补缴款额的，路局将追究单位领导责任。各单位在职工交回乘车证或日常检查中发现有违章使用的，也要按规定处理。对补缴的票款和罚款应上交财务部门。

【例 11.1.1】　×年 4 月 1 日，到石家庄站的 1523 次（哈尔滨——石家庄新型空调）旅客出站收票时发现衡水市电影公司刘×借用衡水站职工李×本年度衡水至太原定期通勤乘车证 DTa0040037 号，石家庄站处理过程如下：

（1）处理无票

衡水—石家庄：118 km

新空调硬座普快票价 16.50 元

加收 50% 票款：$16.50 \times 50\% = 8.25 \approx 8.50$ 元

（2）罚款

衡水—太原：349 km

1 个往返里程：$349 \times 2 = 698$ km

硬座票价：38.00 元

4 个往返里程硬座票价：38.00 × 4 = 152.00 元

手续费：2.00 元

合计：16.50 + 8.50 + 152.00 + 2.00 = 179.00 元

（3）查扣其乘车证、证件上报。

第二节　路用品的运送和携带

（1）铁路电务等维修人员乘坐管内旅客列车到站检查、维修设备凭铁路局集团有限公司发给扔拾器材乘车凭证，可拾蓄电池（6V 组）8 组，蓄电池和电池的电解液（装入特种容器）3 瓶，轨道焊接线火柴（铁盒密封）5 盒，焊药 40 包，防腐油 10 kg，机油 1 kg，变压器油 2 kg，调和漆 5 kg，汽油（密封）0.5 kg。乘车时应服从列车长安排，将携带品放在列车尾部，保证安全，并不影响车内秩序和车长作业。

（2）铁路衡器所检修工作人员，持证明到各站检定、修理衡器时，准许随身携带小型配件、调和漆 5 kg 和标准砝码 200 kg。也可凭局面证明免费托运砝码和衡器配件。车站添发包裹票，在记事栏内注明"衡器检修"，收回书面证明报铁路局集团有限公司。

（3）为方便工务段钢轨探伤人员乘车的需要，由各铁路局集团有限公司发给"携带钢轨探伤仪乘车证"，可携带 JGT 钢轨探伤仪（体积 1 000 mm × 830 mm × 380 mm）乘车，同时出示铁路公用乘车证、准成管内列车，并按乘务员或列车长指定的地点放置，不得妨碍旅客乘降。

✎ 复习思考题

1. 铁路乘车证有哪些种类？在使用上有哪些规定？
2. 铁路乘车证在使用卧铺上有什么规定？
3. 违章使用乘车证应如何处理？
4. 路用品的运送和携带有哪些规定？

第十二章　铁路旅客运输服务质量规范

第一节　列车的安全秩序

铁路旅客运输服务
质量规范 PPT

一、列车设备的安全管理

1. 安全设备

各车厢灭火器、紧急制动阀、人力制动机、紧急破窗锤、灭火毯、防毒面具、应急手电筒、扩音器等安全设备设施配齐配全，作用良好，定位放置。乘务人员知位置、知性能、会使用。

（1）各车厢紧急制动阀有包封，印有"危险勿动"警示标志；紧急制动阀手柄施封良好，压力表指示正常。

（2）人力制动机施封良好，制动、缓解方向指示标志清晰，无遮挡。

（3）灭火器安放牢固，便于取用，不搭挂物品；检修不过期，压力符合规定，标牌齐全清晰，施封完好。

（4）紧急破窗锤标注"消防专用"标志，安放牢固，便于取用。

（5）餐车厨房按规定配备灭火毯，定位存放，保持干燥。

（6）行李车、邮政车和发电车按规定配备有效防烟毒面具，包装完好，配件齐全。

（7）封闭式洗脸间、厕所防护栏安装牢固，防护栏栏杆之间及栏杆与窗框之间间隙不大于 150 mm。

2. 电器设备

正确使用电器设备，安全用电。电器元件安装牢固，接线及插座无松动，紧急断电按钮护盖施封良好，按钮开关、指示灯作用良好；不乱接电源和增加电器设备，不超过允许负载。配电室（箱）人离锁闭，门锁良好，配电箱、控制箱内及上部不得放置物品；可燃物品不得贴靠电采暖装置。不用水冲刷地板、墙板、电器设备及带有电伴热塞拉门乘降梯。

二、车门管理制度

1. 车门

车门管理做到停开、动关、锁，出站台检查瞭望值乘区域车门。车站开车铃声结束、旅客乘降完毕后上车放下脚踏板，在车门口值守做好关门准备（塞拉门应关闭车门），车动关闭车门；进站提前到岗，确认站台，试开车门（塞拉门除外），停稳开门，卡牢翻板，无旅客从背面车门下车。试开车门时开启车门缝隙不超过 10 cm，确认车门状态良好后立即关闭。始发、终到客流较大时双开车门组织乘降，一人值乘多个车厢时，由车站负责值守增开的车门。

2. 端门

列车运行中，载客车厢连接端门不锁闭，特殊情况需要锁闭时，应有工作人员监管，需要时能随时打开。车门及餐车厨房边门、走廊边门、厨房后门锁闭；行李车、发电车、邮政车端门锁闭，但与车厢连接端门锁闭后可用列车通用钥匙打开。到站前、开车后疏通通道。列车站停期间，卧车端门按照值乘范围锁闭相应车厢端门。

列车首节车辆前部、尾节车辆后部设有外端门、防护栏和"禁止通行、当心坠落"标志，外端门运行中锁闭。餐车后厨边门窗户不是内翻可开启式的，边门外加装防护栏并加锁固定牢固。列车首尾载客车厢侧门和端门运行中锁闭，在内端门设置"旅客止步"标志。

三、列车停站时作业要求

临时停车时做好宣传，加强巡视，确保车门锁闭，严禁旅客上下车，未经列车长统一组织不准开启车门。列车启动后四门检查瞭望。停站立岗时，面向旅客放行方向立岗（高站台时不背对车厢连接处立岗），做好安全宣传，验票上车，重点帮扶，安全乘降。

高站台乘降作业时，站停时间超过 4 min 时，车门口与站台间使用安全踏板，组织乘降的车门与相邻车厢间空挡处设置警示带。安全踏板制作轻巧牢固，安放平稳，定位放置。警示带印有反光材料制作的"请勿靠近、当心坠落"字样及当前、相邻车厢顺号，设置方式、位置统一。临时双开车门组织乘降时，增开的车门可以不设置安全踏板和警示带。

四、安全秩序要求

（1）防火防爆、人身安全、食品安全、现金票据、结合部等安全管理制度健全有效。列车始发前及途中，客运、车辆、公安等人员按照职责分工分别对列车上部设备设施进行检查，发现问题各自填入"三乘检查记录"并通知车辆人员处置，涉及行车、人身安全的及时采取临时处置措施。列车终到前，已经修复的在"三乘检查记录"上标记并由"三乘"签字确认后，交车辆乘务员。

（2）安全标志和揭示揭挂设置齐全，有铁路旅客乘车安全、旅行须知；车门有"禁止携带危险品"标志，塞拉门还有"禁止倚靠"标志；客室相应位置有"禁止吸烟""请勿向窗外扔东西""当心烫伤""当心夹手""请勿触摸""禁止通行""旅客止步"等安全标志。设置位置合理，内容准确，规格统一，符合标准。

（3）运行中做好安全宣传和防范，车内秩序、环境良好，无闲杂人员随车叫卖、拣拾、讨要。发现可能损坏车辆设施和影响安全、文明的行为及时制止。车厢内禁止吸烟，加强禁烟宣传，发现禁烟区吸烟行为及时劝阻，并由公安机关依法查处。允许吸烟的处所有"吸烟处"标志和安全注意事项告知揭示，配备烟灰盒。

（4）行李架物品摆放平稳、牢固、整齐。大件行李妥善放置，不占用席（铺）位，不堵塞通道。锐器、易碎品、杆状物品及重物等放在座（铺）位下面。衣帽钩限挂衣帽、服饰等轻质物品。

（5）发现旅客携带品可疑及无人认领的物品时，配备乘警（或列车安全员，下同）的列车通知乘警到场处理；未配备乘警的由列车长按规定处理，对危险品做好登记、保管及现场处置，并交前方停车站（公安部门）处理。

（6）发现行为、神情异常旅客时，重点关注，配备乘警的列车通知乘警到场处理；未配备乘警的列车由列车长处理，情形严重时交列车运行前方停车站处理。发生旅客伤病时，提供协助，通过广播寻求医护人员帮助；情形严重的，报告客调。

（7）在列车中部办理站车交接。乘务人员进出车站和客技站时走指定通道，通过线路时走天桥、人行地道，走平交道时做到"一停二看三通过"，不横越线路，不钻爬车底，不跨越车钩，不与运行中的机车车辆抢行。进出车站时集体列队。

（8）乘务人员在接班前充分休息，保持精力充沛，不在班前、班中、折返站饮酒。

第二节　列车的设施设备及备品

一、列车的设施设备

1. 车辆设备设施齐全，符合运用客车出库质量标准

（1）列车办公席、乘务员室、行李员办公室、广播室，备品柜、清洁柜、工具室（柜）、洗脸间、厕所等设施齐全，作用良好，正常使用，不挪作他用或改变用途。

（2）车辆外观整洁，内外部油漆无剥落、褪色、流坠；车内顶棚不漏水，内外墙板及车内地板无破损、无塌陷、不鼓泡；渡板及各部位压条、压板、螺栓不松动、无翘起；脚蹬安装牢固，无腐蚀破损；手把杆无破损、松动。各部位金属部件无锈蚀。

（3）各门、翻板及簧、锁、门止、碰头、卡销配件齐全，不松动，作用良好。车窗锁及窗帘盒滑道、窗帘杆、毛巾杆、挂钩齐全，作用良好。门窗玻璃无破损，密封条完整，不透气、透尘，不漏水，无脱落。车内各车门处有防挤手装置，配置齐全，作用良好。

（4）暖气片（罩、管）、座席、卧铺（及吊带）、扶手、梯子、行李架、梳妆台、面镜、茶桌、餐桌、抽屉、衣帽钩、毛巾杆（架）、镜框、书报架、温度计齐全良好，无松动。座席及卧铺面布无破损。包房号牌、座（铺）位号牌以及各室、柜、箱、开关等服务标牌齐全清晰。

（5）载客车厢通过台内端门框旁设儿童票标高线。儿童票标高线宽 10 mm、长 100 mm，距地板面分别为 1.2 m 和 1.5 m，以上缘为限，距内端门框 100 mm。

（6）电茶炉安装牢固，炉体无变形、破损，管系各阀无漏水，排水管畅通、无堵塞，过滤器清洁，液位显示清晰。

（7）给、排水装置配件齐全，作用良好，不漏水。车厢水位表（液位仪）显示准确。配有加热装置的，加热装置作用良好，正常启用。盥洗设备齐全，作用良好，安装牢固，无裂损。

（8）厕所便器、卫生纸盒、冲水装置作用良好，便器（斗）冲水均匀，无外喷。集便式厕所配有垃圾箱（桶）。

（9）灯具、灯罩完整清洁，无松动、裂损、变形，灯带、卡子齐全；顶灯光色一致。各电气开关、电源插座齐全，作用良好，无烧损。餐车厨房排气扇、电动水泵及电气化厨房电器作用良好，配线不外露。

（10）车载视频监控终端设施设备作用良好，外观整洁，安装牢固，故障、破损及时修复。

（11）空调设备各部配件齐全，作用良好，安装牢固，运转正常。

（12）广播系统作用良好，定检合格，音量控制器作用良好。

（13）餐车冰箱作用良好，有隔水板。厨房地面有沥水设施。

2. 列车服务图形标志

车内各种服务图形标志型号一致、位置统一，安装牢固，齐全醒目，符合规定。车厢有列车运行区间牌、内外顺号（牌）等标志，文字清晰、准确，无破损、卷边、褪色。使用电子显示屏的作用良好，显示及时、准确。

3. 车厢垃圾箱

（1）每节车厢垃圾箱不少于 1 个，与垃圾袋配套使用。内嵌式垃圾箱正常启用，不封闭或挪作他用，内胆采用不锈钢材质，与垃圾箱体空间适应，与箱体内壁间隙不超过 1 cm，箱体四壁封闭，垃圾投放进口有漏斗。外置式垃圾箱有盖，放置位置不占用通道或影响其他服务设施使用。

（2）单双管客车混编时，在全列制动机试验前，集便式厕所锁闭，开车后启用；当运行途中因列车管压力下降被迫停车时，按照车辆乘务员要求，将集便式厕所适当锁闭。

二、列车服务备品

1. 列车服务备品的要求

（1）服务备品、材料等符合国家环保规定，质量符合要求，色调与车内环境相协调。服务备品齐全，干净整洁，定位摆放。布制、易耗备品备用充足，保证使用。布制备品按规定时间使用和换洗，有启用时间（年、月）标志。

（2）贴身卧具（被套、床单、枕套）和头靠套干燥、清洁、平整，无污渍、无破损；已使用与未使用的折叠整齐，分别装袋保管。卧具袋防水、耐磨，干净，无破损。贴身卧具与其他布质备品分类洗涤；洗涤、存储、装运及更换不落地、无污染。可使用独立包装的贴身卧具供途中、折返更换。卧车垫毯、被芯、枕芯等非贴身卧具备品干燥、清洁，无污渍、无破损，定期晾晒。被芯、枕芯先加装包裹套，再使用被套、枕套。包裹套半年清洗 1 次，保持干燥整洁。

（3）布制备品定位存放在备品柜内。无备品柜或备品柜容量不足的，硬卧车定位放置在 4、5、18、19 号卧铺下，软卧车定位放置在 3、7、11 号卧铺下。车内清扫工具放置在清洁柜内，无清洁柜的定位隐蔽存放。厕所专用清扫工具，定位存放在厕所内或与车内清扫工具分开放置在清洁柜内，不影响旅客使用空间。

（4）载客车厢配备安全踏板和警示带，定位存放。

（5）垃圾箱（桶）内用垃圾袋应符合国家标准，印有使用单位标志，与垃圾箱（桶）规格匹配，厚度不小于 0.025 mm。餐车厨房配备专用垃圾袋，厚度不小于 0.04 mm。

（6）列车配有票剪、补票机、站车客运信息无线交互系统手持终端；乘务人员配置具备录音功能的手持电台及音视频记录仪。设备电量充足，作用良好。站车客运信息无线交互系统手持终端在始发前登录，途中及时更新信息。

2. 列车服务备品

（1）软卧车（含高级软卧车）。使用遮光帘和纱帘。厕所配有大盘卷筒卫生纸，坐便器配有一次性坐便垫圈。

洗脸间有洗手液（皂）、垃圾桶。走廊有地毯，边座有套。包房内有被套、被芯、枕套、枕芯、床单、垫毯、卧铺套、靠背套、茶几布、一次性拖鞋、衣架、不锈钢果皮盘、带盖垃圾桶、热水瓶；高级软卧车包房内还有面巾纸盒。

（2）软座车。使用遮光帘和纱帘。座便器配有一次性坐便垫圈。有座席套、头靠套（头枕片）、果皮盘。乘务员室备有热水瓶（根据需要增配防倒架）。

（3）硬卧车。使用遮光帘。坐便器配有一次性坐便垫圈。有卧铺套、被套、被芯、枕套、枕芯、床单、垫毯和边座套，每格有不锈钢果皮盘。乘务员室备有卫生纸、热水瓶（根据需要增配防倒架）。

（4）硬座车。使用遮光帘。坐便器配有一次性坐便垫圈。每格有果皮盘。有座席套、头靠套（片）。乘务员室备有热水瓶（根据需要增配防倒架）。

（5）餐车。有售货（饭）车、热水瓶、一次性水杯。使用遮光帘和纱帘。台面有台布，座椅有套。餐、茶、酒具等器皿规格统一，花色一致，齐全无破损。备有调味品容器、牙签盅、餐巾纸和清真炊、餐具、托盘、席位牌。

第三节　整备作业

一、出库整备

（1）车厢内外各部位整洁，窗明几净，四壁无尘，物见本色。

① 车外皮、车梯、翻板内外、窗门框及玻璃、扶手干净、无污渍。

② 天花板（顶棚）、板壁、边角、地板、连接处、灯罩、座椅（铺位）、暖气罩、空调口、

通风口、电茶炉等部位清洁卫生，无尘无垢，缝隙无杂物。

③ 热水瓶、果皮盘、垃圾箱（桶）、洗脸间内外洁净。

④ 餐车橱、柜、箱干净无异味，分类标志清晰，餐料、商品、备品和餐、炊具等分类定位放置。

⑤ 厕所无积便、积垢、异味，地面干净无杂物，便器排污管及内边沿无积垢。集便式厕所污物箱内污物排尽。

（2）布制品、消耗品和清扫工具等服务备品配备齐全，定位放置，定型统一。

① 卧具叠放整齐，摆放统一，床单、头枕套、座席套、茶几布等铺设平整，干净整洁。窗帘、纱帘悬挂整齐，定型统一，美观大方，无脱扣。

② 洗手液、卫生纸、面巾纸、一次性座便垫圈等服务备品补足配齐，定位放置。

③ 清扫工具、活动顺号、安全踏板、警示带等备品定位放置，不影响旅客使用空间。

④ 办公席、乘务员室各种资料、备品定位摆放，干净整齐。

（3）定期进行"消、杀、灭"，蚊、蝇、蟑螂等病媒昆虫指数及鼠密度符合国家规定。

二、途中标准

（1）各处所清扫及时，保持整洁卫生。

① 各处所地面墩扫及时，干燥、干净；台面、桌面、面镜擦抹及时，干净、无水渍；中途站擦扶手，低站台停车时擦翻板扶手。

② 洗脸（手）池、电茶炉沥水盘、餐车洗碗池清理、擦抹及时，无污渍，无残渣，无堵塞，无积水；果皮盘、垃圾箱（桶）清理及时，无残渣；厕所畅通无污物，无异味，集便式厕所按规定吸污。

③ 餐车餐桌、吧台、厨房地面和工作台，以及各橱、箱、柜内保持洁净。厨房垃圾使用专用垃圾袋收纳，与列车其他垃圾分类管理。

（2）洗手液、卫生纸、面巾纸、一次性座便垫圈等备品补充及时；卧具污染更换及时。

（3）垃圾装袋、封口，无渗漏，定位放置，在指定站定点投放；不向车外扫倒垃圾、抛扔杂物。

三、终到标准

终到站时车内无垃圾，无污水，无粪便。垃圾装袋、封口，无渗漏，到站定点投放。

四、到站立即折返标准

（1）车厢内外各部位整洁，窗明几净，四壁无尘，物见本色。

① 车厢地面、通过台、连接处、行李架、扶手及座椅（铺位）、暖气罩、边角等部位干

净整洁，通风口、电茶炉下、洗脸间下等隐蔽处所无积垢，无杂物。垃圾箱（桶）内无垃圾，无异味。

② 果皮盘、热水瓶内外洁净；垃圾箱（桶）、洗脸间四周洁净。

③ 餐车橱、柜、箱干净无异味，分类标志清晰，餐料、商品、备品和餐、炊具等分类定位放置。

④ 洗脸间、厕所面镜洁净，洗脸（手）池、便器无污物、无异味。电茶炉沥水盘洁净。

（2）布制品、消耗品和清扫工具等服务备品配备齐全，定位放置，定型统一。

① 卧具叠放整齐，摆放统一，床单、头枕套、座席套、茶几布等铺设平整，干净整洁。窗帘、纱帘悬挂整齐，定型统一，美观大方，无脱扣。

② 洗手液（皂）、卫生纸、面巾纸、一次性座便垫圈、垃圾袋等服务备品补足配齐，定位放置。

③ 清扫工具、活动顺号、安全踏板、警示带等备品定位放置，不影响旅客使用空间。

④ 办公席、乘务员室各种资料、备品定位摆放，干净整齐。

第四节　车站的客运安全管理

一、安全制度及检查规定

1. 安全制度

车站的安全制度应健全有效，安全管理职责明确，能满足安全生产需要。

（1）有安全生产责任制、安全检查和安全质量考核、劳动安全、消防管理、食品安全、设施设备、安检查危、实名验证、结合部、现金票据安全、站台作业车辆安全、旅客人身伤害处理等管理制度和办法。

（2）有旅客候车、乘降、进出站、行包保管和装卸等安全防范措施。

（3）与保洁、商业、物业、广告、安检、行包、邮政等结合部有安全协议。

（4）有恶劣天气、列车停运、大面积晚点、突发大客流、设备故障、客票（服）系统故障、火灾爆炸、重大疫情、食物中毒、作业车辆（设备）坠入股道、旅客人身伤害等非正常情况下的应急预案。

2. 安全检查规定

车站需配备安检人员，有引导、值机、手检、处置。开启的危险品检查仪数量满足旅客进站需求。具体要求如下：

（1）旅客人人通过安全门和手持金属探测器检查，携带品件件过机。安检口外开设的车站小件寄存处对寄存物品进行安全检查。

（2）安检人员持证上岗，佩戴标志。

（3）对检查发现和列车移交的危险物品、违禁品按规定处理。

二、安全设备

（1）按规定配备危险品检查仪、安全门、危险品处置台、手持金属探测器、防爆罐等安全检查设施设备，正常启用，显示器满足查验不同危险品的需求。危险品检查仪、安全门、危险品处置台、防爆罐设在进站口旅客进站流线、行包房适当位置，不影响旅客通行。危险品检查仪传输带延长端适当。

（2）按规定配备消防设备、器材，定期检测维护，合格有效。

（3）应急照明系统覆盖进出站、候车、售票、站台、天桥、地道等处所，状态良好。

（4）备有喇叭、手持应急照明灯具、应急车次牌、隔离设施等应急物品，定点存放。有应急食品储备或定点食品供应商联系供应机制。

（5）安全标志使用正确，位置恰当，便于辨识。电梯、天桥、地道口、楼梯踏步、站台有引导、安全标志。落地玻璃前有防撞装置和警示图形标志。

（6）电梯、天桥、楼梯悬空侧按规定设置防护装置，高度不低于 1.7 m。

三、其他安全管理

（1）站区实行封闭式管理，旅客进出站乘降有序，站内无闲杂人员。进出站通道流线清晰，有管理措施。站台两端设置防护栅栏（行包、邮政作业端除外）并有"禁止通行"或"旅客止步"标志。疏散通道、紧急出口、消防车通道等有专人管理，无堵塞。

（2）进入站台的作业车辆及移动小机具、小推车不影响旅客乘降，不堵塞通道，不侵入安全线；停放时在指定位置，与列车平行，有制动措施；行驶或移动时，不与本站台的列车同时移动，不侵入安全线，速度不超过 10 km/h。无非作业车辆进入站台。

（3）行包、邮政拖车的辆数重车（含混编）不超过 4 辆，空车不超过 5 辆，混编时重车在前、空车在后。装载的货物高度距地面不超过 2 m，横向宽度不得超出车体两侧各 0.2 m，质量不超过 2 t，堆码整齐，绳索捆牢，不致甩落。四周护栏拖车运行中侧向护栏锁闭。

（4）安全使用电源，无违规使用电源、电器。

（5）工作人员人人通过生产作业、消防、电器、电气化、卫生防疫、劳动人身等安全培训，特定岗位工作人员按规定通过相应岗位安全培训。安全培训有计划，有记载，有考核。

（6）发生旅客人身伤害、突发疾病或接受列车移交的伤、病人员时，及时联系医疗机构；遇旅客死亡、涉及违法犯罪以及发现弃婴、流浪乞讨人员时，及时报告（通知）公安机关。

第五节　车站的设备设施

一、基础设施

车站的基础设施设备应符合设计规范，定期维护，作用良好，无违规改造和改变用途。具体要求如下：

（1）有售票处、公安制证处、候车室、补票处、行包房、天桥或地道、站台、风雨棚、围墙（栅栏）等基础设施，地面硬化平整，房屋、风雨棚、天桥、地道无渗漏，墙面、天花板无开裂翘起脱落，扶手、护栏、隔断、门窗牢固完好，楼梯踏步无缺损。

（2）有通风、照明、广播、供水、排水、防寒、防暑、空调等设备设施。广播覆盖各服务处所，具备无线小区广播和分区广播功能；音箱（喇叭）设备设置合理，音响效果清晰。售票处、候车区、站台、行包房、广播室有时钟，显示时间准确。

（3）视频监控系统覆盖车站各服务处所，具备自动录像功能。录像资料留存时间不少于15天，涉及旅客人身伤害、扰乱车站公共秩序等重要的视频资料留存时间为一年。

二、图形标志

车站的图形标志应符合标准，齐全醒目，位置恰当，安装牢固，内容规范，信息准确。具体要求如下：

（1）有位置标志、导向标志、平面示意图、信息板等引导标志，指引准确。站台两端各设有一个站名牌，并利用进出站地道围栏、无障碍电梯、广告牌、垃圾箱（桶）、基本站台栅栏等站台设施，设置不少于两处便于列车内旅客以正常视角快速识别的站名标志。各站台设有出站方向标志，实行便捷换乘的有便捷换乘标志。

（2）根据各服务处所和服务设备设施的功能、用途设置揭示揭挂，采取电子显示屏、公告栏等方式公布规章文电摘抄、旅客乘车安全须知、客运杂费收费标准等服务信息。

（3）售票处、候车区（室）、出站检票处和补票处设有儿童票标高线。

（4）售票窗口、自动售（取）票机前设置黄色"一米线"，宽度 10 cm，或者设置硬隔离设施。

（5）采用中、英文；少数民族自治地区车站可按规定增加当地通用的民族语言文字。

三、电子显示引导系统

车站要有电子显示引导系统，满足温度环境使用要求，室外显示屏具有防雨、防湿、防寒、防晒、防尘等性能，信息显示及时，每屏信息的显示时间适当，便于旅客阅读。

（1）进站大厅（集散厅）设置进站显示屏，显示车次、始发站、终到站、开车时刻、候车区（检票口）、状态等发车信息。

（2）候车区内设置候车引导屏，显示车次、始发站、终到站、开车时刻、检票口、状态等信息。

（3）检票口处设置进站检票屏，显示车次、终到站、开车时刻、站台、状态等信息。

（4）天桥、地道内设置进、出站通道屏，显示当前到发列车车次、始发站、终到站、站台、到开时刻、列车编组前后顺位等信息。

（5）站台设置站台屏，显示当前车次、始发站、终到站、实际开点（终到站为到点）、列车编组前后顺位、引导提示等信息。

（6）出站口外侧设置出站屏，显示到达车次、始发站、到达时刻、站台、状态等信息。

（7）待机状态显示站名、安全提示、欢迎词等信息。

四、售票设施

1. 售票窗口

售票窗口需配备桌椅、计算机、制票机、居民身份证阅读器、双向对讲器、窗口屏、保险柜、验钞机等售票设备及具有录像、拾音、录音功能的监控设备，发售学生票、残疾军人票的窗口配备学生优惠卡、残疾军人证的识读器，退票、改签窗口配备二维码扫描仪，电子支付窗口配备 POS 机。

（1）在窗口正上方设置窗口屏，显示窗口号、窗口功能、工作时间或状态等信息。

（2）有对外显示屏，同步显示售票员操作的售票信息。

（3）设置工号牌或采用电子显示屏，显示售票人员姓名、工号、本人正面 2 吋工作服彩色白底照片等信息。

2. 售票设施设备

（1）有剩余票额信息显示屏，及时、正确显示日期、车次、始发站、终到站、开车时刻、各席别剩余票额等售票信息。

（2）配备自动售、取票机，自动售票机具备现金或银行卡支付功能。

（3）补票处邻近出站检票口，配备桌椅、计算机、制票机、保险柜、验钞机、学生优惠卡识读器等售票设备和衡器，有防盗、报警设施。

（4）有存放票据、现金的处所和设备，具备防潮、防鼠、防盗、监控和报警功能。

五、候车区

（1）配备适量座椅，摆放整齐，不影响旅客通行。

（2）设有问讯处（服务台、遗失物品招领处），位置适当，标志醒目，配备信息终端和存放服务资料、备品的设备。

（3）设有饮水处，配备电开水器，有加热、保温标志，水质符合国家标准要求。可开启式箱盖的电开水器或保温桶加锁，箱盖与箱体无间隙。

（4）设有卫生间，厕位适量。有通风换气及洗手池等盥洗设备，正常使用，作用良好。厕位间设置挂钩。

（5）电梯正常启用，作用良好。安全标志醒目，遇故障、维修时有停止使用等提示，操作人员持证上岗（仅操作停止、启动、调整方向的除外）。

（6）检票口设人工检票通道，已检票区域与候车区有围栏，封闭良好。

（7）车站售票、候车场所可设置银行自助存取款机。

第六节　车站的客运组织工作

一、售　票

（1）提供窗口、自动售（取）票机、铁路客票代售点等多种售票渠道，售票网点布局合理，管理规范。

售票窗口和自动售（取）票机设置、开放的数量适应客流量，日常窗口排队不超过 20 人。办理售票、退票、改签、换票、取票、变更到站、挂失补办、中转签证等业务，发售学生票、残疾军人票、乘车证签证等各种车票，支持现金、银行卡等支付方式。

（2）在售票处醒目位置公布售票时间和停售时间。工作时间内暂停售票时设有提示。用餐或交接班时间实行错时暂停售票。

（3）自动售（取）票机及时补充票据、零钞和凭条。设备故障等异常状况处置及时。

（4）票据、现金妥善保管，票面完整、清晰。票据填写规范，内容准确、无涂改，按规定加盖站名戳和名章。

二、进站、候车、检票组织

（1）按规定实行实名制验证，核验车票、有效身份证件原件、旅客的一致性。

（2）安检设备的设置适应客流量和站场条件，秩序良好，通道顺畅。按列车开行方向、车次组织旅客有序候车，提醒旅客对超重、超大等物品办理托运。

（3）候车室（区）旅客可视范围内有客运人员，及时巡视、解答旅客咨询、妥善处置异常情况。设有值班站长。候车区具备车票改签和自助取票功能。

（4）开始、停止检票时间的设置适应客流量和站场条件，进站口有提前停止检票时间的提示。始发列车检票时间不晚于开车前 30 min。开始检票或列车到站前，通告车次、停靠站台等检票信息。

（5）检票通道数量适应客流情况。按照先重点、后团体、再一般旅客的原则组织旅客排队检票进站，确认车次、日期相符，车票有效，核验其他乘车凭证后加剪车票放行。

（6）对无票、日期车次不符、减价不符、票证人不一致等人员按规定拒绝进站、乘车。

（7）停止检票前，通告候车室，无漏乘；停止检票时，关闭检票口，通告候车室和站台。

三、站台组织

（1）站台客运人员提前到岗，检查引导屏状态和显示内容、站台及股道情况。

（2）组织旅客按车厢位置在站台安全线内排队等候，列车停稳后先下后上、有序乘降。铃响时巡视站台，无漏乘。

（3）在列车中部办理站车交接。

（4）开车时间前打响开车铃。

（5）客流较大，始发终到列车1人值乘多个车厢、需双开车门时，车站负责值守增开的车门。

（6）同一站台有两趟列车同时进行乘降作业时，有宣传，有引导，无误乘。

四、出站组织

（1）出站检票人员提前到岗，检查出站显示屏状态和内容。

（2）引导旅客排队检票、有序出站，核对车票及其他乘车凭证，对未加剪的车票补剪，防止尾随。遇有大客流可敞开出口。

（3）对违章乘车旅客及违章携带品正确处理，票款收付准确。

（4）列车出站后及时清理，站台、通道无滞留人员。

（5）换乘客流大的车站根据需要设置站内换乘流线，配备相应的设备和引导标志。

五、行包作业

（1）设置承运、交付办理窗口，提供托运单和填写托运单的必要用具。

（2）承运行包及时准确，品名相符，正确检斤、制票，运杂费收付无误，唱收唱付，不逾期、不破损、不丢失。

（3）承运限制运输的物品时，按规定查验相关的运输证明；需要押运的物品按规定办理押运手续。

（4）装卸、搬运行包轻搬轻放，大不压小、重不压轻、方不压圆，箭头向上、标签向外，堆码整齐。

（5）易碎品、流质物品或一级运输包装的放射性同位素，外包装上粘贴或印制有安全标志；运输过程中发生行包包装松散、破损及时修整，并有记录、有交接。

（6）到达行包核对票据，妥善保管，及时通知，准确验货，正确交付，按规定期限保管。对无法交付的行包及时公告，按规定处理。

（7）认真处理行包差错，发生行包损失先赔付、后定责。

（8）仓库内无闲杂人员出入，无非行包、装卸工作人员查找、搬运行包。

（9）行包代办网点布局合理，管理规范。代办接取送达及时、准确、安全，收费规范。

（10）行包装卸单位具备相应资质；装卸人员经过装卸作业知识、技能和铁路安全知识培训合格，持证上岗。

（11）按规定实行实名制托运。核验有效身份证件原件与托运人的一致性。

（12）执行行包运输方案。装卸列车时，先卸后装，按照列车行李员指定货位码放，使用规定印章办理站车交接。

六、列车给水、吸污作业

（1）给水站根据给水方案配备给水人员，防护用具齐全，按指定线路提前到指定位置接送车，有人防护，同去同回。

（2）按规定程序及时上水，始发列车辆辆满水，中途站按给水方案补水，水管回卷到位（管头插入上水井内）。吸污站按规定进行吸污作业，保持作业清洁。作业完毕，向站台客运人员报告。

七、应急处置及客流高峰作业

遇恶劣天气、列车停运、大面积晚点、突发大客流、设备故障、客票（服）系统故障、火灾爆炸、重大疫情、食物中毒、作业车辆（设备）坠入股道、旅客人身伤害等非正常情况时，及时启动应急预案，掌握售票、候车及旅客滞留情况，维持站内秩序，准确通报信息，做好咨询、解释、安抚等善后工作。具体要求如下：

（1）列车晚点 30 min 以上时，根据调度通报，公告列车晚点信息，说明晚点原因、预计晚点时间，广播每次间隔不超过 30 min。电子显示屏实时显示。按规定办理退票、改签，协调市政交通衔接。

（2）遇列车在车站空调失效时，站车共同组织；必要时，组织旅客下车、换乘其他列车或疏散到车站安全处所。到站按规定退还票价差额。

（3）遇车底变更时，车站按车底变更计划调整席位，组织旅客换乘，告知列车，并按规定办理改签、退票。

（4）遇售票系统故障时，组织维护部门进行故障排查，按规定启用应急售票、换票程序。

车站要有应急预案培训和演练，有记录，有结果，有考核。春、暑运等客流高峰时期，换票、验证、安检、进站等处所设有快速（绿色）通道。根据情况，开设临时售票、候车场所，采取限时进站、异地候车、暂停商业营业等方式，满足客流需要。临时候车场所有饮用水供应、卫生间等设施设备，配备适量重点旅客座席。

第七节　铁路客运人员的服务质量标准

一、仪容整洁，着装统一，整齐规范

1. 仪　容

（1）头发干净整齐、颜色自然，不理奇异发型、不剃光头。男性两侧鬓角不得超过耳垂底部，后部不长于衬衣领，不遮盖眉毛、耳朵，不烫发，不留胡须；女性发不过肩，刘海长不遮眉，短发不短于 7 cm。

（2）面部、双手保持清洁，身体外露部位无文身。指甲修剪整齐，长度不超过指尖2 mm，不染彩色指甲。女性淡妆上岗，保持妆容美观，不浓妆艳抹。

2．仪　表

（1）按岗位换装统一，衣扣拉链整齐。着裙装时，丝袜统一，无破损。系领带时，衬衣束在裙子或裤子内。外露的皮带为黑色。佩戴的外露饰物款式简洁，限手表一只、戒指一枚，女性还可佩戴发夹、发箍或头花及一副直径不超过3 mm的耳钉。不歪戴帽子，不挽袖子和卷裤脚，不敞胸露怀，不赤足穿鞋，不穿尖头鞋、拖鞋、露趾鞋，鞋的颜色为深色系，鞋跟高度不超过3.5 cm，跟径不小于3.5 cm。

（2）佩戴职务标志，胸章牌（长方形职务标志）戴于左胸口袋上方正中，下边沿距口袋1 cm处（无口袋的戴于相应位置），包含单位、姓名、职务、工号等内容。臂章佩戴在上衣左袖肩下四指处。按规定应佩戴制帽的工作人员，在执行职务时戴上制帽，帽徽在制帽折沿上方正中。除列车长外，其他客运乘务人员在车厢内作业时可不戴制帽。

（3）餐车工作人员作业时着工作服，戴工作帽（女性带三角巾）和围裙。

二、表情自然，态度和蔼，用语文明，举止得体，庄重大方

1．文明用语

使用普通话，表达准确，口齿清晰。服务语言表达规范、准确，使用"请、您好、谢谢、对不起、再见"等服务用语。对旅客、货主称呼恰当，统称为"旅客们""各位旅客""旅客朋友"，单独称呼"先生、女士、小朋友、同志"等。

2．仪态规范

（1）旅客问讯时，面向旅客站立（列车办公席工作人员办理业务时除外），目视旅客，有问必答，回答准确，解释耐心。遇有失误时，向旅客表示歉意。对旅客的配合与支持，表示感谢。

（2）坐立、行走姿态端正，步伐适中，轻重适宜。在旅客多的地方，先示意后通行；与旅客走对面时，要主动侧身面向旅客让行，不与旅客抢行。列队出（退）勤（乘）时，按规定线路行走，步伐一致，箱（包）在同一侧。

（3）立岗姿势规范，精神饱满。站立时，挺胸收腹，两肩平衡，身体自然挺直，双臂自然下垂，手指并拢贴于裤线上，脚跟靠拢，脚尖略向外张呈"V"字形。女性可双手四指并拢，交叉相握，右手叠放在左手之上，自然垂于腹前；左脚靠在右脚内侧，夹角为45°，呈"丁"字形。

（4）列车进出站时，在车门口立岗，面向站台致注目礼，以列车进入站台开始，开出站台为止。办理交接时行举手礼，右手五指并拢平展，向内上方举手至帽檐右侧边沿，小臂形成45°角。

3．服务礼仪

（1）清理卫生时，清扫工具不触碰旅客及携带物品。挪动旅客物品时，征得旅客同意。

需要踩踏座席、铺位时，戴鞋套或使用垫布。占用洗脸间洗漱时，礼让旅客。

（2）夜间作业、行走、交谈、开关门要轻。进包房先敲门，离开时，应倒退出包房。

（3）不高声喧哗、嬉笑打闹、勾肩搭背，定时定点用乘务餐，其他时段不在旅客面前吃食物、吸烟、剔牙齿和出现其他不文明、不礼貌的动作，不对旅客评头论足，接班前和工作中不食用异味食品。餐车对旅客供餐时，不在餐车逗留、闲谈、占用座席、陪客人就餐。

三、温度适宜，环境舒适

1. 车厢内空气质量符合国家标准

发电车供电的空调客车须在列车始发前 60 min 供电并开启空调预冷预热，机车供电的空调客车须在列车始发前 60 min（特殊情况 40 min）完成机车连挂和供电，对车厢进行预冷或预热；空调温度调节适宜，体感舒适，原则上保持冬季 18～20 ℃，夏季 26～28 ℃。

2. 车内照明符合规定

夜间运行（22:00～7:00）时，硬卧车和软、硬座车照明开关置于半灯位，洗面灯开关置于开位；始发、终到站和客流量大的停站，以及列车途经地区与北京时间存在时差时自行调整。列车终到后供电时间不少于 30 min；入库期间以及使用发电车或具备地面电源供电的折返停留列车供电时间不少于 4 h，停留不足 4 h 的不间断供电。

3. 广播视频

（1）广播常播内容录音化。使用普通话。经停少数民族自治地区车站的列车可根据需要增加当地通用的民族语言播音。过港列车可增加粤语播音。直通列车可增加英语播报客运作业信息。

（2）广播语音清晰，音量适宜，用语准确，内容丰富，更新及时，形式多样，健康活泼，不干扰旅客正常休息。视频播放画面清晰，外放声音不得影响列车广播的正常播放，且音量不得高于 30 dB。

（3）广播及集中控制的视频播放时间为 7:00～12:30、15:00～21:30。列车在 7:00 以前或 21:30 之后始发或终到的，或者根据季节、昼夜变化情况，可以提前或顺延 30～60 min，其他时间只能播报应急广播。途经地区与北京时间存在时差时，可适当调整。

（4）广播内容以方便旅行生活为主。始发前，播放旅客引导、行李摆放提示、列车情况介绍以及禁止携带危险品、禁止吸烟等内容。运行中，播放列车设施设备、旅客安全须知、旅行常识、旅行生活知识、治安法制宣传、卫生健康、餐售经营等宣传及前方停站、到站信息预播报等内容，适当插播文艺娱乐、文明礼仪、地方概况、沿线风光、民俗风情、广告等节目。

（5）列车站停信息预、播报及时。执行"一站两报"，即开车后预报下一到站站名和时刻；到站前（不晚于到站前 10 min）再次通报。开车后，到站前硬座车厢乘务员双车（边）通报。

4. 用水供应

（1）始发开车前电茶炉水开，清空热水瓶存水；开车后及时为热水瓶注水，途中为有需求的重点旅客供水。

（2）车厢不间断供水。上水站到站前、开车后分别核记水位刻度，确认上水情况。

四、全面服务，重点照顾

1. 全面做好基本服务

（1）各车厢公布中国铁路客户服务中心客户服务电话（区号+电话号码）、铁路12306手机客户端和微信公众号二维码。

（2）实行首问首诉负责制。受理旅客咨询、求助、投诉，及时回应，热情处置，有问必答，回答准确；对旅客提出的问题不能解决时，指引到相应岗位，并做好耐心解释。

2. 保障重点旅客服务

（1）按规范设置无障碍厕所、座椅、专用座席等设施设备，作用良好。

（2）对重点旅客做到"三知三有"（知座席、知到站、知困难，有登记、有服务、有交接），优先办理卧铺、安排座席；为有需求的特殊重点旅客联系到站提供担架、轮椅等辅助器具，及时办理站车交接。

3. 尊重民族习俗和宗教信仰

经停少数民族自治地区车站的列车可按规定在图形标志上增加当地通用的民族语言文字，可根据需要增加当地通用的民族语言播音。

五、作业标准、服务规范

列车渡海以及运行在市区、长大隧道、大桥和站停 3 min 及以上的停车站锁闭厕所；中途停车站提前 5 min、终到站提前 10 min 锁闭厕所。集便式厕所吸污时或未供电时锁闭厕所，其他时间不锁厕所。厕所锁闭时，为特殊情况急需使用厕所的旅客提供方便。

公共区域的电源插座保证符合标示范围的旅行必需的小型电器正常使用。

在始发站根据车站通知、在中途站列车停稳后打开车门组织旅客乘降；开车铃响，面向列车，足踏安全线，铃止登车，做到行动迅速，作业统一。遇有高寒、高温、雨雪天气或在办理客运业务的中间站长时间停靠时，列车长与车站确认没有旅客乘降后，可统一组织乘务员提前上车，保留正对车站放行通道的车门开放，其余车门暂时关闭，乘务员在车门口立岗。

除一站直达列车外，卧车及时为上车旅客更换卧铺牌，到站前 30 min 为旅客更换车票，及时提醒旅客做好下车准备，不干扰其他旅客。卧车贴身卧具一客一换，卧具终点站收取。

夜间运行，卧车乘务员在边凳值岗，定时巡视车厢。始发后和进入夜间运行前，客运乘务人员对卧车核对铺位，对座车进行旅客去向登记。

列车剩余铺位在列车办公席或指定位置公开发售，公布手续费收费标准。

发现旅客遗失物品妥善保管，设法归还失主，无法归还时编制客运记录交站处理。无法判明旅客下车站时交列车终到站处理。

第八节　客运人员素质及基础管理

一、客运职工职业道德

铁路客运职工的职业道德是：
——勤恳敬业：做到工作勤奋、业务熟练；
——廉洁奉公：做到公道正派，不徇私情；
——顾全大局：做到团结协作，密切配合；
——遵章守纪：做到服从命令，执行标准；
——优质服务：做到主动热情，细心周到；
——礼貌待客：做到行为端庄，举止文明；
——爱护行包：做到文明装卸，认真负责。

二、人员素质

（1）身体健康，五官端正，持有效健康证明。

（2）新职具备高中（职高、中专）及以上文化程度。软卧列车员能够使用简单英语。

（3）持有效上岗证，经过岗前安全、技术业务培训合格。从事餐饮服务的人员有卫生知识培训合格证明。广播员有一定编写水平，经过广播业务、技术培训合格。列车乘务班组有经过红十字救护知识培训合格的人员。

（4）列车长从事列车乘务工作满2年。列车值班员、列车行李员、广播员（含兼职）从事列车乘务工作满1年。

（5）熟练使用本岗位相关设备设施，熟知本岗位业务知识和职责，掌握担当列车沿途停站和时刻，沿线长大隧道、桥梁、渡海等线路概况，以及上水、吸污、垃圾投放等作业情况。熟悉本岗位相关应急处置流程，具备应对突发事件能力。

三、基础管理

（1）管理制度健全，有考核，有记载。定期分析安全和服务质量状况，有针对性整改措施。

（2）按规定配置业务资料，内容修改及时、正确。

（3）各工种在列车长的领导下，按岗位责任各负其责，相互协作，落实作业标准，有监督，有检查，有考核。

（4）业务办理符合规定，票据、台账、报表填写规范、内容准确、完整清晰。配备保险柜，营运进款结算准确，票据、现金及时入柜加锁，到站按规定解款。

（5）宿营车整齐有序，管理规范，乘务员休息铺位定位管理，有定位图，客运、公安、检车等乘务人员每两人轮流使用一个铺位（日勤人员除外），不在乘务人员休息区安排旅客。硬卧宿营车旅客与乘务人员休息区之间有挡帘，印有"旅客止步　请勿喧哗"标志。乘务人员铺位每格有挡帘。宿营车端门有"保持安静"标志。

（6）客运乘务人员配备统一乘务箱（包），集中在宿营车定位摆放；无宿营车时，定位摆放。

（7）库内保洁作业纳入客技站一体化作业管理。客技站有客运备品存放、人员间休和看车值班等场所，向列车提供上下水、照明、用电、上下卧具等作业条件。

（8）定期开展职业技能培训，培训内容适应岗位要求及评判准确。

✎ 复习思考题

1. 阐述车门的管理制度。
2. 文明用语有哪些？
3. 列车的服务备品有哪些？
4. 站台组织工作有哪些？
5. 铁路客运职工的职业道德有哪些内容？
6. 简述车站应急预案。

附录 1   站车无线交互系统终端操作方法

站车客运信息无线交互系统由信息发布服务器、移动终端和无线网络构成。

信息发布服务器是客票系统与移动终端的接口系统，该服务器实时更新向外发布的客票数据。

移动终端是通过 GSM/GSM-R 的网络与服务器进行无线连接，实时接收服务器向外发布的客票数据。

无线网络构成：本系统采用 GSM/GSM-R 的 GPRS 网络实现移动终端和信息发布服务器连接的数据通道。

下面具体介绍站车交互系统终端操作方法。

1. 硬件和软件环境

手持终端设备运行 Microsoft Mobile Version 5.0 Pocket PC 或者 Microsoft Windows CE 5.0 及以上的操作系统平台，安装 SQL Server Mobile 相关组件；最低 32 MB 的机内可用存储空间，最低 1 GB 的存储卡空间，具体大小取决于根据功能需求而安装的应用程序组件。

2. 系统主界面及设备初始化

系统主界面类似手机系统，分为 3 个区域：上方的系统显示区、中间的业务功能区和下方的系统功能区。初次使用系统时，需要进行相关网络配置确保系统的正确运行，在系统主界面上点击"系统配置"按钮，会出现界面。

3. 操作说明

手持终端软件的基本操作流程：第一步【登乘】，第二步【通知单】查看，第三步【席位查询】，到站后【退乘】操作。其他的功能是辅助功能。

（1）点击日期下拉选择框右侧的黑色三角可以进行车次始发日期的选择，默认显示为系统当前日期。

（2）点击始发车次文本输入框，系统会弹出输入界面（附图 1.1）。

（3）点击屏幕显示小键盘中的字母或数字输入始发车次，点击"Del"可以删除输入信息，点击"清除"将清空输入框中车次信息；例如输入"T7"后点击确定，完成始发车次信息的输入（附图 1.2）。点击"登录"按钮，系统将弹出确认输入信息的提示窗口（附图 1.3）。

（4）确认输入车次及日期信息后，系统将自动进行拨号连接到无线网络，进行身份验证、SIM 匹配等安全操作后自动登录至站车系统后台服务，开始下载车次、停靠站等业务信息（注意：下载车次的时候如果是多趟有效车次，则显示出全车次，供操作人员手动确认选择，系统不会系统下载）（附图 1.4）。

| 附图1.1 | 附图1.2 | 附图1.3 | 附图1.4 |

（5）根据信息下载窗口的提示信息，下载成功后，点击"确定"按钮进入下一步操作。

（6）业务信息全部下载成功后，系统自动进入主界面；并且系统会自动根据列车停靠站时间点进行相关业务数据的下载。

2. 通知单操作说明

操作人员可以点击"通知单"按钮，查看通知单，如点击"通知单"按钮（附图1.5）。

屏幕上以表格为主要方式显示了电子化的"乘车人数通知单"，通知单分为主表、附表两部分（附图1.6）。

（1）固定提示信息区域内显示的信息为登乘后车次的详细相关信息，包括车站、发车时间等，不可对其更改和操作。

（2）当数据区域内的表格信息超出屏幕显示范围时，可以通过拖动或者点击数据区域的滚动条完成对数据的完整查看。

（3）通知单主表、附表信息是按车次沿途发站进行数据组织，可以通过选择车站下拉列表来进行不同站间通知单信息的切换（附图1.7）。

（4）通过点击"主表""附表"标签页，进行通知单主表、附表视图的切换，如点击"附表"标签页后的界面（附图1.8）

  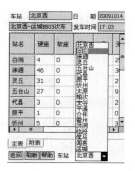 

| 附图1.5 | 附图1.6 | 附图1.7 | 附图1.8 |

（5）附表信息除了按车次沿途发站进行数据组织外，还按照分车厢的方式进行数据显示，可以点击"翻页"进行车厢前后浏览或者点击"车厢"下拉框选择车厢进行浏览（附图1.9）。

（6）附表显示的信息具体含义可以通过点击"帮助"按钮进行查看。

（7）具体含义如下：已售：*站名（站名表示下车站，不显示站名表示售到站为终到站）；剩余：站名（站名表示限售站）；调票：/站名（站名表示票额调入站，不允许列车补票）/站名/（站名表示票额调入站，允许列车补票）。

3. 席位查询操作说明

列车到站前 5 min 数据下载，席位信息作为列车补票的依据。点击"席位查询"（附图 1.10）。屏幕上的每个标有"车厢"的按钮代表了实际该次列车的车厢，以不同颜色直观地展示了车厢可补情况，绿色代表了该车厢有可以用于车上补票的席位，蓝色代表了没有可补席位，白色代表没有该车厢的席位信息（附图 1.11）。

（1）点击蓝色或绿色车厢按钮可以进入该车厢浏览详细席位信息，例如点击了附图 1.11 中的"07 号车厢"按钮后出现详细席位浏览界面"席位视图"中挂失席位信息会显示后缀为"挂"字（附图 1.12）。

附图 1.9

附图 1.10

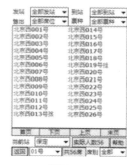

附图 1.11

附图 1.12

（2）以上详细席位浏览界面，分为 3 个操作区域：上方为席位信息查询条件区域，中间为席位信息列表区，下方为信息提示和功能操作区。信息查询条件区，可以通过选择"发站""到站""售出"等条件来进行席位的筛选，操作结果将在席位信息列表区实时显示；席位信息列表区中席位显示以"限售站" + "席位号"的方式进行显示，并以颜色来区分该席位的可补情况，红色为不可补，绿色为可补，如浏览"08 号车厢"的界面（附图 1.13）。

（3）点击席位信息列表，区内席位可以浏览该席位的详细信息，点击"白涧 001 号下"后显示的详细席位信息（附图 1.14）。

附图 1.13

附图 1.14

详细席位信息展现包括发站、到站、限售站、车厢、席位、席别、票别及补票状态等详细信息。

4. 退乘功能操作说明

当一次列车作业完成后，通过退乘操作终端系统自动清理本次操作的相关数据，并与地面系统交互完成退出释放相关资源，为下次业务开始做准备。退乘成功后将进入系统初始状态。如点击"退乘"（附图1.15）。系统弹出确认退乘提示窗口（附图1.16）。

点击"是"后，系统自动清理相关文件并从地面系统退出（附图1-17）。

附图 1.15

附图 1.16

附图 1.17

5. 数据下载功能及操作说明

点击"数据下载"按钮（附图1.18）进入"数据下载"界面，屏幕显示分为3个区域：上方为固定提示信息显示区域，中间为表格展示的数据下载状态区域，下边包括功能按钮区域（附图1.19）。

（1）固定提示信息区域内显示的信息为登乘后车次相关信息，包括始发日期、始发车次等，不可更改和操作。

（2）当数据下载状态区域的表格信息超出屏幕显示范围时，可以通过拖动或者点击数据区域的滚动条完成对数据的完整查看。

（3）手工操作下载，先点击选择需要下载的车站，之后选择点击"通知单"或者"席位"复选框选择需要下载的数据项（"通知单"包括了主表和附表数据，可以与"席位"信息一起下载），最后点击下载按钮进行下载。如手工选择下载北京西站的通知单数据和席位数据（附图1.20）。

附图 1.18

附图 1.19

附图 1.20

（4）通知单数据和席位数据分 3 步下载，下载过程中会以对话框进行下载状态提示（附图 1.21）。

（5）数据全部下载成功后，数据下载状态区域所选下载站的数据下载状态就会及时更新，标明数据是否下载成功，并记录下载时间（附图 1.22）。

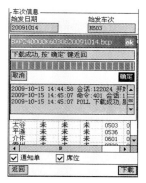

附图 1.21

附图 1.22

附录 2　补票机操作方法及注意事项

1. 菜单选择

通过按菜单每个选项前对应的数字键可以进入或选择相应的选项，如果菜单内容一屏显示不完，可以通过上下翻页键进行翻页，通常按取消返回上一级菜单。

2. 输入错误

操作时如果输入错误可以通过按清除键删除已输入的内容。

3. 打印机进退纸

OSR06A+II 型补票机：通过按进纸退纸键进行进退纸操作。E570 型补票机：短按 F3 退纸，长按 F3 进纸。

4. 出乘前准备工作

（1）检查电池电量：确保电池电量充足再出乘。
（2）检查系统时间：确保系统时间与当前时间相差不要太大。
（3）检查存根是否被清除：确保存根条数为 0，如果不为 0 说明上次的补票记录没有清除。
（4）请与地面工作人员联系清除。

5. 身份认证

补票机必须要使用 IC 卡进行认证后才能使用，这样做，一方面是为了防止无关人员随意操作补票机，另一方面补票员使用各自的 IC 卡进行补票，作为统计各自补票量的依据。使用 IC 卡登录进入补票系统后就可将 IC 卡收好，以免折断或丢失。

OSR06A+II 型补票机。提示：请刷卡；操作：将 IC 卡贴近打印机盖，听到嘀的一声后可将卡收好（附图 2.1）。

E570 型补票机。提示：请插入上岗卡；操作：将 IC 卡芯片朝上插入票机底部的 IC 卡槽中，插入到卡长一半位置听到"嗒嗒"声即到位。

如果输入错误可以按清除键删除后重新输入，输入完成后按确认继续下一步。E570 型补票机：如果输入的工号与 IC 卡的工号不符，补票机会提示工号错误，请核对后重新输入（附图 2.2），如果输入正确，补票机会显示补票员的信息（附图 2.3）。

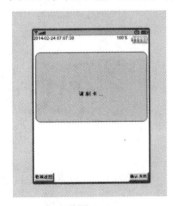
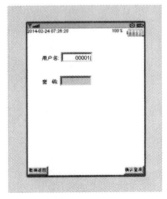

附图 2.1　　　　　　　　　　附图 2.2　　　　　　　　　　附图 2.3

6. 键盘锁

如果补票机长时间没有进行操作，为了省电和防止误碰键盘，键盘会锁定，类似于手机的键盘锁（附图 2.4）。OSR06A+II 型补票机：按确认键再按"#"键解锁。E570 型补票机：按确认键再按"."键解锁。

7. 修改票号

首次使用补票机，请根据提示输入票卷第一张票的票号。

输入完成后按确认，会出现（附图 2.5）界面。

选择车次，通过按车次前对应的数字键来选择相应的车次（附图 2.6）。

附图 2.4

附图 2.5

附图 2.6

8. 设置出乘日期

根据各段的要求不同，有些车次可能需要设置出乘日期。出乘日期指的是列车始发那天的日期。执乘时每个车次的始发日期是固定的，中途不需要更改。始发日期由八位数字组成，分别是四位年，两位月（不足两位用 0 补齐）和两位日（不足两位用 0 补齐）。如 2014 年 2 月 24 日输入 20140224（附图 2.7）。输入完成后按确认。核对出乘日期是否正确，如果有误请按 F1 进行修改（附图 2.8）。

9. 补票作业（附图 2.9）

正常票：旅客手中没有原票主动提出补票的、旅客丢失原票的、免费小孩单独使用卧铺的、补签的、补剪的情况均适用于本选项。

变更座席：旅客持有本车次车票，进行低档次座别变更为高档次座别的操作。该补票类别包括的常用补票事由有：补卧、变座、变卧、变铺、变座变卧、变座补卧等。

越站：旅客希望延长旅途。

越站变席：旅客希望延长旅途并变更座席。该补票类别包括的补票事由有：越站补卧、越站变座变卧、越站变座补卧。

减价不符：持优惠车票乘车但不符合优惠条件的旅客补票。该选项包括的补票事由有：超高、减价不符、补差。除超高事由外，补票员可以根据情况选择是否对旅客已乘区间进行罚款。

越席：旅客现在占用的座席比票面实际的座席等级高的，该选项要对旅客已乘的区间进行加罚。

空调加快：补起始站到终到站的空调票和加快票。

非本车票：旅客持有的车票不是本车次，并且比本车次等级要低的。

公免签证：铁路工作人员持有效证件并符合条件的。

无票加罚：旅客没有车票，并且没有主动补票的。该选项要对旅客已乘的区间进行加罚。

| 附图 2.7 | 附图 2.8 | 附图 2.9 |

10. 打印作废客票

（1）将要作废的车票重新放入纸仓，在要作废的车票上面打印作废字样。

（2）不能撕下要作废的车票，在该车票的下一张上打印作废字样，并将两张一同撕下交回。按 F2 进行作废。

11. 注意事项

（1）售票时，当显示票面信息后，做到先唱票再收钱最后再制票。

（2）当制出车票票面有问题（如卡纸或票卷装反等）不能作为有效票据出售时，请检查补票机是否跳号，如果跳号，说明补票机已经将该票记录，无论该票纸空白与否，均应该撕下作废处理，不要安装该票纸后继续打印。

（3）当前票卷只剩最后 3 张时，补票机鸣笛并提示"纸卷剩 X 张，请注意更换纸卷"，打印完最后一张后，请正确换票卷后再继续售票。

（4）无关人员严格禁止使用操作补票机。

参考文献

[1] 中华人民共和国铁道部. 铁路旅客运输规程[M]. 北京：中国铁道出版社，2014.

[2] 中华人民共和国铁道部. 铁路旅客运输办理细则[M]. 北京：中国铁道出版社，2014.

[3] 中华人民共和国铁道部. 铁路客运运价规则[M]. 北京：中国铁道出版社，1997.

[4] 中华人民共和国铁道部. 铁路旅客计划运输组织工作办法[M]. 北京：中国铁道出版社，1994.

[5] 中华人民共和国铁道部. 铁路旅客运输组织工作办法[M]. 北京：中国铁道出版社，1994.

[6] 中华人民共和国铁道部. 铁路客运调度工作规则[M]. 北京：中国铁道出版社，1994.

[7] 中华人民共和国铁道部. 铁路旅客运输管理规则[M]. 北京：中国铁道出版社，1994.

[8] 铁路合作组织. 国际旅客联运协定[M]. 北京：中国铁道出版社，2010.

[9] 铁路合作组织. 国际旅客联运协定办事细则[M]. 北京：中国铁道出版社，2010.

[10] 中国国家铁路集团有限公司有关旅客运输文件　2019.

[11] 中国铁路总公司　铁路旅客运输服务质量规范　2016.